KB252268

구글 성공의 7가지 법칙

The Seven Success Lessons From Google

구글

성공의 7가지 법칙

The Seven Success Lessons From Google

이코노믹북스

세계를 향한 최고의 제품 서비스

구글의 두 젊은 창립자 세르게이 브린(Sergey Brin)과 래리 페이지(Larry Page)는 천재 중에서도 천재들이다. 이 두 사람은 회사를 운영하고 관리해 본 사전 실무경험 없이 구글이라는 조직을 이토록 놀랍게 경영해 왔다. 모두가 잘 아는 바와 같이 이는 결코 쉬운 일이 아니다. 하지만 한편으로는 그들이 이러한 사전 실무경험을 가지지 않았기에 '상식을 깨고' 완전히 다른 게임을 즐기고 또한 성공에 이르게 하였는지도 모르겠다.

'상식을 깨는 것'은 '깨뜨리는 것'에 초점을 두기보다 '창조'에 더 큰 역점을 둔다. 창조란 무엇인가? 간단히 말해서 고객을 대신해 새로운 가치를 만들어 내는 일이다. 구글은 고객의 시간을 자신의 것처럼 여기고 핵심기술 개발에 끊임없이 정진한 결과 검색시간을 최소한으로 단축시킬 수 있었으며 심지어 몇 초도 걸리지 않아 검색결과를 고객의 눈 앞에 펼쳐놓는 경지에까지 이르게 되었다. 어쩌면 그것은 사용자가 시간의 경과를 인식하기도 전이 될지도 모르겠다. 예를 들어 검색창에 '스쯔이'라는 단어를 입력하면 화면 상단에서 즉시 '스쯔이에 관한 5,640페이지의 검색결과가 있습니다. 검색에 소요된 시간 0.33초'라는 문구를 발견하게 된다.

　사실 구글이 이렇게 성공할 수 있었던 것은 탁월한 비즈니스 모델을 창조해 냈던 것 외에도 더욱 중요한 요인이 있다. 그것은 바로 구글만의 경영이념이다. '세상에 최상의 제품을 서비스한다'로 대표되는 구글의 '이타주의적'사고가 그것이다. 구글에게 이타주의는 '좋은 제품으로 남을 이롭게 하겠다'는 것이며 실제로 이를 행동으로 옮겼다. 성공을 판가름하는 잣대가 크게 바뀐 시대에서 구글은 실로 제대로 성공한 기업모델이 된 셈이다.

　구글이 검색시간을 줄이기 위해 공들인 기술방면의 노력 외에도 주목할 만한 것들을 나열하자면 끝도 없다. 구글 사이트의 첫 페이지는 매우 심플하게 디자인되어 있지만 간결함 속에 도리어 활력을 주는 매력을 발산한다. 구글의 이러한 전략은 검색페이지의 구성에도 영향을 미쳐 사용자가 검색서비스를 이용하는 내내 '광고'라는 방해꾼의 간섭을 받지 않도록 설계되었다. 이 외에도 구글은 고객에 대한 세심함을 언어도구에서도 드러내고 있다. 구글 웹사이트의 인터페이스 언어는 그 종류가 세계 각지 104종에 달하며 검색언어는 35종에 이른다. 실로 전세계 거의 모든 언어자료를 아우름으로써 다른 언어권에 있는 사용자들의 수요를 충족시킨다.

수많은 사람들이 구글의 성공을 매우 부러워하며 구글을 모델로 삼아 그들과 동일한 성공의 기회를 얻고 싶어한다. 그러나 성공이란 무엇인가? 개인적으로 성공이란 스스로에 대한 끊임없는 도전의 과정이라고 정의하고 싶다. 구글은 크게 성공했다. 나의 정의대로라면 구글은 끊임없이 스스로에게 도전하는 과정에 있다. 또한 앞으로도 도전을 멈추지 않을 것이라면 구글은 계속 성공할 것이다. 그러나 한편으로 만약 구글에게 고고한 이상과 기업신조가 없었다면 그들의 도전은 가치를 부여받지 못하고 성공으로 연결될 수도 없었을 것이다. 구글은 그 이상과 신조를 이루고 지키기 위해 부단히 '자기 자신을 초월하는' 노력을 해 왔다. 그 결과 성공이 금전을 통해 얻어질 수 있는 것이 결코 아니며 인류에게 공헌하고 스스로의 가치를 인정하는 것을 통해서만이 얻을 수 있는 것임을 증명해 보였다.

마지막으로 본서에 대한 추천의 글을 쓰게 된 것을 무한한 영광으로 생각한다. 본서의 작가인 뤄야오종 선생은 〈인터넷 춘추〉의 저널리스트로서 구글의 전기에 관한 폭넓은 관심과 열정을 가지고 오랜 시간 구글을 연구한 끝에 본 서적을 출간하기에 이르렀다. 독자들은 책을 펴는 순간 구글 신화의 터널로 들어가는 흥분을 감추지 못할 것이다. 본서를 통해 구글의 '세상에 최상의 제품을 서비스하는 이타주의'를 배울 수 있는 기회가 되기를 진심으로 바란다.

스쯔이(石滋宜) 박사

전세계 화교 경쟁력기금회 회장

키스톤(Keystone)과 기업생태계

구글의 의미는 단순한 검색엔진에 한정되지 않는다. 구글은 사람과 기업 등으로 구성된 생태계를 유기적으로 이어주는 키스톤(Keystone; 종석, 쐐기돌과 같은 말로 구球, 건축물 아치의 최상단에 위치함)이다.

하버드 경영대학원의 교수인 마르코 아이언시티(Marco Iansiti)와 그의 컨설턴트 로이 레비언(Roy Levien)은 키스톤과 생태계를 빗댄 이론을 통해 구글의 성공을 가능케 한 근본 요소들을 추적해 내고 있다.

아이언시티와 레비언은 〈하버드 비즈니스 리뷰(Havard Business Review)〉에 기고한 글을 통해 한 회사의 성공 여부는 그가 속한 기업생태계의 성공과 상호 인과관계를 맺게 된다는 점을 지적했다.

소위 기업생태계라는 것은 공급업체와 유통업체, 기타 하도급업체 및 서비스업체, 과학기술 공급업체, 사용자 그리고 기타 수많은 조직기구로 구성된 거대한 네트워크를 가리킨다. 이러한 네트워크는 구성원인 회사의 제품이나 서비스의 창조 및 제공행위에 영향을 주게 되고 구성원 회사 역시 전체 네트워크에 대한 자사의 영향력을 역으로 끼친다.

그래서 임의의 기업생태계 구성원이 다른 구성원에 비해 월등한 발전상의 우위점을 지니고 있다 하더라도 종국에는 전체 네트워크와 홍

망성쇠를 같이할 수밖에 없는 일종의 운명공동체가 된다. 이 사실은 생물생태계의 객체들이 처한 운명과 다를 바 없다.

구글은 그가 만들어 낸 기업생태계 속에서 가장 가벼워야 하면서도 중추적인 역할을 담당하는 키스톤의 위치에 있다. 그는 부단히 새로운 것을 출시하고 검색기술을 개선해 나감으로써 전체 생태계의 역량을 키워 왔으며 이로써 자체적인 생존과 번영도 동시에 보장받았다.

아이언시티와 레비언은 크게 보아 효과적인 키스톤의 전략을 두 부분으로 나누었다. 첫번째는 생태계 내부의 가치를 창조해 내는 일이다. 키스톤 조직이 이러한 일의 효율적인 방법을 찾아내지 못한다면 나머지 구성원들을 흡수하고 머무르게 할 수 없을 것이다.

본서의 제1장 '상식을 깨라', 제2장 '더 나은 제품개발을 향한 열정', 제3장 '전세계를 실험실로'에서는 당시 사람들에게 당연시 여겨지던 상식과 규칙을 구글이 어떻게 무너뜨렸는가를 설명해 주며 '페이지랭크(Page Rank)'라는 독자적 기술로 인터넷 정보 가치와 검색효율을 높인 과정에 대해 서술하였다.

키스톤 전략의 두 번째 부분은 바로 생태계의 기타 구성원들과 가치를 공유하는 일이다. 이 일을 키스톤이 감당하지 않는다면 아마도 부유함도 잠시 결국 사람들에게 버림을 받는다.

본서의 제1장 '사용자의 체험을 우선으로', 제5장 '창조와 가치 공유', 제6장 '인재왕국을 꿈꾸다! 최고의 헤드헌터 구글'에서는 구글이 창조해 낸 가치를 고객과 기업 직원들과 함께 어떤 식으로 공유하는지 보여주고 있다.

키스톤 조직이 기업생태계에서 가치를 창조할 수 있는 방법은 많이 있다. 그 중 첫번째는 서비스 도구 혹은 과학기술 등의 형식을 띠는 일종의 자산을 통해 생태계의 기타 구성원에게 해결책 및 공동발전이 가능한 장을 마련해 주는 방법이다. 이러한 무대는 실체자산일 수도 있고 지적재산권의 형식일 수도 있다. 구글에게 그의 무대는 바로 심플하고 효율적이며 막강한 능력을 지닌 검색엔진 사이트라고 할 수 있겠다.

키스톤 조직 경영을 성공으로 이끄는 두 번째 요소는 그들이 창조해 낸 대다수의 가치를 전체 생태계와 보편적으로 공유한다는 점이다. 그러나 아낌없이 원조함과 동시에 회사 자체에 일련의 가치를 남겨두어야 한다는 사실을 잊어서는 안 된다. '이타적'인 정신에 입각해 타인의 이익을 증대시키는 데에만 몰두해서는 안 된다는 뜻이다. 양측에게 동일한 이익을 보장하는 방안을 찾아내는 것은 여간 힘든 일이 아니다.

구글은 키스톤으로서 매우 효율적으로 가치를 창조해 내었고 생태계와 기타 구성원들이 공유할 수 있는 절대미의 사례 가운데 하나를 창조해 내었다. 구글은 신 경제경영 모델의 모범이 됨과 동시에 수많은 사용자와 기업을 도와 자신과 동일한 효과를 얻어낼 수 있도록 돕는 데 기여하고 있다. 사용자는 그들의 자금부족 문제를 해결할 수 있고 기업은 구글에 검색관련 광고를 게재함으로써 전세계의 광범위한 소비자와 접촉할 수 있게 된 셈이다.

구글의 검색엔진은 무료로 사용자에게 제공되나 광고주에게는 일부 비용을 받는다. 가장 중요한 것은 가치를 공유하기 위해 그가 지속해서 생태계의 규모를 확장시켜 가고 있으며 그 결과 생태계를 통한 도움으로 자신이 생태계 내의 가장 중요한 구성원의 위치에 오르게 되었고 또 그 결과 이익을 같이 누리게 되는 선순환이 지속된다는 점이다.

본서의 제7장 '악하지 않아도 돈은 벌 수 있다'에서는 구글이 '악해지지 말자(Don't be evil)'라는 최고의 신조를 어떻게 준수하고 있는지 설명해 준다. 검색엔진을 고객에게 서비스함과 동시에 문자식 광고를 통해 작은 것으로 큰 것을 이루고 막대한 이익을 창출해 낸 과정을 말이다. 그러나 구글은 회사의 이익이라는 부분을 종착역으로 여기지 않고 단지 '세상을 더욱 아름답게 만들기' 위한 수단으로 여길 뿐이며 도리어 이를 사회에 환원하기 위해 준비하고 있다.

아이언시티와 레비언은 비록 키스톤이 거대한 기업생태계 내 작은 부속에 불과하지만 그 역할은 무시할 수 없을 정도로 막중한 것이라는 점을 강조했다. 키스톤은 생태계의 건강을 위해 매우 중요한 역할을 감당하기에 한번 그것을 옮기면 전체 시스템이 붕괴될 수도 있다.

기업공개 후 구글은 기업생태계 내에서 그 규모가 더욱 확장되어 월스트리트의 회사와 무수한 투자자들을 수용하는 조직이 되었다. 지금은 모든 이익관계자들의 요구와 압력 간 형평을 어떻게 이뤄 나갈 지가 구글이 직면한 가장 중요한 과제로 다가오고 있다.

본서는 다음과 같이 구성되어 있다. 제1장 '상식을 깨라'는 책 전체의 의도를 포괄하는 내용을 담고 있으며 제2장 '더 나은 제품개발을 향한 열정, 제3장 '전세계를 실험실로'에서는 구글이 출시한 주요 제품 서비스들을 소개하고 있다. 또한 제4장 '사용자의 체험을 우선으로', 제5장 '창조와 가치 공유'에서는 대규모 사용자 층을 유도하고 소형기업이 구글을 이용해 일상생활의 문제를 해결하고 실적을 향상시켰던 사례를 열거했으며, 제6장 '인재왕국을 꿈꾸다! 최고의 헤드헌터 구글'에서는 구글의 인재 채용전략에 대해 서술했다. 제7장 '악하지 않아도 돈은 벌 수 있다'에서는 구글의 경영철학을 다루었고 맺음말인 '부의 분배'에서는 유형의 금전으로 구글이 창조해 낸 막대한 가치가 어느 정도인가를 나타내려 했다.

각 장의 내용을 독립적으로 서술하는 과정에서 약간의 주제와 배경자료가 서로 중복되는 부분이 발생하는 것은 피할 수 없는 일이었다. 문장 내에 인용된 각종 기구가 발표한 통계수치는 약간의 오차가 있을 수 있으나 철저한 대조 검증을 거쳐 각 가능 수치를 포괄하는 데이터를 택했다. 제7장의 내용은 본서가 인터넷상의 대량의 자료를 참고했으나 신뢰할 만한 정보출처만을 엄선해 독자가 신뢰할 수 있도록 했다.

필자는 '쯔튀뤄왕'이란 본인의 홈페이지(http//www.andrewlo.idv.tw)에서 〈구글 성공의 7가지 법칙〉의 연재코너를 마련해 본서 탈고 후 자료 업데이트를 위한 교류의 장으로 삼았다. 이를 통해 독자와 작자가 교류할 수 있는 장이 마련되길 희망한다.

뤄야오종

CONTENT

제1장

상식을 깨라

"그는 정말 똑똑했고 자기를 아는 지혜도 있었지요. 어디서
든 항상 뛰어났습니다."

—벤키 헤리나라얀(Venky Harinarayan)

"그는 다른 아이와 다를 바 없는 평범한 아이였습니다. 단
지 컴퓨터를 좋아해서 컴퓨터 게임을 즐기고 초기 개인용 컴퓨터인 코모도
어 64s(Commodore 64s)를 사용하였다는 점이 좀 남달랐지요"

— 마이클 브린(Michael Brin)

똑똑하고 패기 있던 청년

1993년 세르게이 브린(Sergey Brin)이 스탠포드의 캠퍼스에 들어선 그 순간부터 그에게서는 남다른 자신감과 패기가 스며 나왔다. 거침없는 자신감은 그만의 천재적 기질에서 기인했던 것일까? 그도 그럴 것이 브린은 당시 컴퓨터공학과 석사반의 평균 나이보다 2살이나 어린 19세에 불과했지만 성적은 늘 탑 클래스였다. 게다가 컴퓨터공학과는 미국에서도 들어가기 가장 어렵다던 학과 중의 하나가 아니었던가?

같은 연구실을 사용했던 가까운 친구 하리나라얀은 브린이 스탠포드에서 가장 똑똑한 학생 중 하나였다고 회상했다.

1994년 한번은 하리나라얀이 새 컴퓨터를 사들고 와서는 브린 앞에서 잔뜩 자랑을 늘어놓은 적이 있었다. 새 컴퓨터에는 마이크로소프트(MS)의 최신판 운영체제인 윈도우즈(Windows)가 설치되어 있었는데 이를 못내 자랑스러워하는 친구에게 무료한 표정의 브린이 찬물을 끼얹었다.

"MS는 조잡해."

그리고는 냉큼 기숙사 방으로 뛰어가더니 하리나라얀의 컴퓨터에 무언가를 열심히 설치하는 것이었다. 브린의 조작을 거친 하리나라얀의 새 컴퓨터는 그 후 윈도우즈 대신 리눅스(Linux)라는 운영체제로 움직여야 했다. 리눅스는 무료 공개소프트웨어로 당시 사람들에게 많이 알려지지 않았지만 한때 MS의 아성에 도전한 많지 않은 프로그램 중의 하나였다. 남과 똑같기를 거부하는 브린은 리눅스의 도전정신과 신선함을 높이 샀고, 결국 리눅스는 윈도우즈의 권위를 찬탈하는 영광(?)을 누릴 수 있었다.

지금은 모 벤처캐피털에서 일하고 있는 하리나라얀은 〈머큐리(Mercury News)〉지와의 인터뷰를 통해 다음과 같이 말했다.

"세르게이 브린이라……. 절대 평범하지 않은 친구입니다. 누구보다 본인이 더 잘 알 겁니다. 본인이 결코 평범해질 수 없다는 것을요."

브린의 장난기는 여기서 멈추지 않았다. 채식주의자였던 하리나라얀에게 그는 "육즙이 혀에 닿는 짜릿함……. 어떤 느낌일까?"라며 놀리곤 했다. 한번은 저녁에 오븐구이 생선요리를 하리나라얀의 아파트로 가져와서는 그에게 먹어보라고 건네기까지 했는데 군침 도는 냄새가 풀풀 풍기는 구이에 레몬즙을 뿌리는 모습이 능청스럽기 짝이 없었다. 결국 이날 하리나라얀은 채식주의자이기를 포기하고 생선을 먹어치우고 말았다.

MS에서부터 음식에 이르기까지 브린의 행동은 늘 모든 일상 현상에 대해 도전하려 하고 평범하기를 거부하는 것처럼 보였다.

처음 인터넷 세계가 열렸던 시절에도 악동 브린의 장난기는 유감없이 발휘되었다. 그는 응용프로그램을 만들어 플레이보이(Playboy) 사이트를 실시간 방문할 수 있게 한 후 업데이트된 이미지들을 자신의 PC에 다운받게 고안했는데 이를 화면보호기로 삼기까지 했다. 그의 한 친구는 당시를 회상하며 "1993년 말쯤이었네요. 브린뿐 아니라 인터넷을 처음 접했던 사람들은 대부분 그렇게 시작했어요. 인터넷 입문의 첫 단계였다고나 할까요? 저 역시 그랬으니까요"라고 재미있어했다. 그러나 브린의 PC속 섹시 화면보호기는 한 여학생이 불만을 토로함으로 아쉽게도 막을 내릴 수밖에 없었다.

모스크바에서 태어났던 브린은 1979년 다섯살 되던 해에 가족과 함께 소련을 떠나 미국으로 왔다. 성장한 후 그는 아버지 마이클 브린(Michael Brin)이 수학과 교수로 있던 메릴랜드대학에서 수학과 컴퓨터공학을 전공했는데 후일 마이클 브린은 메린랜드대학의 학생신문인 〈다이아몬드백(The Diamond back)〉지를 통해 다음과 같이 말했다.

"세르게이가 제 수업을 들은 적은 없지만 동료 교수들은 그 아이를 대단한 학생이라고 칭찬하더군요."

그는 세르게이가 수학에도 관심을 두었다고 자랑하는 것을 잊지 않았다.

"그는 수학을 잘 했습니다. 중학교 시절에는 학교에서 세르게이를 포함한 우수학생을 위해 특별한 선생님을 모셔오기도 했으니까요."

결국 고등학교를 1년 일찍 졸업하게 된 세르게이는 메릴랜드대학으로부터 입학허가서를 받게 되었다.

수학과 컴퓨터공학에서 우등생으로 학사 학위를 따낸 세르게이는 깊이 있는 연구를 계속하기 위해 스탠포드대학을 선택하였는데 바로 이곳에서 후일 평생의 파트너가 될 래리 페이지(Larry Page)를 만나게 된다.

시카고에서 자란 페이지는 6살 때부터 컴퓨터에 흥미를 느끼기 시
작했다. 미시간주립대학 재학 시절 그는 레고 블록으로 실제 작동되
는 컴퓨터 플로터와 잉크젯프린터를 만들기도 했다. 그의 아버지도
그와 같은 미시간주립대학에서 컴퓨터공학과 교수로 있었다.

페이지가 스탠포드에 들어간 후 시대를 앞서가는 사고와 신세계에
서 사는 듯한 그의 태도는 친구들을 가끔 당황케 했다. 1997년 그는
친구인 존 클레인버그(Jon Kleinberg)에게 이런 말을 했다.

"레이저 빔으로 무선통신을 할 수 있게 될지도 몰라. 해안지역은
항상 날씨가 맑으니까 레이저 빔 설비를 지붕에 설치하고 통신을 하
면……"

페이지의 지도교수였던 헥터 가르시아 몰리나(Hector Garcia-
Molina)는 페이지가 품은 포부가 이상적이고도 너무 원대해서 자주
놀라곤 했다고 한다. 페이지는 데스크톱 컴퓨터만 많이 가질 수 있다
면 전세계 웹 자료를 모두 다운받을 수 있을 것이라고 호언장담하곤
했다. 결국에는 몰리나 교수를 설득해 FR 컴퓨터 매장에서 저렴한 컴
퓨터 부품을 구입한 후 직접 조립하여 데스크톱 컴퓨터를 더욱 많이
마련할 수 있었다.

〈머큐리〉지는 당시 상황을 다음과 같이 묘사했다.

「몰리나 교수는 이해할 수 없다는 듯 말했다. "그런데 래리군, 스탠
포드의 자료는 이미 다 다운로드받은 것 같은데 도대체 얼마나 많은
양을 더 다운받아야 하는 건가?" 이에 페이지는 얼굴색 하나 붉히지
않고 자신 있게 말했다. "전세계 월드와이드웹(World Wide Web)을
다 다운로드받을 것입니다."」

1995년 여름 스탠포드대학의 교수였던 제프 울만(Jeff Ullman)이

'열정이 다소 과도한 학생', '성실하기를 거부하는 학생'으로 표현했던 브린과 주변에서 시키는 대로 스탠포드에 오게 된 페이지는 주말을 이용해 학교 캠퍼스를 소개받는 자리에서 첫 만남을 갖게 된다. 논쟁을 즐겨 했던 두 사람이었기에 그리 순탄치만은 않게 시작된 첫 만남이었지만 이내 알아차렸다. 두 사람 모두 각광받는 신기술 '인터넷'에 관심 있어 한다는 것을…….

영화 《스타트랙(Star Trek)》은 그들을 흥분시켰고 이를 통해 차세대 컴퓨터가 문제해결의 열쇠가 될 것이라는 그들의 생각은 더욱 굳혀졌다. 가슴에 원대한 이상을 품은 두 젊은이들은 정확히는 알 수 없었지만 무언가 희미한 가능성을 온몸으로 느끼고 있었다. 두 사람이 같이 하면 뭔가 큰 일을 이룰 것이라는 것을. 그들은 즉시 똑똑한 정보검색 시스템을 개발하기 위한 연구에 착수했다. 두 사람은 창업을 하기로 결정하고 휴학을 한 후 캘리포니아주의 한 창고로 이사를 했다. 바로 이곳에서 1998년 구글(Google)이 설립되었다.

벤처캐피털로부터 투자를 받는 것은 당시 실리콘밸리 내 벤처기업들의 소망이었으며 따라서 캐피털 회사들은 거대한 영향력을 지닌 일종의 암묵적 권위를 행사하고 있었다. 구글 역시 사업 확장을 위해 더 많은 자금이 필요해 벤처캐피털의 투자를 받아들여야 했지만 세르게이와 페이지는 투자유치를 위한 수차례의 중대한 행동결정에서 신화 같은 캐피털 회사의 권위에 감히 도전하곤 했다. 회사의 본질적 이념을 잃지 않기 위해서였다. 한번은 벤처캐피털과의 거래에서 거래조건을 퇴짜 놓은 적이 있는데 이는 벤처캐피털의 회계직원이 거래주식을 잘못 계산하였다는 것이 이유였다. 세쿼이야 캐피털(Sequoia Capital)의 마이클 모리스(Michael Moriz)는 안경을 벗으며 당시 다음과 같이 한탄했다고 한다.

"난 지금 수학계의 마술사와 주식거래를 하는 거야……."

20세기 90년대 말 페이지와 브린은 경쟁업체들이 모두 '애물단지'로 여기는 검색영역을 집중적으로 개발하기 시작했다. 1999년 구글은 한번에 500만 달러씩이나 하는 마케팅 광고를 하지는 않았지만 입소문으로 소리 없이 알려지기 시작했다. 그들은 홈페이지를 현란한 플래시 광고로 채우는 대신 심플하게 꾸며야 한다는 생각을 관철시켰고 당시 마케팅 광고에 대한 고정관념과 갖가지 광고 제안들을 무색하게 했다.

페이지는 2003년 〈머큐리〉지를 통해 다음과 같이 말했다.

"아무래도 구글은 규칙을 깨는 것에 너무나 익숙해진 것 같습니다."

전통을 깨다

— "구글은 전통적인 회사가 아닙니다. 또한 그러한 기업이 되지도 않을 것입니다."

이는 2004년 4월 29일 세계 최대의 인터넷 검색사이트 구글이 기업공개(IPO)를 하기로 결정한 후 창업주 페이지와 브린이 투자자들에게 전하는 서신을 통해 밝힌 말이다.

만약 독자들이 구글과 창업주들의 지난 역사를 기억한다면 그들의 기업공개의 모습에 그다지 당황하지 않을 것이다. 애초부터 기존의 제도와 관습을 전복시키기를 두려워하지 않았던 그들의 기질이 이번

기업공개에도 반영되리라는 것을 조금은 예상할 수 있었기 때문이다. 역시나 구글의 기업공개 과정에서 있었던 각 사건들 하나하나는 마치 규칙을 깨는 것이 어느 선까지 가능한가를 끊임없이 연구해 보는 실험대와 같았다.

구글이 미국증권거래위원회에 제출한 기업공개용 서류에는 구글의 기업이념과 원대한 포부들이 법률적 용어뿐만 아니라 나이든 노인들도 이해할 수 있는 언어로 쉽게 서술되었다. 단어 하나하나 문장 곳곳에서 창업주가 독자적인 방법으로 과학기술업계 내 최대규모의 회사를 경영하고 있으며 또한 가장 큰 영향력을 지니고 있음이 설명되었다. 관행을 깨려는 시도가 기업구조와 기업공개 계획을 묘사한 신청서 곳곳에서 드러났다.

표지를 넘기면 가장 먼저 눈에 들어오는 것은 브린과 페이지의 독특한 편지이다. 그들은 이 편지를 '창업주의 서신'이라 하고 부제를 '구글 주주들을 위한 지침서'라고 붙였다. 편지에는 그들이 기업공개를 할 수밖에 없는 모순된 심정과 회사의 향후 발전을 장담하는 내용이 포함되었다. 또한 투자자들이 투자를 포기해도 구글은 애석해하지 않을 것이라는 내용도 빠뜨리지 않았다.

페이지는 다음과 같이 말했다.

"구글은 비상장기업이었기에 다양한 방식으로 회사를 운영해 왔습니다. 그러나 다수의 주주가 지분을 공유하는 기업의 표준화된 운영구조는 관리층의 독립성을 위협하고 기업이념을 희석시킬 가능성이 있습니다. 그래서 분명히 해야 할 것이 있습니다. 그것은 구글 경영을 성공으로 이끈 주역은 다름 아닌 비상장기업 시절의 운영방식이었으며 상장 이후에도 이러한 요소들은 구글을 움직일 핵심 경영방침으로 남게 될 것이라는 점입니다."

　구글은 비상장 시절의 회사 경영체제를 앞으로도 계속 유지하기로 결심했다. 컴퓨터과학의 중추신경이라 불리는 실리콘밸리에서 최첨단 과학기술 사업을 이끌고 있는 기업에게 '옛 방식'이란 흔히 모순된 이미지를 형성하곤 하지만 이번만큼은 다르다. 구글은 기존에 갖고 있던 자사만의 독특한 성격을 유지하고 옛날 방식을 그대로 적용하기로 했다. 이와 같은 이상을 실현하기 위해서는 창업주의 경영권 안정이 필수라고 생각하여 둘은 일종의 대안을 생각해 내었다. 그것은 주식구조를 이중화하기 위해 주식을 클래스 A주와 클래스 B주로 나누기로 한 것. 외부 투자자에게 공개 발행되는 A주는 주당 한 표의 의결권을 가지며 관리층에게 주어지는 B주는 주당 10표의 의결권을 갖는다.

　이렇게 하여 B주의 약 1/3을 보유하게 된 창업주 및 주요 내부인사는 설령 다수 지분을 잃게 되더라도 회사의 경영권을 지속시킬 수 있게 되었다. 이런 식으로 기업을 공개한 회사는 거의 없었다. 그들은 막대한 권력이 소수에게만 집중되는 것이 민주적이지 못한 방법이라고 여겼기 때문이다.

　특별히 첨부된 '구글 주주들을 위한 지침서'에는 구글이 각종 규칙들을 바꿔 혁신을 일으킬 준비를 하고 있다고 했다. 유수의 회사들이 하나같이 적용하는 관행적 기준 및 상장회사 경영 기본준칙이라고 불리는 것들을 중요시하지 않을 것이라는 의지를 표명한 내용이었다.

　상장회사의 의결권을 분산시키는 일 외에도 그들은 분기보고에 큰 의미를 두지 않았다. 구글은 월스트리트를 만족시키기 위해 단기실적에 급급해하는 회사가 되지 않을 것이라고 공언했다. 장부를 그럴싸

하게 꾸며 재무실적을 조작하는 장난을 하지 않을 것이며 실적보고를 할 준비가 되어 있지 않으면 애널리스트들은 물론 투자자에게도 매출과 수익 예측보고를 하지 않겠다고 했다.

많은 기업들이 재무제표를 왜곡시켜 흑자 보고서로 둔갑시키는 일이 암암리에 행해졌던 당시 상황에서 이들의 발표는 신선한 충격을 던져주었다.

이중 주식제도를 선택한 것은 구글이 기업투자자들의 압력에 굴복해서 단기 성과를 구하는 데 급급해하지 않을 것이며 오히려 장기적 발전에 역점을 두겠다는 의지를 반영한 결정이었다. 실제로 단기실적 보고는 당시 상장기업 경영자들에게 악몽 같은 부담이었다.

이중 주식제를 택한 또 다른 이유는 '악해지지 말자', '세계를 향한 책임을 다하자'라는 창업주의 기업윤리를 견지하기 위해서였다. '악해지지 말자'는 회사의 10대 신조 중의 하나로 매우 중요한 핵심 가치이자 전략이다. 이는 공개설명서상에서 일반기업의 행동강령 혹은 기업가치 성명으로는 보기 드물게 분명한 어조로 표현되었으며 심지어 일종의 장중한 약속처럼 여겨졌다.

기업공개는 페이지와 브린을 억만장자로 만들어 놓았으나 부자가 되는 것만이 그들의 목적은 아니었다. 그들은 자신들이 해야 할 일들과 스스로 짊어지기로 한 사회적 책임이 무엇인지 너무나도 명확히 알고 있었다. 기업공개 신청서에 첨부한 그들의 서신은 워런 버핏(Warren Buffett)의 어조를 떠올리게 했다.

길지 않은 역사를 지닌 구글은 '세상을 더욱 아름답게 만들자'라는 사명을 스스로 짊어졌다. 그들은 "전세계 모든 정보를 검색하고 정리하는 일은 극히 중요한 임무이며 그렇기에 더욱 신뢰할 만하고 공익

가치를 중시하는 회사가 담당해야 합니다. 우리는 확신합니다. 순항하는 배와 같은 사회에서는 풍족함과 자유 속에서 공정한 절차를 통해 고품질의 정보를 취득할 수 있습니다. 그렇기 때문에 구글은 세상에 대한 책임을 주저 없이 짊어지는 것입니다"라고 말했다.

두 사람은 공동 사장직을 지속적으로 맡기로 했다. 중대한 정책결정을 가능케 하는 지분지배권을 가졌으며 단기수익의 결과로 초래될 일들을 두려워하지 않았다. '세상에 긍정적으로 기여하는 기업'을 만들기 위해 그들은 10억 달러의 수익이 예상되는 장기프로젝트에 단지 10%의 성공률만 보여도 과감히 착수했다.

그들은 연구 프로젝트가 실패한다 해도 리스크를 무릅쓰고 실수를 각오하며 실패를 두려워하지 않을 것이라고 했다. 앞으로도 리스크가 동반될 새로운 첨단계획에 뛰어들 것이며 단기이익이 하락해도 애석해하지 않는다는 계획이었다. 그럼에도 경쟁업체 중에서는 선두라인을 유지할 수 있을 것이라고 확신했다.

직원과 관련된 기업문화도 월스트리트가 건드리도록 양보할 수 없는 영역인 것은 마찬가지였다. 창조력 개발을 위해 직원에게 근무시간의 20%를 주어 스스로의 관심 분야를 연구하도록 했다. 그 시간만큼은 상부의 명령에 따라 일하지 않아도 되며 지시받은 프로젝트를 수행하지 않아도 된다. 구글은 앞으로도 변함없이 직원들에게 많은 복지혜택을 제공할 것이며 여타의 많은 회사들처럼 실적개선을 위해 직원에 대한 복지 지출을 삭감하지는 않을 것이라고 했다.

그들의 파격적인 발표는 여기서 멈추지 않았다. 2천여 명 남짓한 직원을 둔 이 회사는 덮어놓고 월스트리트의 비위만을 맞추지 않고 회사구조까지 독자적으로 바꿀 모양이었다. 그들은 전통적인 CEO제도를 무시하고 CEO인 에릭 슈미트(Eric Schmidt)와 함께 '삼두정치 (三頭政治)'를 통해 공동으로 관리하고 책임지는 경영구조를 형성할 계획을 발표했다.

적지 않은 전문가들이 구글의 '천재들'이 전통적 사고에 도전하는 것에 놀라워했다. 세르게이와 브린은 마치 부정직한 기업스캔들이 마를 날 없는 주식시장에서 단정한 단어와 확실한 행동을 가지고 부패하고 굳어진 사고를 찌르고 풍자하는 것만 같았다.

그러나 '전통에 도전하는' 사고 때문에 기존의 투자자들이 그들을 외면할 수도 있었다. 그러나 구글의 목표는 여타의 회사와는 뭔가 다른 특별한 회사를 만드는 것이었다. 그러기에 화려한 단기실적으로 짧은 박수갈채를 받기보다는 장기적이고 알찬 성공을 이루길 원했다. 그래서 그들은 어렵게 번 돈을 단기급등을 예상해 값어치 없어 보이는 주식에 쉽게 투자하지 말라고 낮은 소리로 충고한다. 단기실적을 요구하는 월스트리트의 압력에 굴복하지 않는 구글에게 기적적인 단기성과나 시세 좋은 블루칩이 100% 영원히 보장될 수는 없기 때문이다.

기업공개 신청서는 여러 방면에서 상투적인 경영계획과 넘쳐나는 닷컴(.com)기업의 상장 절차, 즉 기존의 제도적 관행을 일시에 깨트리려는 것 같았다. 그러나 한편으로는 오히려 신청서 곳곳에서 구글이 고풍(古風)을 존중하는 회사라는 점이 부각되기도 했다. 그것은 구글의 실적이 날로 향상되고 있으며 경험이 풍부한 관리자에 의해 경영권이 통제되고 있다는 점에서 증명이 되었다. 또한 전통과 혁신이 융합되고 이상과 실무가 병존하는 구글은 변하고 또 변하지만 시종일관 한결 같은 구글의 이미지는 무너짐과 다시 세움의 하모니 속 정중

앙을 가르는 것처럼 투자자들에게 신뢰감을 심어 주었다.

그들은 서신에서 당당하게 다음과 같이 밝혔다.

"우리는 다른 회사와는 다릅니다. 오히려 그들보다 낫습니다."

세기의 경매

— "그들은 기업공개의 10계명을 다 어겼습니다. 지난 주 샌프란시스코에서 구글
의 투자로드쇼가 있었지요. 로드쇼라는 것이 회사의 성장전략이라든지 자사주
에 투자했을 때의 이점이나 기업 개황에 대해서 설명하기 위한 모임인데 두 젊
은 창업주들은 그에 관해서는 단 한 장의 프리젠테이션도 하지 않더군요. 또 어
떤 사람이 야후와 비교해서 구글의 다른 점이 뭐냐고 질문을 했는데 너무나 단
호하게 이렇게만 말하더라구요.

— "구글의 제품은 야후보다 뛰어납니다. 다음 질문하실 분!"

휴직 캐피털(Husic Capital Management) 톰 와이먼(Tom Wyman)

구글의 기업공개는 2004년 증권계를 가장 뜨겁게 달군 이슈로 그
어떤 상장안보다 세간의 스포트라이트를 많이 받았다. 닷컴기업 번
영기를 한참 지나서인지 구글의 기업공개에 대한 열기는 좀처럼 보기
드문 경우였다.

역대 최대 규모의 사용자 층을 자랑하는 인터넷 검색엔진이기에 그
의 기업공개라는 사건 자체는 세계적인 센세이션을 일으키기에 충분
했다. 종종 이루어지는 회사별 기업공개(IPO)는 매스컴의 1면을 장식
할 만한 핫이슈는 아니다. 그러나 구글의 경우는 5년이 채 안 되는 시

간 내에 십억여 명의 사용자 층을 형성하는 기염을 토했고 닷컴
(.com) 기업의 거품이 종식된 후 인터넷 기업으로는 거의 처음이다시
피 한 기업공개 안이었기에 관심이 더욱 증폭되었다. 또한 사람들은
폭발적인 발전신화를 이룬 구글만의 잠재적 성장동력과 팝콘처럼 부
푼 구글 소자본의 증식과정과 얼마 후 억만장자로 등극하게 될 구글
창업주의 성공일화에 좀처럼 눈과 귀를 뗄 수 없었다.

　그러나 무엇보다 구글의 기업공개가 세간의 주목을 받게 된 가장
큰 원인은 바로 그들의 기업공개가 일반적인 경우와는 다르게 판이한
방식으로 이뤄졌던 점이다. 그들은 남과 다르다는 것을 최대한 강조
하려는 듯이 혹은 관행을 따르기보다 새것을 세우는 일에 마치 사명
이라도 가진 것처럼 당당하고 미련 없이 기존의 기업공개(IPO) 절차
를 버렸다. 또한 결코 평범하다고 할 수 없는 공개 경매방식으로 주식
을 판매했으며 이러한 과정을 통해 주식은 투자자에게 직접 배정되었
다. 구글은 역대 IPO 기업 중에서 가장 특이한 방식을 적용한 사례로
남게 되었으며 경매를 통한 주식배정에서도 최대의 실험적인 도전으
로 기록되었다.

꽃과 주식

　구글은 현대적으로 변형한 '네덜란드 경매(Dutch auction)'의 방식
을 이용해 주식을 경매에 부쳤다. 이 명칭은 네덜란드에서 꽃의 가격
을 매기고 매매한 경매에서 유래했다. 그 과정은 다음과 같다. 우선
구글과 주간사가 주식 공모가격의 최대치와 최소치 범위를 설정하고

주식 배분 방식을 결정하면 자격을 갖춘 개인(미국인에 한함)이 각자가 공정가라고 여기는 가격수준에 근거해서 입찰할 수 있다. 매입 입찰가는 지원자가 주당 지불하고자 하는 가격수준과 매입주식의 수량(최소 다섯 주)을 나타내는데 이를 담은 전자입찰서는 인터넷이나 전화, 팩스를 통해 주간사에 전해진다.

모든 기밀입찰서를 취합한 후 입찰관리자는 이어 단일한 경매가격(Settlement price)을 정한다. 경매가격과 같거나 높은 가격을 제시한 입찰자는 모두 경매가격에 근거하여 주식을 배당받는다. 만약 수요가 공급을 초과하면 입찰가 및 시간 순위를 고려하여 배당한다.

예를 들어 주식 10주를 판매한다고 가정할 때 20명이 입찰에 참여하고 그 중 15명이 95달러를, 나머지 5명이 100달러를 제안했다고 하자. 그렇게 되면 결과적으로 100달러를 제안한 입찰자 중 5명과 95달러를 제안한 입찰자 중 5명이 낙찰을 받게 되는 식이다. 구글을 예로 들면 개중에는 135달러로 입찰에 참여한 투자자도 있겠지만 결국 최종 공모주가는 85달러(실제 공모주가임)로 마감되어 낙찰자는 모두 85달러만을 지불하고 구글의 주식을 배당받았다.

이러한 방법은 구글이 일관되게 추구해온 기업이념과 완전히 부합된다. 구글의 '키워드광고(AdWords)' 방식 역시 동일한 절차를 적용한다. 광고주가 경매입찰을 통해 특정 키워드(Key Word)를 구매하면 해당 키워드를 입력한 잠재소비자들은 검색결과 페이지상에서 그 키워드를 구매한 광고주의 광고만을 보게 된다. '구글 앤서스(Google Answers)' 역시 사용자가 가격을 정하면 구글이 인정한 조사원이 문제에 대한 답을 주는 구조로 되어 있다.

중개인은 없다

네덜란드식 경매법은 전형적 IPO 방식의 취지를 크게 벗어난다. 일반적으로 유망주의 상장은 월스트리트에서도 영향력 있는 주간사인 투자은행과 대형 기관투자자 간의 '공모' 하에 이루어져 왔다. 주간사는 주식 발행 회사로부터 주식 전부를 저가에 매입한 후 공개일에 앞서 그들과 특별한 관계에 있는 우량고객에게 판매한다. 그 후 거래 첫날 주가가 치솟으면 자연히 그들의 우량고객들은 큰 돈을 벌게 되는 것이다(제7장 「악하지 않아도 돈은 벌 수 있다」 참조).

구글이 전통을 거부하고 다른 사람이 걷지 않은 길을 걷게 된 가장 큰 이유는 투자은행이 맡은 사악한 중개자 역할을 최소화하기 위해서였다. 곧 투자은행과 기관투자자의 독무대가 되어 대부분의 이익이 그들을 비롯한 특별한 '친구'들에게 편중되고 마는 기존의 IPO 절차를 뛰어넘겠다는 것이다. 인터넷 민주화를 통해 공개적이고 투명한 거래환경이 조성되어 늘 소외당했던 소액투자자들이 대형 투자거물들과 동일한 기회속에서 출발하기를 바랐다. 구글의 주식이 직접적이고 공평한 루트를 거쳐 이들에게 매입되기를 원했다.

구글의 주식은 공평한 네덜란드식 경매법으로 누구에게나 개방되어 소액투자자의 권익을 확보해 줄 수 있었다. 페이지와 브린은 신청서상에 다음과 같이 말했다.

"구글은 IPO 절차에 '공평'이라는 요소를 첨가하였습니다. 규모가 크든 작든 누구나 구글에 참여할 수 있습니다. 이것은 매우 중요한 전환입니다."

2003년부터 일찍이 투자은행가들이 자사 사무실을 방문하는 것을 허락하지 않았던 구글이 지금은 경매를 통해 주식을 직접 발행함으로써 이들을 외면하고 있다. 이전에 주식 매매 경험이 없는 소액투자자들을 도와 한두 번의 조작만으로 수백만 달러를 벌어들이곤 했던 대형투자자들과 똑같이 소원을 이루게 했다. 결국 기능이 축소된 월스트리트의 중개인들은 평소에 힘들이지 않고 이익을 얻었던 과거와는 상관없이 구글 앞에서만큼은 폭리를 취할 수 없게 되었다.

투자은행들이 IPO를 독점하는 현상을 없애고 주식가격이 시장 내 모든 잠재고객에 의해서 조절되도록 유도했던 구글의 결정은 주식 가격 안정에도 도움이 되었다. 브린과 페이지는 "우리의 목표는 구글의 주가에 공정한 시장가격이 반영되도록 하는 것입니다. 그리고 구글의 업무현황과 주식시장의 변동에 따라 주가가 자연스럽게 파동하도록 그냥 내버려두는 것입니다"라고 말했다.

이들의 모습을 통해 우리는 쉽게 인터넷 경매업체인 이베이를 떠올리게 된다. 이베이의 경영이념 역시 시장의 역량과 파급효과로 인한 이익을 개인에게 돌려주고 대형 회사가 독점할 수 없게 함으로써 효율이 높고 공평한 거래 환경을 만드는 것이었다.

WR 함브레흐트(WR Hambrecht & Co.)의 공동 창업주인 빌 함브레흐트(Bill Hambrecht)는 브린과 페이지, 그리고 CEO인 슈미트가 주식공개에 인터넷 경매법을 사용하도록 하는 데 일조했다. 그는 이론적으로도 기존의 방식에 비해 경매법으로 결정된 주가가 더욱 정확하며 안정적이 될 수 있다고 주장했다.

함브레흐트 등이 권유한 네덜란드식 경매법을 적용하면 분산된 투자자들과 대형투자자들의 실제 수요를 거의 동시에 반영할 수 있어

진정한 의미의 시장 가치에 가까운 가격을 얻을 수 있다. 이렇게 시장 주체들의 지혜가 모여 결정된 주식가격은 주식거래 첫날 관례적인 주가 폭등 추세에도 영향을 끼친다. 브린과 페이지는 초기 공모가격이 비약적으로 폭등하는 것보다 안정적인 상승세를 타게 되면 여타의 유망 기술주가 비합리적인 기대심리에 의해 해를 입곤 하던 상황이 발생하지 않을 것이라고 생각했다. 또한 불안정한 주가가 결국 급락하게 되는 주기를 최소한으로 단축시킬 수 있을 것이라고 믿었다.

1999년 이래 함브레흐트는 소위 '공개 IPO(Open IPO)' 경매법으로 10건의 기업공개를 중개해 총 3.428억 달러를 공모했다. 이 10개 회사의 주식은 거래 첫날 초기 공모 주식가격이 평균 2.7% 상승했다. 전통적인 IPO 절차를 따른다면 최초 거래일에 주가는 '대폭' 폭등하는 것이 일반적이다. 〈블룸버그(Bloomberg)〉지의 관련 자료에 따르면 2004년 1/4분기 미국에서 기업공개를 한 37개 회사의 IPO 직후 공모가 평균 상승폭은 15.5%에 달했으며 2003년에는 총 73개사의 최초 거래일 주가 평균상승폭이 10%였다고 한다.

거래 첫날 주가가 '대폭' 상승한다는 것은 기존의 IPO의 주가결정 매커니즘이 진실성을 잃었다는 것을 증명한다. 또한 주식가격에 진짜 시장 수요가 반영되지 않은 현실을 반영한다. 주가 폭등으로 형성된 차액은 투자은행과 특수한 관계에 있는 일부 우량고객의 수중에 들어가게 되는 데 반해 주식 경매법은 이러한 식으로 빼돌려지는 부당이익을 투자자들에게 좀더 고르게 배분한다.

이러한 주식공개 과정에서도 구글은 투자은행을 완전히 배제할 수는 없었다. 그들은 크레딧 스위스 퍼스트 보스턴(Credit Suisse First Boston)과 모건 스탠리(Morgan Stanley)를 공동주간사로 삼고 주식경매를 진행했다. 그러나 구글은 샌프란시스코의 함브레흐트도 참여시키는 것을 잊지 않았다.

함브레흐트사는 8곳의 부 주간사 중의 하나였다. 69세의 공동 창업주 함브레흐트는 네덜란드 경매법을 보급시키는 데 힘을 많이 쏟았으나 회사가 지금껏 중개한 경매식 IPO는 규모가 크지 않아 모두 1억 달러 이하였다. 구글도 굳이 규모가 작은 함브레흐트를 택할 이유는 없었지만 그들과의 협력은 구글이 일반 회사와는 다르다는 점을 부각시키기에 충분했다.

함브레흐트사는 역사상 최초라고 할 수 있는 인터넷 경매식 IPO를 1999년 2월에 최초로 중개하였다. 기업공개 대상은 레이븐스우드 위너리(Ravenswood Winery)라는 와인회사로 당시 100만 주를 발행해 1,160만 달러 공모에 성공했다.

전통을 거부하다

구글의 기업공개는 1980년대 중견 생명과학업계의 강자인 지넨테크(Genentech)나 1995년 최초의 인터넷회사인 넷스케이프(Netscape Communications), 1998년 최초의 전자상거래업체 이베이가 상장했을 때와 같은 IPO 열풍을 불러일으키는 듯했다.

구글의 기업공개는 4년 전 닷컴(.com)기업의 거품이 사라진 후 IT 업체로서는 거의 처음으로 IPO 대열에 참여한 경우로 독특한 경영방식을 가지고 인터넷계의 신에 거물이라고 불리며 증권계에 그야말로 '강림' 했다. IT계의 IPO가 뜸했던 시기에 대해 설욕하기라도 하듯 말이다. 또한 이는 인터넷 회사 중에서도 금액규모가 최대인 IPO로 기록되었는데 당일 거래된 주식의 시가총액만 250억 달러를 넘어섰다. 구글의 기업공개가 불러일으킨 상장 열풍은 20세기 90년대 말 닷컴기업이 앞다투어 기업공개에 나섰던 시절을 떠오르게 한다.

구글은 20세기 90년대 말 수많은 IT 벤처기업의 상장과정을 지켜보았다. 그들은 핑크빛 미래와 지속발전을 호언장담하곤 했고, 이에 주가는 기래시작일에 폭등하시만 결국 비참한 상황 속에서 상장 폐지되고 마는 과정이 반복되었다. 구글은 이들의 모습을 통해 주식과 자본을 교환하였을 때 오히려 회사의 부(富)는 재로써 공중에 흩뿌려지고 만다는 사실을 깨달았다. 그들은 IT업계의 섣부른 기업공개 유행으로 점철되었던 90년대 말 증권계 낙오자들의 전철을 밟고 싶지 않았다.

얼핏 보면 구글의 기업공개는 닷컴기업 상장열풍 시대의 복제본 같아 보인다. 당시 기업공개를 벼르던 실리콘밸리의 회사들도 마치 세상을 구원할 천하무적처럼 행동하지 않았던가? 그러나 그들의 성대한 잔치는 연기처럼 사라졌고 남은 것은 깨져 버린 공허한 몽상뿐이었다.

자세히 관찰해 보면 구글과 그들의 경우는 확연히 달랐다. 구글은 2세대 인터넷기업으로 비상장 시절부터 견실한 매출과 이익을 축적해 왔으며 두터운 고객층과 탄탄한 경영계획 등 강력한 경쟁적 우위를 확보하고 있었기에 출발부터 남달랐다고 해야 옳다.

구글은 이미 수년째 흑자를 기록해 와서 2000년 닷컴기업에게 불어닥친 후폭풍을 무사히 넘길 수 있었다. 구글은 2,000여 명의 직원을 고용하여 하루 평균 2억여 건의 인터넷 검색 요청을 처리하였는데 이 중 1/3 이상이 미국에서 발생하였다. 그들이 보유한 월드와이드웹(WorldWideWeb) 페이지는 약 40억 개를 웃돌았지만 전세계적으로는 그보다 60억 개 많은 약 100억 개의 웹페이지가 존재해 브린과 페이지는 이들을 다 다운받을 데이터베이스 공간 확장을 위한 방법을 아직도 연구하고 있다. 2003년 구글은 드디어 야후와 마이크로소프트의 MSN을 제치고 가장 환영받는 검색엔진으로 등극하게 된다.

무수한 애호가 층을 형성한 검색엔진 구글은 모르는 사람이 없을 정도로 시장에서 독보적인 지위를 점했으며 구글이라는 브랜드는 당시 IT 산업을 대표하는 아이콘으로 형상화되기도 했다.

IT계의 거물로서 위용을 떨칠 뿐 아니라 인터넷시대에 빼놓을 수 없는 생활필수품으로 자리잡은 '구글'은 그 이름 자체로 사회적 문화 현상을 설명하기도 했는데 '인터넷을 하다'라는 뜻의 신조어 '구글링(Googling)'을 탄생시키기도 했다.

이러한 현상들은 1995년 넷스케이프가 IPO로 전세계를 흔들었던 당시의 시대상황과는 근본적으로 달랐다. 인터넷회사의 거품이 지나치다 못해 과열되었던 그때에는 수많은 닷컴기업들이 수익을 예측하거나 확신할 수 없는 상황에서 기업공개 및 신주 발행부터 서둘렀다. 이들이 그토록 기업공개를 서둘렀던 것은 회사의 운영자금을 모집하기 위해서였다.

하지만 이에 반해 구글은 운영자금을 주식공모로 조달해야 할 만큼 자금이 부족한 회사가 아니었다. 2001년부터 줄곧 흑자 행진을 해 온 구글의 은행 예금은 안정적이다 못해 넘쳐났으며 사업 진행현황도 상당히 양호했다. 무료검색 서비스를 제공하면서도 망망대해 정보의 바다에서 관련성 높은 결과만을 신속하게 걸러내었을 뿐 아니라 똑똑한 전략적 기치를 발휘하여 광고수입까지 거둬들였다.

구글의 능력은 바로 여기에 있었다. 인터넷 검색을 통해 얻어진 잡다한 결과를 연관성이 높은 순서대로 나열하고 이들을 모두 무료로 제공함으로써 정보수요자의 요구를 충족시켰을 뿐 아니라 사용자가 입력한 키워드와 관련된 광고를 우선적으로 표시하는 시스템을 통해 광고수입까지 얻었다. 이는 실로 절묘한 '서비스 & 비즈니스' 시스템이었다.

광고수입은 구글의 지속경영을 가능케 해 주는 수입원이었다. 매출액은 광고수입 덕에 부단히 높아졌는데 2003년에는 9.619억 달러를 기록하여 전년도 동대비 177%나 성장하는 기염을 토했다. 그 밖에 영업이익은 3.4억 달러, 순이익은 1.65억 달러를 기록했다. 만약 구글이 직원에게 부여했던 스톡옵션을 비용지출로 인식하지 않았다면 세전이익률도 60%에 달했을 정도였다.

이처럼 이익률도 높고 지출이 많지 않았기에 구글의 수중에는 현금자산이 충분했다. 2004년 3월 31일 구글의 현금자산은 4.55억 달러에 달했는데 이는 2003년 말의 3.35억 달러와 2002년 말의 1.46억 달러에 비해 크게 성장한 수치였으며 앞으로도 계속 성장할 것으로 보인다.

늑대와 춤을

사실상 증권거래위원회에 제출한 IPO 신청서류를 보면 기업공개를 그리 달가워하지 않는 구글의 태도가 전해진다. 기업공개를 하면

거액의 자금을 만들 수 있지만 회사의 재무상황과 운영에 관한 세부
정보를 외부에 공개해야만 하기 때문이다. 본래 대외비로 공개하지
않을 때 의미가 있는 회사전략과 전술을 기업공개와 동시에 하루 아
침에 경쟁자와 대중의 눈앞에 펼쳐놓아야 한다는 것이 상장회사에게
는 달갑지 않은 일인 것만은 분명하다. 구글도 예외는 아니었다. 기업
공개를 앞둔 구글은 마치 혼자 후원에서 놀다가 대로변으로 몰려나와
얼떨결에 어색한 동작으로 놀거리를 찾는 아이의 모습과도 같았다.

구글이 기존의 모습을 유지하길 바랬던 사람 중의 한 명인 CEO 슈
미트는 기업공개를 하지 않았던 것이 구글의 최대 경쟁력이었다고 했
다. 그는 또한 구글의 재무상태나 내부관리 구조, 추진중인 프로젝트
를 궁금해하는 경쟁업체와 매체들의 질문에 "구글이 상장절차를 끝
내면 모든 질문은 답안을 얻게 될 것입니다"라고 말하곤 했다.

기업공개의 과정에는 많은 시간이 소요된다. 따라서 그 처리기간
이 길어질수록 경영진도 마음이 분산되어 회사에 집중하기 어려워진
다. 페이지와 브린 역시 원할 때 마음대로 마운틴 뷰(Mountain View)
의 본사에 머무를 수 없게 되었다. 그 대신 양복을 차려입고 뉴욕과 샌
프란시스코의 투자자들에게 구글의 기술개선 방안을 홍보해야 했다.

임의로 채택한 방식을 통해 자금을 모집하기로 한 구글은 과거 수
많은 IPO 선배들이 걸었던 길을 과감하게 버렸다. 회사는 이미 1999
년부터 세쿼이야 캐피털(Sequoia Capital)과 클라이너 퍼킨스(Kleiner
Perkins Caufield and Byers)로부터 4,000만 달러를 투자받았으며 기
업공개 직전까지 보유하고 있던 현금량도 성장추세를 뒷받침할 수 있
을 만큼 충분한 규모였다고 슈미트는 밝혔다.

과거 기업들은 종종 기업공개를 회사 경영전략의 일부로 이용했다.

시장에 주식을 공개하면 고객과 투자자의 관심이 집중되어 회사의 간접적 홍보효과가 발생한다. 그러나 구글은 굳이 이러한 측면을 전혀 의식할 필요가 없었다. 몇 년 동안 비약적인 성공 신화가 극히 뜸했던 IT업계에서 구글을 빼놓고는 별다른 화제거리가 없었던 당시, 별도의 홍보활동 없이도 구글의 이름은 자연스럽게 빠르게 퍼져 나갔기 때문이다.

아무리 유망한 주식이라 해도 의외의 사건발생에 따른 가격파동의 위험에서 자유로울 수는 없다. 한번 예기치 못했던 사건이 발생하면 주가는 이에 즉각 반응하여 폭등이든 폭락이든 어떤 형태로든 메아리쳐 돌아와 한정 없이 요동친다. 홍보를 위해서도 돈을 위해서도 아니다. 구글이 이러한 골치 아픈 잠재 리스크를 감당하면서까지 굳이 주식을 공개하려 했던 이유는 무엇일까?

페이지와 브린에게 주어진 선택의 폭은 생각처럼 그다지 넓지 않았다. '비상구'를 찾고 있던 벤처캐피털 회사들 때문이었다. 그들은 벤처시절부터 구글에 투자했고 떡잎부터 달랐던 우량아 구글은 그들의 바람대로 '소규모 벤처'의 딱지를 떼고 '기업공개 대기순위 1번인 우량회사'로 변신했다. 초기에 투입했던 자본은 이미 수백 배 수천 배 뛰어올라 은행창구를 통해 건네진 출금액처럼 주인이 오기만을 기다리고 있었다. 실로 좁은문은 넓게 확장되어 있었다. 상투적인 월스트리트 희곡의 마지막 장면에서 이 문을 밀어젖히고 나가는 역할의 배역은 주로 벤처캐피털리스트가 맡았다. 소규모의 벤처기업에 투자해서 기업공개에 이르게 한 뒤 보유주식을 매각하여 차익을 챙기는 방식이다. 이는 그들이 추구하는 본질적인 투자전략이자 생존방식이니 그들을 기회주의자라고 탓할 수만은 없는 일이다.

'악해지지 말자'라는 표어를 내세운 페이지와 브린이지만 그들도
알고 있었다. 수년 전 투자금조로 10만 달러의 수표를 처음 받았을
때부터 이미 늑대와의 춤은 시작되었다는 것을……. 어쩌면 그때부
터 그들은 기업공개라는 정해진 목적지를 향해 돌이킬 수 없는 항해
를 떠났는지도 모른다.

공인된 당당함

기업공개를 앞둔 회사는 보통 월스트리트에 반하는 행동이나 발언
을 하지 않는다. 회사의 규모나 시장의 크기와는 관계없이 일반적으
로 그러하다. 그러나 항상 남과 다름을 추구했던 구글의 창립자 브린
과 페이지는 당돌하게도 월스트리트의 전통을 버렸다. 그들은 월가
가 권하는 IPO 절차 대신 경매를 통해 주식을 발행하기로 하였는데
이로 인해 월가는 수십억 달러의 중개수수료가 날아가는 것을 바라보
고만 있어야 했다. 기관투자자들과의 만남에서도 구글은 투자로드쇼
에서 지켜야 할 일종의 불문법적 규칙들을 마치 고의로 깨트리려는
것 같이 행동했다. 그래서 한편으로는 그들의 태도가 성의 없고 준비
성이 없어 보였으며 심지어 오만해 보이기까지 했다. 한 예로 구글과
야후가 어떤 점에서 다른지 설명해 달라는 요청에도 그들은 "우리의 제
품이 야후의 것보다 낫습니다. 다음 질문이요"라고 대답할 뿐이었다.
　'창업주의 서신'에 명시한 것처럼 그들은 사업설명회에서도 회사
수익 예측에 관해 일체 언급하지 않았다. 기존의 IPO 로드쇼가 특권
을 부여받은 일부 기관투자자들에게 일반 대중이 들을 수 없는 '특별

한’ 성장예측을 공개하는 밀실 역할을 했음에도 말이다.

극소수의 기업만이 주간사와의 IPO 조건 협상 테이블에서 자신의 주관을 관철시킬 수 있는 당당한 입지를 확보할 수 있다. 월스트리트의 주식 세일즈 규칙에 의존하지 않고도 자사의 브랜드를 세상에 무리 없이 알릴 수 있는 기업은 많지 않기 때문이다. 그런 의미에서 네덜란드식 경매법은 주식 발행회사나 소액투자자들에게 모두 이익을 유도한다. 하지만 앞에서 언급했듯이 모든 회사가 다 구글처럼 투자은행에 대해 당당해질 수 있는 것은 아니다.

만약 구글의 기업공개안이 최근 월가의 핫이슈로 떠오르지 않았거나 회사 경영이 그같이 성공적이지 않았다면 또한 매출액과 이익이 그처럼 두드러지지 않았다면 비판자들의 눈에 브린과 페이지의 행동이 그다지 오만하게 보이지는 않았을 듯하다. 그들이 대담했기 때문에 돈을 중시하는 깔끔한 옷차림의 투자은행가들에게 감히 그렇게 할 수 있었다.

구글은 네덜란드 경매법을 통해 가능한 한 많은 사람들에게 IPO 절차를 개방하고 이를 통한 이익을 공유하고 싶었다. 주관사는 이에 대해 말 없이 동조할 수밖에 없었고 구글의 결정에 보조를 맞출 수밖에 없었다. 그도 그럴 것이 역대 최대 규모의 IT업계 IPO이자 전체적으로도 25위에 해당하는 규모의 IPO를 중개할 기회를 잃을 수는 없었기 때문이다.

그나마 이러한 중개회사에게 돌아갈 수수료도 구글 측에서 주당 2.38달러보다 조금 높은 수준으로 결정하였다. 만약 구글이 전통적인 IPO 방식대로 진행했다면 중개회사에게 돌아갈 수수료는 이의 두 배에 가까운 수준으로 책정되었을 것이다. 이로써 구글이 절감한 수수료는 1,600만 달러에 달했을 것으로 추측된다.

〈IPO에 투자하기(Investing in IPOs)〉의 저자 탐 톨리(Tom Taulli)는 구글의 경매법이 전무후무한 방식이라고 하면서 "구글의 결정은 저에게 큰 충격이었습니다. 그들은 이 방식을 견지할 것이며 중개회사는 구글처럼 큰 고객의 요구를 모두 수용할 것입니다. 이번 IPO는 하나하나가 모두 평범하지 않네요"라고 했다.

구글은 IPO에 경매법을 처음 시도했던 회사는 아니었다. 이전에도 경매법을 채택한 업체가 있었으나 월가의 중개수수료를 위협할 만큼 그 규모가 크지 않아 이슈화되지 않았다. 그러나 구글의 IPO는 규모가 막대하여 월가가 소홀히 할 수 없는 상대였고 회사 지명도도 높아서 실로 지각변동이라 불릴 만한 힘이 있었다.

마케팅의 천재

페이지와 브린은 둘 다 선하고도 기술력 있는 검색엔진 회사에 대한 공통되고 명확한 구상을 가지고 있었다. 또한 그들은 자신이 옳다는 신념을 매우 강하게 의식하며 살아왔다. 설사 그 말의 의미가 다른 사람은 모두 틀렸다는 것을 가리킬지라도 말이다.

이처럼 자신에 대해 깊고 확고한 신념을 가지고 있었기에 불안할 수밖에 없는 벤처기업 시절과 유수의 경쟁업체와 벌였던 치열한 경쟁 시기를 흔들리지 않고 보낼 수 있었다. 그러나 지금 어떤 이들은 그 점이 오히려 그들에게 일종의 부담을 안겨줄 수도 있다고 우려한다.

두 창업주의 결단으로 구글의 IPO는 그리 순탄하지만은 않은 길을 걸어야만 했다. 8월 4일 구글은 IPO와 관련하여 그들이 증권법을 위반할 수도 있을 것이라고 공시했다. 과거 3년간 구글이 직원들과 자문위원들에게 총 2,320만 주를 스톡옵션으로 제공하였는데 이와 관련하여 미 연방법과 주(州) 증권법을 따르지 않았다는 내용이다. 이는 결코 그냥 넘길 수 없는 중요한 문제였다. 회사가 원가 매입을 제의해도 구글의 IPO 가격이 높은 편이어서 아무도 원가로는 매각하지 않을 것이었다.

또한 증권거래법상 기업공개 신청서류가 접수된 후에는 기업공개 대상업체는 일종의 '침묵기'에 접어들게 되는데 이 기간에는 투자자의 결정에 영향을 줄 수 있는 어떠한 발언 및 선전성 발표도 할 수 없다. 그런데 교묘하게도 오래 전 페이지와 브린이 〈플레이보이〉지 기자와 나눈 인터뷰 내용이 마침 이 시기를 통해 세상에 공개되었다. 8월 19일 증권거래위원회는 〈플레이보이〉 인터뷰 내용이 증권법 규정에 위반되는지의 여부를 조사하기 시작했는데 인터뷰에서 다뤄진 회사정보가 기업공개 신청서상에는 언급되지 않았다는 이유에서였다.

설상가상으로 증권거래위원회는 구글의 법무팀장 데이비드 드러몬드가 스마트포스(Smart Force)에서 CFO로 근무한 경력에 대해 증권법 위반혐의로 직무정지 가처분신청을 제기하도록 구글 측에 권고하였다. 스마트포스는 교육용 소프트웨어 애플리케이션 개발사이며 논란이 된 내용은 스마트포스의 재무보고서와 관련된 회계 및 정보공개부분이다. 이에 대해 구글은 이는 구글과 관련이 없는 사안이고 드러몬드는 2002년 2월에 채용된 인사라며 대응했다.

〈뉴욕타임즈〉는 증권거래위원회가 상기 3건의 사안을 조사할 것이며 이것이 어쩌면 신주발행에 큰 영향을 미쳐 전무후무한 전례를 남기게 될지도 모를 일이라며 대서특필했다.

"이는 일종의 문화적 리스크입니다"라고 검색엔진 익사이트(Ex-cite)의 공동창업주 조 크라우스(Joe Kraus)가 말했다. 당시 익사이트는 구글의 진출로 시장에서 참패한 것이나 다름없는 상황이었다. 그는 이어 "구글이 지닌 내재적 리스크는 바로 소위 좋은 구상이라는 것이 공인되는 경로입니다. 좋은 구상이라는 것은 다른 사람이 그들에게 알려 줄 때에만 공인되는 것이지요. 본인들만 주장한다고 해서 인정되는 것이 아닙니다"라고 말했다.

한편에서는 또 다른 견해를 보였다. 〈플레이보이〉는 브린과 페이지를 '미국의 신부호, 구글의 청년들'로 특필했다. 〈플레이보이〉는 기사에서 그들이 비록 공학도라는 타이틀을 걸고 있지만 오히려 마케팅의 고수에 가깝다는 점을 강조하고 있다.

구글의 청년들이 마케팅의 고수라는 주장은 수백만 달러에 달하는 광고비를 지불하지 않고도 벌써 세계적으로 가장 유명한 인터넷 검색엔진이 된 구글의 신화에 힘을 실어준다. 구글은 수차례 무료로 각 매체에 의해 보도되었으며 그 명성은 거의 입소문을 통해 널리 퍼졌다. 거기다 얼마 전 브린과 페이지가 〈플레이보이〉의 단독 인터뷰를 받았으며 이로 인해 증권거래위원회의 조사를 받았다는 사실은 다시 한번 전세계 각지 매체의 경쟁 보도를 자극하였다. 사실이야 어찌 되었든 수십억 달러 규모의 전자입찰경매를 앞두고 우연이라고 하기에는 너무나 절묘한 사건 사고들이 발생하여 구글의 인기를 높여주었다.

8월 13일, 구글의 주식이 경매를 통해 판매되기 시작하였다. 보도 시기가 공교롭게도 구글의 기업공개 시점과 맞아떨어진 것이 우연인지 아니면 고의인지 수많은 추측이 오가는 가운데 구글은 이에 대해 아무런 발표도 하지 않았다. 단지 〈플레이보이〉와의 인터뷰 시점이 4월이었으며 이는 증권거래위원회에 기업공개 신청문건을 제출한 시기이자 기업공개를 계획하기 1주일 전이었다고만 설명했다.

증권거래위원회는 구글 측에 신청서 중 정확하지 않은 부분이나 시기가 지난 부분을 수정하라고 요구했다. 그러나 IPO 절차를 중지하라고 하지는 않았다. 증권거래위원회가 개입하면서 구글의 기업공개는 더욱 많은 매체들의 관심을 받게 되었다. 〈플레이보이〉와의 인터뷰에 관련된 사안은 구글이 관련 성명을 기업설명서에 첨부하여 중개회사 간 책임소재를 명확히 하도록 한 후에 마무리되었다.

노스캐롤라이나주의 인터넷 컨설팅회사인 키워드랭킹닷컴(Keyword ranking.com)의 부총재인 앤디빌(Andy Beal)은 〈워싱턴포스트〉와의 인터뷰에서 다음과 같이 말했다.

"그들은 매체를 유용하는 데 천재이기도 하며 특별한 운을 타고 나기도 했습니다. 한마디로 이번 사건은 그들에게 매우 유리하게 작용할 것입니다."

'구글의 청년들'이라는 제목의 인터뷰 기사는 수백 개의 웹사이트에 게재되었고 주요 매체도 연일 이를 보도했다. 구글의 상표가 몇 번이고 반복하여 신문지상에 되풀이되고 구글의 IPO 전개 과정은 전세계 수십억 대 컴퓨터 사용자와 텔레비전 시청자의 화면을 통해 방영되었다.

〈워싱턴포스트〉는 구글이 최종적으로 증권거래위원회로부터 징계를 받을 수도 있다고 보도했다. 금지령을 위반하고 IPO 전 매체와 인터뷰를 하여 주식공모에 영향을 주었다는 이유에서였다. 그러나 관련자는 증권거래위원회 역시 침묵기간의 현행 규정을 좀더 완화할 수 있는 방안에 대해 논의 중이라고 밝혔다. 그것은 기업설명서 외에도 외부와 좀 더 많은 서면형식의 정보공유가 이뤄지도록 한계를 완화하자는 내용이다. 증권거래위원회는 일찍이 관련 규정을 수정할 것을 고려해 본 적이 있으나 여타의 우선적인 업무 때문에 이를 보류했었다.

신주발행

— "그래서 저는 세 가지 가격대, 즉 80달러 95달러 125달러로 달리해서 각각 5주씩 총 15주 구매에 입찰했습니다. 구글은 당초에 주당 108달러와 135달러 사이로 설정한 주가범위를 85달러 95달러로 재조정했습니다. 그 후 저 역시 입찰가를 65달러 95달러 100달러로 조정했지요.

— 최종 결과가 나왔습니다. 저는 시초가격 85달러로 8주를 낙찰받았습니다. 나스닥(Nasdaq) 거래 첫날 첫 1시간 만에 저는 98.63달러를 벌어들였는데 매각 후 수수료를 제하고 나니 87달러가 남더군요. 꽤 괜찮았어요. 그 돈으로 뭘 할까 고민했어요. 피자를 사먹을까? 동의하시는 분 있으신가요?"
〈비즈니스위크(Businessweek)〉 뉴욕보도 티모시 J. 물라니(Timothy J. Mullaney)

구글의 인기는 급상승했고 마치 은의 광택처럼 그 깊이를 더해갔다. 1998년 설립 이래 규모도 부단히 커졌으며 기업공개에 이르러서는 수십억 달러를 공모하기에 이르렀다. 수입이 증대되면서 동시에 주식공모를 한 것은 현명한 선택이었다. 수중에 여윳돈이 있어 투자를 원하는 사람들은 자연히 눈을 크게 뜨고 성대한 연회를 놓칠세라 구글의 일거수일투족에 집중하였다. 이는 누적 당첨금이 갈수록 높아지는 로또를 사려고 티켓박스 앞에 사람들의 대열이 길게 늘어진 풍경과도 같았다.

전통을 따르지 않는 이 IT 벤처기업은 상당한 시간이 지난 후에야 결국 신주를 공개 발행할 수 있었다. 〈포춘〉지는 이를 '역대 최초로 사람들을 기대하게 했던 IPO'라고 보도했다. 당시 구글과 관련된 기사를 검색할 필요가 없었다. 무슨 얘기만 꺼냈다 하면 모두들 구글에 관한 이야기를 쏟아내어 스스로가 검색엔진의 역할을 했다. 인터넷 주가 이끌어 낸 투자자의 관심과 사랑은 1998년 9월 이베이의 주식상장 이래 보기 드문 사건이었다. 투자자가 앞다투어 내어놓은 10억 달러의 자금은 거슬러 올라가 6년 전에는 존재하지도 않았던 한 회사에게 돌아가게 되었다.

2,718,281,828달러를 공모하다

구글은 기업공개 신청서상에 상장을 통해 공모할 금액수치를 매우 상세하게 2,718,281,828달러로 적어내었다. 이는 수학에서의 'e'와 같은 수치이다. 'e'는 그 근사값이 2.718281828459045(소수점 이하 무한대)인 무리수이자 초월수(超越數)로 로그의 밑(base)이다. 오일러의 수(Euler's number)라고 불리기도 하며 복잡한 로그계산을 할 때 유용하게 사용된다.

이러한 수학을 향한 사랑과 재치는 구글만이 지닌 특색이다. 〈파이낸셜 타임즈(Financial Times)〉의 한 기사에서는 '구글은 계획 중인 최초 기업공개 설명서를 통해 2,718,281,828달러를 모집할 것이라고 밝혔다. 그러나 투자자는 그를 실제 수치로 여길 필요는 없다. 이 회사가 실제로 모집할 금액은 분명 그 수치가 아닐 것이다. 그는 단지 1933년 증권법에 따라 계산한 것으로 구글이 반드시 지불해야 할 등기비용이다'라고 썼다.

구글은 e에 대해 각별한 애착을 가지고 있어 채용공고를 낼 때에도 이를 응용한다(제6장 「인재왕국을 꿈꾸다. 최고의 헤드헌터 구글」 참조).

7월 26일 구글은 증권거래위원회에 제출한 신청서를 통해 주당 주가범위를 108달러와 135달러 사이로 확정했음을 알렸다. 이 가격범위로 계산하면 구글의 IPO는 역대 최대 규모가 될 것인데 이는 구글의 기업이념과도 상통한다. 실제로 구글이 명칭으로 착안했던 구골(googol)이라는 단어의 뜻은 1 뒤에 0이 100개가 따르는 수를 가리키는 수학적 용어였다. (제4장 「고객의 체험을 우선으로」 참조)

주가범위의 최고치를 기준으로 계산하면 구글 주의 시가총액은 360억 달러가 된다. 설립된 지 5년이 된 구글은 그 몸값이 애플컴퓨터나 뉴스위크, 워싱턴포스트뿐 아니라 〈월스트리트저널〉의 발행업체인 다우존스(Dow Jones & Co.)의 4개 업체를 합한 가치보다 더 높게 된다. 시장 수익률은 350배에 달했다.

8월 18일 구글은 예상경매가격 범위를 85달러와 95달러 사이로 조정했으며 최종적으로 주가범위의 최저가를 공모가로 결정했다고 발표했다. 또한 기존에 2,570만 주를 발행하기로 했던 것을 1,960만 주로 축소하였다. 이들은 온라인 주식경매를 종식한 후 다음날 공개시장 거래를 개시했다. 오래도록 기다려 왔던 구글의 기업공개가 실현된 순간이었다. 그러나 첫 거래일의 주가는 기대만큼 폭등하지는 않았다.

4월에 기업공개를 하기로 결정한 이래 주간사를 비롯한 기관투자자들은 구글의 주가범위를 하향 조정하라고 지속적으로 요청했다. 분산된 투자자들 역시 목표가격이 높아 결단을 내리지 못하고 있었고 적지 않은 사람들이 복잡한 경매 절차에 많은 혼돈을 느꼈다. 이와 동시에 구글이 기업공개를 하기로 선포한 이후 나스닥 시장의 주가가 약 10%나 하락하여 많은 사람들이 구글에 대한 낙관적 성장전망을 재평가하기 시작했다. 이러한 여러 가지 이유로 구글은 부득불 공개 전날 주가범위를 하향 조정해야 했다.

구글은 원래 계획대로 1,410만 주를 매각했다. 창업주와 일부 조기 투자자 등 기존 주주들은 550만 주만을 판매했지만 이는 그들이 당초 계획했던 1,160만 주의 반에도 미치지 못하는 수치였다. 인터넷 경매로 총 1,960만 주의 클래스 A주를 매각하여 16.7억 달러를 공모했는데 이는 3주 전 회사 및 거래은행이 추산한 36억 달러에 턱없이 미치지 못하는 수준의 금액이었다. 시가총액 역시 원래 예상했던 360억 달러에서 대폭 축소된 230억 달러가 되었다. 구글은 또한 별도로 294만 주를 주간사에 매각하였으며 이로써 공모자금은 총 19.2억 달러가 되어 인터넷기업의 신기록을 갱신했다.

구글의 신주발행 수입은 이전 12개월 매출총액의 10배에 해당하며 순이익의 85배에 달한다. 또한 이는 1986년 MS사의 신주발행 수입이 매출의 3배, 순이익의 16배였던 것에 비교된다. 구글이 향후 오래토록 강력하게 성장해야만 이와 같이 높은 주가를 뒷받침할 수 있을 것이다.

기업공개 후 구글은 33,606,386주의 클래스 A 보통주와 237,616,

257주의 클래스 B 유통주를 갖는 구조가 되었다. B주는 창업주인 브린과 페이지에 의해 통제되며 기타 조기투자자들의 수중에 있다.

2004년 미국 내 신주상장을 통한 모집자금 중 5월 한 달간 통계에 따르면 금융보험회사인 젠워스(Genworth)가 공모한 28억 달러가 최고규모였으며 그 다음은 2월에 상장된 전문 보험회사 아슈런트(Assurant)의 20억 달러였다. 그러나 그들에 대한 세간의 관심은 공모금액 기준 3위인 구글에 미치지 못했다. 8월 19일 구글은 전광판에 거래부호인 구그(GOOG)를 표시한 채 나스닥(NASDAQ)시장에 상장되었다.

첫 거래일 주가 상승

8월 19일 오전 2시간 반이 채 지나지 않아 구글의 주가는 이전의 수많은 닷컴기업들처럼 폭등하기 시작했다. 투자자의 강력한 매수세에 100.01달러로 시작한 주가는 100.34달러로 마감하여 공모가 85달러에 비해 18% 성장했다.

시가총액은 272억 달러로 상승하여 이베이, 야후의 뒤를 바로 이어 제3위가 되었다. 이는 세계 최대의 자동차회사인 제너럴모터스(General Motors)보다 조금 낮은 수치이며 미국 최대의 신문발행업체인 개닛(Gannett Company), 세계 최대의 인터넷소매서점 아마존닷컴(Amazon.com), 세계 최대의 인터넷 여행사인 인터엑티브코퍼레이션(InterActiveCorp)과 맥도널드(McDonald's)의 수준을 상회했다.

이날 뉴욕증권거래소, 나스닥주식거래시장, 미국증권거래소에서 주가가 100달러를 초과한 회사가 20여 곳에 불과했는데 구글이 그들 중 하나였다.

　8월 20일 투자자들의 구글 주식에 대한 매수세는 지속되어 파장시세가 108.31달러에 달했다. 당일 상승폭은 8%였으며 양일간 상승폭은 총 27%를 넘어섰다. 시가총액은 또다시 상승하여 297억 달러에 이르러 결국 제너럴모터스를 초월하였다. 이러한 상승추세는 멈출 줄 모르고 지속되어 9월 30일 드디어 135.02달러를 기록해 당초 목표한 주가범위의 상한선을 넘어섰다. 시가총액은 350억 달러에 이르러 아마존닷컴의 160억 달러, 전세계 최대의 알루미늄 제조업체인 알코아(Alcoa)의 284억 달러 수준을 크게 앞질렀다.

교 훈

— "구글은 사람들을 흥분시켰습니다. 경매과정에서 질투심리와 신문매체의 비평, 수많은 행정운영상의 작은 손실들이 시초가격 형성에 적지 않은 압력으로 작용했었을 것입니다. 그러나 구글은 빗속에서 툴툴 털고 비상(飛翔)하는 새와 같았습니다. 그것들을 상관하지 않았어요. 날아오르기만 하면 그의 앞에는 무한한 창공이 펼쳐져 있을 것이니까 말이에요.

— 구글은 주도면밀하고 세심하게 자산을 운용했으며 기초설비 역시 상대적으로 저렴한 방법을 통해 구입하였습니다. 이러한 시스템상의 요인들은 구글에게 큰 경쟁적 우위를 확보하게 했어요. 현재는 그러한 창조적 요인들이 다음 단계의 발전으로 이끄는 요소가 되고 있구요."

보안정보관리시스템사업체 아크사이트(ArcSight)
CEO 로버트 셔우(Robert Shaw)

최고의 자리에 등반한 이 검색엔진의 얼굴에는 크고 밝은 웃음이 머금어 있다. 순식간에 인터넷 속의 소년에서 월가를 아우르는 청소년의 모습으로 성장하였다. 닷컴기업의 거품이 사라진 후 젊은 이상을 품고 웹사이트 자원을 무료로 제공하며 사람들로 하여금 신선하고 무궁한 즐거움을 누리게 하는 것에 사명을 가졌던 1세대 닷컴기업의 창사 이념은 한동안 사람들에 의해 헌신짝 버리듯 무시되었다. 그러나 구글의 맹렬한 성장은 IT계의 역사를 다시 쓸 수 있는 기회를 줄 것이다. 구글의 IPO는 IT업계의 시야를 넓히고 사람들을 일깨웠다. 과연 실리콘밸리는 비즈니스계에서 매우 독특한 기적을 낳는 지방임에 틀림없었다.

구글이 기업공개 후에도 자사만의 독특한 신념과 자신감을 유지하고 사람들에게 신선한 솔루션을 지속적으로 제공할 것임에는 의심의 여지가 없다. 그들이 창조적 혁신과 자유주의적 검색에 대해 갖는 고집은 가히 찬양할 만하며 이에는 실리콘밸리의 최고기업 만들기 공법도 한몫 작용했다.

한동안 실리콘밸리에는 불안과 의구심, 악의적 반감과 불투명한 전망뿐인 절망적 분위기가 팽배해 있었다. 어떤 이는 구글의 전통에 도전하는 용기가 오염되고 부패한 환경 속에서 신선한 공기를 공급해 준다고까지 표현했다.

구글은 전에도 없었고 앞으로도 없을 수많은 기적 같은 전례와 모범을 보여 사람들을 놀라게 했다. 수많은 인터넷 창업자들이 이로써 셀 수 없는 신규이론을 세우고 전통과 판이한 방식을 실험하는 무대로 삼았다. 과거 애플컴퓨터와 썬마이크로시스템즈(Sun Microsystems), 넷스케이프가 그러했듯이 구글도 기업내 경영진과 벤처캐피털리스트들의 전통적 사고에 대해 전환점을 제시했다. 우수한 회사들은 수많은 규칙들을 깰 수 있다.

일상 경영에서 기업공개에 이르기까지 구글의 모든 발자취는 초연하고 고고한 이상을 반영했고 시종일관 구습을 배척하고 전통을 깨는 것이 어느 정도까지 가능한가를 끊임없이 시험하는 모습을 보여주었다. 수십억 달러의 주식발행 과정에서 감히 월가의 투자은행들을 푸대접하고 질타했던 일로부터 비즈니스 소식지라기보다 미녀이야기 일색인 〈플레이보이〉지의 인터뷰를 받는 일에 이르기까지 전 과정에서 말이다.

댈러스 메버릭스(Dallas Mavericks)의 감독 마크 큐반(Mark Cuban)은 다음과 같이 말했다.

"구글은 거의 최초로 대담함을 발휘한 회사입니다. 당당하고도 현명하게 경매방식을 통해 정확히 주식을 발행한 회사이지요."

큐반은 일찍이 브로드캐스트닷컴(Broadcast.com)을 야후에게 매각하여 수십억 달러를 벌어들였던 인사이다.

구글은 엄청난 리스크를 담대하게 무릅썼다. 전통의 방식대로 기업공개를 하는 것이 싫었던 구글이었기에 리스크를 극도로 두려워하는 여타의 기업처럼 행동하지 않았다. 그들은 안전하게 7%의 수수료를 주간사 투자은행에 지불한 후 모든 주식을 그들에게 저가에 매각하고 그 대신 100% 매도를 보장받는 길을 택했다. 투자은행 역시 모든 수단을 다 동원하여 기름진 IPO업무를 맡기 위해 혈안이 되어 있었다. 구글은 결코 이런 식으로 기업공개를 하고 싶지 않았다. 따라서 이번 IPO가 얼마나 성공할 것인가에 대한 세간의 관심이 집중되었다.

만약 구글이 IPO도 더욱 투명하고 공평하며 부정적이지 않은 방식

을 통해 진행될 수도 있음을 증명해낸다면 거래 첫날의 '주가상승폭'
은 적더라도 발행회사와 투자자에게는 저항할 수 없는 강인한 매력이
될 것이 틀림없다. 발행회사와 투자자들이 모두 더욱 나은 대우를 요
구한다면 투자은행도 어쩔 수 없이 그들에게 공평한 조건을 제시할
수밖에 없기 때문이다.

구글이 기업공개를 발표한 시기부터 마무리되기까지 약 3개월 동
안 산전의 고통이 계속되었다. 연이은 악재 속에서 상장도 연기하고
발행주식수도 축소하였으며 공모가격도 낮췄다. 수많은 법률적 문제
들은 변호사들로 하여금 방향을 잃게 하고 혼란을 가중시켰다. 게다
가 전체 주식시장이 약하고 활성화되어 있지 않아 신주 수요도 억제
된 상황이었다. 그렇지만 구글은 역대 인터넷 회사로서는 최대규모
의 주식을 발행했다. 이와 같은 대규모의 IPO는 그 자체가 매우 대단
한 성과였고 증권 역사상에 기록으로 남게 될 대사건이었다.

한편의 연극이 전개되는 것과 같은 구글의 IPO 전개과정에서 우리
는 소중한 결론을 얻게 되었다.

투명한 거래, 순조로운 항해

구글의 주식이 본격적으로 거래되기 시작했다. 거래는 여타의 IT주
와 마찬가지로 순항했다. 오직 이 사실만이 구글의 창업주가 부정적
관행을 따르지 않은 네덜란드식 경매법으로 주식을 발행했고 또한 공
개시장에서 자금공모에 성공하였음을 증명해 주고 있었다.

미국 법률회사인 모리슨 앤 포레스터(Morrison & Foerster)의 오래

된 파트너인 브루스 맨(Bruce Mann)은 구글이 네덜란드식 경매법으로 신주를 상장하기로 한 결정이 결국 구글과 그의 투자자들에게 원만하고 순조로운 결과로 보상이 되었다며 다음과 같이 말했다.

"구글의 IPO는 '시장'이 그 어떤 다른 투자은행가보다 똑똑함을 증명해 보였다."

맨은 일찍이 함브레흐트사의 투자은행가였으며 네덜란드식 경매법을 제창한 선봉 중 하나였다.

그의 관찰에 따르면 시장이 구글의 투자리스크를 적절히 반영하여 주가 상승폭이 적정선에서 유지되었다고 한다. 이에 반해 90년대 말에는 수많은 IT회사들이 신주를 발행하고 상장 후 몇 시간 혹은 며칠 만에 주가가 폭등하여 초기 공모가의 수배에 이르기도 하였으나 개장 후 폭등하였다가 다시 폭락하는 사례가 비일비재했다.

구글의 첫날 거래는 100.34달러로 마감하여 공모가인 85달러에 비해 18% 상승하였다. 맨은 이러한 상승폭은 투자자들의 움직임을 재빠르게 조종할 만한 수준은 아니지만 리스크를 부담하고서 IPO에 참여한 투자자의 입장에서 볼 때 상당히 합리적이고 적정한 수준이라고 했다. 주식 상장 후 주가가 급등하지 않거나 큰폭으로 파동하지 않는다는 것은 사실상 경매법의 가격결정 체계가 주효했음을 반증한다. 이는 네덜란드 경매법의 큰 장점이기도 하다.

와튼스쿨(Wharton Business School)의 래피 에미트(Raffi Amit) 경영학 교수는 비교적 유보적인 입장을 취하였다. 그는 구글의 IPO가 표면적으로는 성공한 것처럼 보이지만 시간이 지나봐야 그 성공의 진정한 여부를 판가름할 수 있지 지금 판단하기에는 이르다고 했다. 결국 구글은 주당 85달러의 가격으로 16.7억 달러를 모집했고 이는 당초 주당 135달러로 36억 달러를 모집하겠다는 계획보다는 낮은 수치였다.

발행가격과 주식수가 급히 축소된 것은 일관되지 못한 행동으로 비판을 받을 수도 있다. 그러나 이 점에 대해서는 상반된 의견도 있다. 경매의 목적이 본래 주식가격의 '발견'에 있으므로 시장수요에 맞추어 예상가격을 낮추는 것이 특별히 잘못될 것도 없다는 입장이다.

맨은 더군다나 7월에 구글이 108달러에서 135달러의 가격으로 주식을 판매하기로 발표한 날부터 발행가격을 확정한 날까지 인터넷 주의 주가지수는 20%나 하락했다면서 이 점을 반영하면 구글의 최종 발행가격은 초기 설정한 주가범위의 하한선과 동일한 가치를 갖는다고 주장했다. 첫날 종가가 그 범위의 중간을 약간 상회했으므로 조정된 주가범위와 최초 주가범위는 사실상 비슷한 수준이 된다는 말이다. 비평가들은 또한 만약 이번 입찰이 100% 성공한다면 첫날 거래가격이 그다지 크게 폭등하지는 않을 것이라고 했다.

와이넌스국제투자관리리서치(WIIMR)의 설립자이자 CEO인 켄 와이넌스(Ken Winans)는 〈샌프란시스코 크로니클(San Francisco Chronicle)〉지를 통해 "구글의 경영인들은 똑똑합니다. 그들은 이미 첫날 주가의 상승추세를 계획해 놓았던 것은 아닐까요? 컨설턴트가 그들에게 과욕을 버리라고 충고했고 그들은 이를 들었습니다"라고 얘기했다.

이에 따라 구글의 경영진은 최후에 발행수량과 가격을 대폭 조정했다. 그들은 자신들이 해야 할 일을 너무나도 명확히 알고 있었다. 와이넌스는 "이는 수요 증대를 촉진시켰고 더 많은 돈을 테이블 위에 남겨주어 투자자들로 하여금 자신들이 적지 않은 분량을 배당받았다는 느낌을 갖게 했습니다"라고 했다.

샌프란시스코의 투자컨설턴트인 스튜어트 필레(Stewart Pillette)는 구글을 칭찬하였다.

"구글은 네덜란드식 경매법을 통해 합리적이고 상당히 높은 수준의 발행가격을 확정하였으며 결국은 비교적 전통적인 IPO 방식을 적용한 여타의 기업처럼 첫날 거래가격이 폭등했습니다. 그들은 매우 똑똑합니다. 정말 똑똑합니다."

구글도 투자자도 Win-win

구글의 창업주는 그들의 소원을 이룬 셈이다. IPO에 참여한 수많은 투자자들에게 모든 주식이 배분되는 것이 현실적으로 어려웠던 과거와는 다르게 구글의 주식은 최고가격 지불을 원하는 투자자들에게 공정하고 고르게 배분되었다. 그렇다. 구글 진입에는 난관이 없어 대체적으로 거의 모든 사람이 성대한 구글주 상장의 연회에 참여하는 데 성공했다고 할 수 있다.

거래 첫날 평균 거래량 규모가 그다지 크지는 않았지만 100주와 300주 사이의 거래량 측면에서 보면 대다수의 주주가 소액주주라는 사실을 발견하게 된다. 이는 브린과 페이지가 구글이 애초에 IPO를 통한 수익자로 설정했던 층의 사람들이다. 그들은 이번 주식발행을 통해 투자자들의 참여층이 광범위해지기를 바랐고 그들의 소원은 거의 이루어진 것처럼 보였다.

IPO 웹사이트인 커런트오퍼링스닷컴(CurrentOfferings.com)의 공동창립자인 탐 톨리(Tom Taulli)는 다음과 같이 말했다.

"주당 85달러로 주식을 매수하는 소액투자자들의 입장에서는 당일은 참으로 아름다운 날이라고 할 수 있을 것입니다. 구글의 창립자와 네덜란드식 경매법이 아니었다면 그들은 소원을 이룰 수 없었을 것이기 때문입니다."

구글 주식의 발행가격은 일반 회사가 설정하는 10~20달러의 수준에 비해 상당히 높은 수치이다. MS 같은 경우는 주당 21달러, 야후는 13달러로 상장을 했었다. 어떤 사람은 이에 대해 네덜란드식 경매법이 투자자들에게 돌아올 차액 수익을 빼앗아가며 심지어 거래가 시작되면 주가는 돌연 하락하기도 한다며 비판한다.

실제로 상장거래 첫날 구글의 주가가 크게 상승하여 사람들이 많이 놀랐다. 투자자들의 견해는 엇갈렸다. 또 어떤 이들은 소위 공정가라는 것은 구글이 설정한 85달러보다 훨씬 높아야 한다고 주장했다.

함브레흐트는 첫 거래일 주가가 급등한 사실에서 알 수 있듯이 구글의 발행가격도 많이 낮게 측정된 것이라 했다. 그는 구글 자체 고객은 주당 97달러로 매수하기를 원했다고 했는데 이 가격을 기준으로 보면 구글은 적어도 2.7억 달러를 모집하게 된다. 그러나 이번 주식발행은 구글의 목표치에 근접했다. 고객과 기타 소액주주가 주식을 구입하는 데 성공했기 때문이다.

함브레흐트는 "최고가격으로 매도하는 것만이 그들의 목표는 아닙니다. 이 회사는 이미 많은 현금을 보유하고 있습니다. 그들이 필요로 하는 것은 시장유통성이며 고객의 기초를 구축하는 데 있습니다"라고 말했다.

플로리다대학의 회계학 교수이자 IPO시장 관련 저명한 인사인 제이 리터(Jay Ritter)는 구글이 네덜란드식 경매법을 이용하지 않았다면 그렇게 많은 자금을 모집하지 못했을 것이라고 했다. 경매법으로 결정된 구글 주식의 시가는 매우 높았는데 이는 MS가 1986년 기업공개시 확정했던 공모주가의 수배에 이르는 수치이다. 그러나 구글의 기업공개 과정에서 사람들을 놀라게 했던 것은 월스트리트의 입김이 극도로 적게 영향을 미쳤다는 사실이다. 리터는 구글의 초청을 받아 네덜란드식 경매법에 내한 건설닝 서비스를 제공했다.

당연히 월스트리트는 구글이 자신들을 제쳐두고 투자자들에게 주식을 직접 배정하는 것에 대해 불만스럽게 생각하였다. 따라서 그들은 구글의 IPO가 실패하기를 바랬으나 구글은 실패하지 않았다. 〈뉴욕타임즈〉는 구글의 인터넷 경매 과정이 혼란스러웠으며 예상가격을 낮췄을 뿐 아니라 일부 투자자들을 잃기도 했지만 경매방식은 결국 통했으며 후일 다른 회사들도 이 방식을 채택할 수 있도록 선한 선례를 만들었다고 보도했다.

와튼스쿨 마케팅학과의 피터 페더(Peter Fader) 교수는 구글의 IPO를 통한 경매제도가 대규모로 운용될 수 있다는 것이 증명되었으나 이러한 방식이 일상적 모델이 될 수 있느냐는 데에는 자신할 수 없다는 입장이라고 했다. 왜냐하면 결국에는 대부분의 회사들이 구글과 같이 강력한 파워를 갖고 있지는 않을 것이기 때문이다. 그는 다음과 같이 말했다.

"제가 확실히 말할 수 있는 것은 네덜란드식 경매법은 향후 필연적인 주식발행의 한 모델이 될 것이라는 점입니다. 그 이유는 투명성 때문입니다. 그러나 유행하지는 않을 것으로 보입니다."

만약 더욱 많은 회사가 경매법을 채택하게 된다면 아마도 월스트리트가 사적인 주식 매도입을 통해 폭리를 취하는 악습을 제어할 수 있게 될 것으로 보인다. 그러나 중요한 것은 네덜란드식 경매법이 전통적인 IPO 방식보다 우월한 것이냐 열등한 것이냐 하는 문제가 아니다. 정작 중요한 것은 구글이 창조적이고 혁신적인 방법을 통해 자금 공모를 하기로 결정했다는 사실이다. 더 많은 회사들이 새로운 방법과 실험적 정신으로 무장한다면 결국에는 선한 가치가 승리하고 만다는 사실이 증명될 것이다.

제2장

더 나은 제품개발을 향한 열정

'구글은 실리콘밸리의 창조신화를 이었다. 그들은 사람들의 기억 속에 실리콘밸리의 기적적인 신화로 기억될 것이다. 구글의 두 창업자 브린과 페이지는 HP의 휴렛(Hewlett)과 팩커드(Packard), 인텔(Intel)의 노이스(Noyce), 무어(Moore)와 그로브(Grove), 애플(Apple)의 잡스(Jobs)와 워즈니악(Wozniak), 야후의 제리양과 데이비드 필로(David Filo) 등 차고에서 무일푼으로 시작하여 IT업계 거물이 된 창조신화 속 주인공의 바통을 잇게 되었다. 실리콘밸리의 창업자와 엔지니어의 꿈은 구글로 인해 더욱 견고해지는 듯했다. 왜냐하면 구글은 그들에게 특색 있는 기술 개발만이 날로 팽창되는 디지털기술에 대한 전세계 고객의 요구를 충족시킬 수 있다고 강조하기 때문이다. 부(富)는 그에 따른 부수적인 선물로 어쩌면 억만장자라는 타이틀이 주어질지도 모를 일이다.'

－크리에이티브 스트레티지스(Creative Strategies Inc.)

팀 바자린(Tim Bajarin)

범사회적 의미에서 구글이 지닌 가치는 기업공개의 돌풍 속에 가리워져 두드러지지는 않았지만 구글은 소소했던 인터넷 기술의 영향력을 전 사회로 확대시켰다. 그리고 결국에는 구글(google)이라는 용어가 '인터넷 검색을 하다'의 뜻을 지닌 동사처럼 사용되기에 이르렀다.

구글은 이미 일종의 문화현상으로 정착했다. 수많은 사람들이 구글에 의해 수집된 정보에 의지하였고 또 그렇기에 구글의 정보는 더욱 신뢰를 얻게 되었다. 술집에서 도박을 하는 중에도, 집안에서 작은 언쟁을 벌일 때에도, 잠시 손가락을 까딱하는 순간에도 사람들은 구글에서 찾아낸 검색정보를 떠올리고 이를 인용한다. 부시 대통령의 출생지가 어디인지 마이애미돌핀스(Miami Dolphins)가 어느 해에 프로플레이어 스태디움(Pro Player Stadium)에서 첫 경기를 했는지 딕반다이크 쇼(The Dick VanDyke Show)가 언제 방영되는지 알아내기 위해 그들은 구글에게 묻는다. 그리고는 검색어를 입력한 후 나타나는 수많은 웹사이트 중 적절한 답을 찾아내기만 하면 된다.

1995년에는 인터넷이 개인생활과 업무상에서 이처럼 중요한 요소로 자리잡게 될 것이라고 그 누가 상상했겠는가? 더구나 인터넷 이용에 있어서 필수적이고도 절대적인 도구로 검색엔진이라는 시스템이 등장하게 될 것이라고는 아무도 예상하지 못했다.

막막하기만 한 정보의 바다 인터넷을 이용하는 사람들에게 구글은 실용적이고도 유용한 인터넷 서치의 방법적 측면을 제시하고 이끌어 주는 배의 선장과도 같은 존재이다. 그렇다면 구글 이전의 허다한 검색엔진들은 이러한 역할을 먼저 감당하지 못했던 것인가? 구글이 그토록 짧은 시간 내에 신속한 보폭으로 고객에게 다가가 세계 최대의 검색엔진이 될 수 있었던 비결은 결국 하나의 단순한 원칙으로 귀결된다. 그것은 바로 구글이 더 나은 기술을 개발해냈다는 점이다.

기술 개발, 이것이 바로 짧은 기간 동안 수천에 달하는 실리콘밸리 내 벤처회사 가운데 구글을 부각시킨 원동력이며 상장 전 이미 막대한 이익을 창출하게 한 중대한 요인이었다. 뒤늦게 구글을 뒤쫓으려 했던 MS의 CEO 스티븐 발머(Steven A. Ballmer)도 이를 인정하며 이처럼 말하지 않았던가?

"구글은 검색기술이 인터넷 시장에서 과연 중요한 요소임을 증명해 보였다."

구글은 이전의 어떠한 검색엔진보다 더욱 유용해서 적어도 사람들의 인터넷 이용방식에 일대 혁신을 불러일으킨 것만은 분명하다. 구글은 인터넷이라는 바다에 물살을 일으켜 단순한 '망망대해'를 하루아침에 '고기가 몰려다니는 길목' '황금어장'으로 바꾸어 놓았다. 더욱이 인터넷의 비전문가에게 구글은 더욱 유용함을 발휘하여 수많은 문외한들이 구글을 인터넷 시작페이지로 설정해 놓게 만들었다.

1998년 탄생한 구글은 물론 최초의 검색엔진은 아니었다. 당시에도 이미 기존의 검색엔진이 활발하게 이용되고 있었고 그들도 충분히 전세계 웹사이트의 일부 혹은 대부분을 카피하여 서버에 저장하고 있는 상황이었다. 또한 디렉토리를 만든 후 특정 검색어에 해당하는 웹사이트를 찾아내는 수준의 서비스까지도 제공할 수 있었다. 따라서 새로운 검색엔진 회사를 세운다는 것은 어리석은 행동으로 비춰졌고 심지어 검색엔진 영역은 이미 사양길에 접어들었다는 분위기가 팽배해 있었다.

시장에는 이미 알타비스타(AltaVista)를 비롯하여 넷스케이프, 아메리카 온라인(America Online;AOL) 등의 '웹크롤러'들이 활약하고 있었는데 라이코스(Lycos)라든지 야후는 더 말할 필요도 없이 많은 업체가 검색서비스를 제공해 주고 있었다.

인터넷 검색엔진은 마치 강 속 붕어떼처럼 그 수가 많았지만 안타까운 것은 그들은 모두 하나같이 비슷한 주형에서 나온 주물 같았다는 사실이다. 따라서 그들이 제시하는 검색결과는 부족한 면이 많았다. 웹사이트 항목을 찾아내 열거만 할 뿐 접근의 용이성을 증대시키는 방법적 측면에서의 연구가 부족했던 점이다. 실로 '구슬이 서 말이라도 꿰어야 보배다'라는 말이 절실했던 시기였다.

인터넷계의 신데렐라

1996년 루이스 메지아(Luis Mejia)는 하던 일을 잠시 멈추고 안내데스크로 가 자기에게 온 편지는 없는지 확인하고 있었다. 그러다가 볼이 상기되어 사무실에 들어서는 박사반 학생 래리 페이지와 부딪쳤다. 페이지는 막 그가 발명한 인터넷 검색기술에 관해 그와 의논하기 위해 들어오던 참이었다.

메지아는 스탠포드 기술특허사무소(Office of Technology Licensing)의 선임 직원이었다. 하루에 적어도 한 명 이상의 교수 혹은 학생이 그의 사무실을 방문하여 상기된 어조로 자신의 새로운 발명 구상을 설명하곤 했다. 이러한 장면은 그에게 이미 일상이 되었으며 그다지 새로운 일이 아니었다.

메지아는 반시간 남짓 페이지와 브린으로부터 신 발명기술에 대한 설명을 들었으나 그들의 신기술 구상에서 별다른 특색을 발견할 수 없었다. 후에 시대를 뒤흔들 최신 기술로 수십억의 애호가 층을 형성해 막대한 매출을 올리게 될 모태를 감지하고 알아보는 것이 당시 수준의 인터넷 시대에서는 쉬운 일이 아니었으리라. 실로 인터넷 검색 엔진의 춘추전국시대로 불렸던 당시 환경에서는 자신만만하기만 한 박사반 학생 들의 구상이 탁상공론으로 비춰질 수밖에 없는 것은 어쩌면 당연한 일인지도 모른다.

그러나 선견지명이 있었던 메지아는 결국 인터넷이라는 것이 '큰 물'이라는 것을 인정했다. 또한 리스크를 무릅쓰면서까지 그들의 기술을 인정해야 할 만큼 페이지랭크라는 기술에서 심상치 않은 가능성을 감지해 내었다. 이에 메지아는 스탠포드의 기술특허사무소에 그들의 '페이지랭크' 기술을 등록시켰고 페이지랭크 개념을 알리기 위해 유명 인터넷회사와의 접촉을 시도했다.

메지아는 페이지와 함께 몇몇 회사를 방문하였다. 페이지는 자신의 계획에 큰 자신감을 가지고 있었고 이에 대해 메지아는 큰 인상을 받았다. 메지아는 〈샌프란시스코 클로니클(San Francisco Chronicle)〉과의 인터뷰에서 당시를 다음과 같이 묘사했다.

"래리와 저는 전략을 세웠습니다. 기존의 검색엔진 회사와 접촉해서 기술 양수 의사가 있는 곳을 물색하는 것이었지요."

그러나 놀랍게도 페이지의 기술을 눈여겨보는 곳은 단 한 곳도 나타나지 않았다. 그도 그럴 것이 당시 인터넷 검색엔진 시장은 이미 '포화' 상태였기 때문이다. 검색엔진 회사인 인포시크(Infoseek)의 CEO인 스티브 커쉬(Steve Kirsch)는 그들과 두 차례 만남을 가졌는데 구두상으로 일정액의 자금을 약속하기도 했다. 메지아는 둘에게 구체적인 금액을 알려주지도 않고 다만 "금액이 너무 적어. 어림도 없지"라고만 했다(커쉬는 〈월스트리트저널〉을 통해 당시 제안가격이 25만 달러였다고 밝혔다).

야후에게도 접촉했으나 야후는 당시 그들과의 만남을 원하지 않았다. 메지아는 그 이유가 아마도 페이지와 브린의 과도한 자신감과 야후에 대한 선입견이 무의식 중에 영향을 끼쳤기 때문이라고 했다. 일부 성사 가능성이 있었던 거래도 이 때문에 결렬되곤 했다. 익사이트(Excite)의 고위 인사인 브라이언 핀커튼(Brian Pinkerton)과 초기 인터넷시절, 정리(Junglee)의 공동창업주 4명은 자신감이 과도한 구글의 두 청년은 그들의 회사와 융화하기 어려울 것이라고 느꼈다.

"그들은 정말 오만했습니다"라고 핀커튼은 말했다. "그 젊은 청년들과 이야기를 나눈 후에는 백이면 백 그들이 '당신네들 제품이 좋긴 하지만 우리 제품에 비할 바 못되죠'라며 자신하고 있음을 느낄 수 있을 것입니다."

몇몇 회사와 만난 후에 그들이 얻은 결론은 검색 회사들이 검색기술의 장벽을 넘는 데 관심이 없다는 사실이었다. 얼마 후 페이지와 브린은 자체적으로 회사를 세우고 자신들의 구상을 발전시키기로 결정했다.

1998년 9월 7일 페이지와 브린은 휴학을 신청하고 친척과 지인으로 이뤄진 '엔젤투자자'들로부터 100만 달러를 모집해 인터넷 회사 구글(Google)을 설립하였다. 당시에는 사이트를 베타버전으로 운영했는데 하루 평균 1만 회의 검색건을 처리했다. 당시 브린은 24세, 페이지는 25세였다.

1998년 12월 페이지와 브린은 창업펀드 투자자를 물색하기 시작했다. 그들의 벤처회사 역시 현금, 주식, 특허사용비 등으로 스탠포드로부터 기술사용권을 취득하였으며 후일 야후와 벤처캐피털회사인 클라이너 퍼킨스 등 투자 거물들로부터 1,000만 달러의 자금지원을 받았다.

다음해인 1999년 인터넷 서점 아마존에게 인수된 정리(Junglee)의 창립자 팔로 알토(Palo Alto)는 구글에게 기술 구입을 위한 제안가를 제시했지만 브린은 10억 달러를 넘어야 수긍할 것이라고 하였다. 당연히 그들의 거래의사는 타진되지 못했다. 하지만 그렇게 결렬되었기에 오늘날의 구글이 존재하게 된 것은 아닐까?

페이지랭크(Page Rank)

구글이 처음부터 추구했던 이상은 바로 완벽한 검색엔진을 개발하는 것이었다. 페이지와 브린의 정의에 따르면 소위 완벽한 검색엔진이란 것은 사용자의 요구를 거의 완벽하게 이해하고 그들이 요구하는 서비스를 한치의 오차 없이 제공하는 것이라고 한다.

그들의 성공 열쇠는 과학기술에서 실현 가능한 한계선을 넘어서기 위해 끊임없이 도전하는 그 정신에 있다. 그들은 창조 혁신을 향해 끝없이 노력하여 '페이지랭크(Page Rank)'라는 기술을 개발해 내었고 마치 누에고치에서 실을 뽑아 내듯 검색어와 관련성이 가장 높은 웹페이지를 결정하였다. 또한 검색결과 페이지상에서 연관성의 높고 낮음을 기준으로 배열함으로써 인터넷 검색 방식을 바꾸었다.

'페이지랭크' 기술에 적용된 계산방식은 구글의 성공을 이끈 핵심 요소라고 할 수 있다. 그 계산법으로 인해 구글은 이전의 모든 검색엔진과 기술적 우열이 구별되었으며 이로써 구글의 검색엔진은 신기한 마력을 발휘해 사용자가 가장 유용하다고 느끼는 사이트 정보만을 찾아 낼 수 있게 하였다.

그들은 인기 있거나 실용적인 '모 사이트'는 다른 웹사이트에 링크되어 있을 확률이 비교적 높을 것이라고 생각했다. 그 '다른 웹사이트'는 '모 사이트'를 참고 가치가 있다고 여겨서 주소를 링크하였을 것이기 때문이다. 페이지랭크는 전세계 인터넷 링크 구조를 분석하는 데에서부터 출발하였다. 즉 '링크 수'를 개별 웹사이트의 가치를 판단하는 기준으로 삼았다.

전세계 정보망에는 수십억 개의 웹페이지가 존재하는데 이들은 모두 다른 웹사이트를 링크하거나 혹은 다른 사이트에 링크되어 있을 가능성이 높다. 그들과 링크라는 방식으로 연결된 웹사이트 수가 많을수록 그 사이트에 대한 '신뢰가치'는 높아지고 사이트 내부의 컨텐츠가 중요하다고 판단되어 검색결과 페이지에서 상단부에 위치할 수 있게 된다. 구체적으로 말하면 사이트 A가 B라는 사이트를 링크할 때 A 사이트는 B 사이트에 한 표를 던지는 격이 된다. 이렇게 B 사이트의 중요도는 다른 사이트가 그에게 던지는 '투표 수'의 양에 따라 결정된다.

그러나 구글은 웹사이트의 득표 수나 링크 수량만을 정보분류의 기준으로 삼지 않았다. 구글은 '투표하는 웹사이트'의 중요성을 별도로 평가하였다. 곧 이 원리는 A 사이트가 자체적으로 중요도가 높거나 인터넷에서 '탁월한 사이트'로 간주되는 사이트라면 그가 던진 표의 중요성은 더욱 높아져 A에 링크된 B 사이트의 중요성도 덩달아 상승한다는 점이다. 다시 말해 씨엔엔(CNN.com) 등 굉장히 유명한 사이트에 B 사이트가 링크되어 있다면 B 사이트는 더 높은 '가산점'을 얻게 된다는 말이다. A 사이트가 많이 노출되면 간접적으로 B 사이트의 가산점도 높아진다.

'탁월'하고 수준 높은 사이트가 비교적 높은 '페이지랭크'를 얻게 된다는 원리가 구글이 검색 건을 처리할 때마다 적용된다. 당연히 사용자가 찾으려는 정보와 관련이 없다면 아무리 중요한 사이트라도 쓸모 없게 된다. 그래서 구글은 페이지랭크 기술을 복잡한 문자 빈도율을 조사하는 대조기술과 결합하여 중요도가 높기도 하고 요청된 검색어와 관련성이 높은 웹사이트를 찾아내게 하는 검색기술을 완성했다.

이처럼 구글은 요청된 키워드가 언급된 수를 기준으로 웹사이트의 중요도를 판단하는 방식에서 더 나아가 링크 횟수로 판단하는 페이지랭크 기술을 접목하여 사용자의 요구에 가장 적합한 검색기술을 확정하였다.

이 때문에 페이지와 브린은 또 다른 중요한 기술혁신을 일으킨다. 그것은 바로 '링크문자'를 반영하는 방안이다. 링크문자란 파란색으로 밑줄이 그어져 링크주소를 대표하던 문자를 가리키는 말이다. 이

링크문자는 해당 웹사이트의 내용이나 제목의 일부를 인용하여 간결하게 작성이 된 것이기에 해당 사이트를 대표하는 단어가 함축되었다고 볼 수 있다. 따라서 모 개인이나 회사의 명칭을 찾을 때에 큰 도움이 된다.

다시 말해 페이지랭크 수치는 웹사이트의 독특한 민주적 특성에 근거해 추산된 것이며 이는 웹사이트를 민주정치로 보고 각 사이트 간의 링크회수를 투표회수와 같이 여겼다. 따라서 검색은 득표율을 높이는 선거전에 기초를 둔 것이라 할 수 있다. 웹페이지의 득표수는 그가 지닌 정보의 수준과도 같다. 이러한 일련의 과정을 거쳐 컴퓨터시스템이 어떤 것이 '좋은 것'인지 판단하는 체계를 갖게 된다. 링크횟수가 가장 많은 웹사이트는 자연히 검색결과 페이지의 상단부에 나타난다.

브린과 페이지의 혁신적인 페이지랭크 기술은 제목이 돋보이는 논문 '대형 하이퍼텍스츄얼 웹서치 엔진 해부(Anatomy of a Large-Scale Hypertextual Web Search Engine)'에서 출발하였다. 그들은 논문을 통해 사이트가 링크된 횟수의 많고 적음에 근거해 검색 결과 출력을 위한 색인과 순서가 결정되며 이를 위해서는 복잡한 수학적 알고리즘이 필요하다고 했다.

구글이 발전시킨 이 알고리즘은 매우 중요한 자산으로 검색기술 영역에서 매우 높은 '진입장벽(entry barrier)'을 쌓았다. 구글만의 페이지랭크 알고리즘은 객관적 방식으로 사이트의 연관성과 중요성을 측정할 때 반드시 적용해야 하는 것으로 5억여 개의 변량과 20억여 개의 어휘를 포함한다. 또한 이 회사는 현재에 만족하지 않고 앞으로도 계속 전진하기 위해 노력하고 있다.

이러한 과정은 인력이 개입되거나 결과가 조작될 가능성이 없다. 구글은 그의 사명을 '전세계의 정보를 조직화하고 정리하여 누구나 보편적으로 사용할 수 있게 하는 것'이라고 스스로 밝히고 있으며 페이지랭크는 이러한 회사의 이상을 기본적으로 실현시켜 주었다. 이 검색엔진은 100여 개 국가 지역의 언어를 사용하여 운영될 수 있다.

페이지랭크 이론에는 인터넷이 발전함에 따라 검색엔진도 견실한 실체로 진화하게 될 것이라는 개념이 함축되어 있다. 인터넷은 의식을 가진 실체가 아님이 분명하지만 그렇다고 어지럽게 널브러져 혼돈뿐인 공간인 것은 더더욱 아니다. 그 중 일부가 또 다른 일부와 링크되어 있는 방식을 통해 인터넷 사용자의 편향적 선호도를 판단할 수 있다. 구글은 이 선호도라는 요소에 초점을 맞추고 각 사이트가 가지는 '형태'를 관찰한 뒤 '혼돈' 속에서 '의미'를 찾아 내는 작업이다.

거대한 데이터베이스

검색결과의 디렉토리 분류작업은 구글이 가장 많이 개선을 시도한 영역이지만 이는 단지 검색을 구성하는 한 요소에 불과하기에 기타 나머지 분야가 효과적으로 운용되지 않으면 이 역시 아무 의미가 없어진다. 갈수록 확장되고 업데이트되는 웹사이트의 색인을 수집, 편집하는 것은 매우 어려운 일이다. 현재 작업은 구글의 강력한 검색기반 인프라상에서 이뤄지고 있다. 구글의 강력한 검색인프라 기술은 지금은 잊혀진 기존의 검색엔진으로부터 배운 것이다. 구글은 무수한 컴퓨터를 서로 연결시켜 이를 가능케 했다.

구글의 검색기능을 이용할 때 사용자는 실제로 웹상에서 검색을 하는 것이 아니다. 구글의 서버에 다운로드되고 인덱싱(Indexing)을 거친 후의 데이터베이스를 대상으로 검색을 한다.

구글은 시중의 저렴한 부품을 구입하여 컴퓨터를 조립하고 이러한 여러 대의 PC는 케이블로 연결되어 슈퍼컴퓨터를 형성해 강력한 서버를 구축하게 된다. 여러 개의 분산된 웹크롤러(crawler)들이 웹을 검색하고 모든 링크를 다운로드하면 확보된 웹페이지들은 스토어(Store) 서버에 저장된 후 인덱싱의 과정을 거친다. 웹사이트 내 모든 정보를 기준으로 인덱싱된 정보들은 검색어가 입력되었을 때 페이지랭크 및 기타 알고리즘을 통해 연관성의 순서대로 화면에 출력된다.

구글은 인터넷에서 다운로드받은 정보를 저장하기 위해 1만 대가 넘는 서버를 리눅스(Linux)라는 시스템을 통해 운영한다. 그는 이미 43억 개의 웹페이지를 인덱싱하였으며 이를 인력으로 했을 때에는 43억 페이지의 웹사이트는 5,800년 동안 검색하여도 다 볼 수 없는 규모이지만 구글을 이용하면 채 1초도 지나지 않아 검색결과가 출력되니 실로 놀라운 기술이 아닐 수 없다.

일찍이 페이지와 브린은 스탠포드대학의 교내 컴퓨터 시스템상에 사용될 검색엔진의 초기형태를 완성하였다. 그러나 그들은 이에 멈추지 않고 더 큰 포부를 안고 있었으며 처음부터 검색을 위한 서버계통을 설치한 결과 현재 하루 평균 2억 회가 넘는 검색 건을 처리하는 막강한 구글 검색시스템을 구축할 수 있었다.

그들은 서버구축에 대한 구상이 명확했기 때문에 불가능할 것으로만 보였던 연구 프로젝트가 한 기업으로 성장할 수 있었을 뿐 아니라 사람들이 이를 일상생활의 필수도구로 여기게 하였다.

"태초에 구글이 탄생하기 전 온 세상은 그야말로 암흑이었습니다.

우리는 도서관에서 비틀거렸습니다. 〈세계백과전서〉와 〈정기간행 문헌서 목록 색인〉에 적힌 빽빽한 문자들을 읽다 혼미해진 정신을 간헐적으로 추스려야 했습니다.

우리는 뜬소문과 소위 권위자들이 지껄이는 거짓말을 신용했습니다. 그들은 함부로 추측하고 함부로 말하다가 결국 스스로 포기하고서 교만한 무식의 경지에 이르러 타락하고 맙니다.

지금 전세계는 태양의 빛으로 밝아졌습니다. 태양이 솟음으로 우리는 그 전에 암흑이 존재했음을 새삼 느끼게 됩니다.

구글은 태양입니다. 먼 미래 역사학자들은 구글 탄생 전을 가리켜 '암흑의 시대'라 명명할 것입니다."

〈워싱턴포스트〉지 조엘 아첸백(Joel Achenbach)

1990년대 초 사람들이 전세계 정보 네트워크를 검색하기 시작하면서 과연 그것이 인류 생활에 어떠한 것을 가져다 줄지 시험하였다. 인터넷을 통해 미국에 사는 사람도 오스트레일리아, 아시아 혹은 유럽에 있는 사람들과 교류할 수 있게 됐다며 신문매체들은 저마다 과장된 어조로 이를 보도하였다. 손가락만 까딱해도 풍부한 정보를 얻을 수 있게 되었고 세계가 통째로 뒷마당에 옮겨질 수 있게 되었다는 말이다.

전세계 정보 네트워크는 확실히 가장 중요한 정보출처 가운데 하나이다. 그의 주요 기능은 당연히 정보를 쉽게 접할 수 있게 하는 일이다. 그러나 시간시간 폭발적으로 확대되는 자료 더미 가운데서 한 개인이 필요로 하는 진정한 정보를 어떻게 찾아낼 수 있을 것인가 하는 문제는 인터넷의 개념이 생기고 검색엔진이 개발된 이후 줄곧 인류에게 던져져 지금도 해결책을 모색 중인 과제 중의 하나이다.

세계 각지에서 살아가고 활동하는 다양한 사람들이 각자가 '진정한 답'이라고 생각하는 것들이 전세계 정보네트워크 어니엔가 저상되어 있을 것이라고 생각한다. 그러나 정보 검색자의 눈에는 감춰진 진짜 정보는 구우일모(九牛一毛)이고 나머지는 다 불필요한 정보들이라고 한다.

따라서 우리는 신뢰할 만하고 빠른 방식을 통해 검색과정을 단순화해야 한다. 그렇지 않으면 전세계 정보 네트워크는 정보과식으로 없는 것보다 못한 무용지물이 되고 만다. 인터넷이 정보검색 방법을 갖지 못했다면 통제시스템이 고장난 유도미사일과 같다. 꿰지 못한 정보의 구슬이 가득 담긴 마대자루 마냥 환영받지 못한다. 현대 검색엔진의 '대부' 격인 아키(Achie)가 1990년에 탄생했고 기타 엔진은 인터넷이 성장함에 따라 우후죽순처럼 생겨나 부단히 개선되는 과정을 겪었다.

인터넷 환경이 발전하면서 적지 않은 검색엔진(대부분은 학술연구계획에 속함)이 웹사이트를 인덱싱하기 시작했다. 그 중 첫번째가 월드와이드웹 원더러(World Wide Web Wanderer)와 월드와이드웹 웜(World Wide Web Worm)으로 굉장히 간단한 기술을 사용하였는데 이들은 웹페이지 전체가 아닌 표제나 주소, 머리말만을 가지고 인덱싱하는 데 성공했다.

수많은 상업적 검색엔진이 학술 프로젝트를 통해 개발되고 개선되었다. 전체 웹페이지를 인덱싱한 검색엔진은 '웹크롤러(WebCrawler)'가 최초였는데 1994년 현재의 워싱턴대학에 위치했던 회사는 후에 아메리카 온라인(America Online; AOL)에 합병된다. 그 후에 라이코스(Lycos)나 인포시크(InfoSeek)가 등장한다. 그러나 진정한 의미의 검색기능을 갖춘 최초의 엔진은 바로 디지털 이큅먼트(Digital Equipment Corporation)의 루이스 모니어(Louis Monier)가 발표한 알타비스타(AltaVista)이다.

1995년 12월 15일 알타비스타가 개시되기 전날 저녁에는 이미 20만 명의 방문객들이 새로 개발된 검색엔진을 시험해 보기 위해 단단히 벼르고 있었다. 〈이코노미스트(The Economist)〉지는 이에 대해 알타비스타의 우수한 기술력이 후일 구글의 3가지 기술적 우위점 중 2가지 항목에 영향을 주었을 것이라고 서술했다. 첫번째는 알타비스타가 인덱싱한 웹페이지의 비율이 이전의 유수의 검색엔진을 훨씬 능가했다는 점이다. 모니어 박사는 이전에 검색엔진이 한두 개의 크롤러를 인덱싱에 투입했던 것과 달리 알타비스타는 수백 개의 크롤러를 분산시켜 작업을 진행시켰기 때문이라고 그 이유를 밝혔다. 두 번째는 알타비스타의 검색속도가 매우 빨랐다는 점인데 방대한 색인에서 검색결과만을 거의 '즉시' 불러내었다. 모니어 박사는 이전의 검색엔진들이 사용자들에게 큰 사랑을 받은 것은 분명하지만 얼마 지나지 않아 사용증대로 엔진이 과부하되었을 때 이를 감당하지 못했다고 했다. 하지만 알타비스타는 시작할 때부터 모듈화 설계를 통해 검색 트래픽을 적절히 조절하는 등 운전 기능을 강화하여 성공할 수 있었다.

그럼에도 구글에게는 있으나 알타비스타가 갖추지 못한 것이 있으니 그것은 필요한 정보만을 추려 내는 '정화기술'이었다. 검색 경력이 많은 사용자들이 알타비스타의 각종 고급 검색기능을 응용하여 자신의 원하는 정보를 찾아낼 수는 있을 것인가였다. 안타까운 것은 대부분의 사용자들이 그렇게 할 수 없다는 사실이었다. 〈이코노미스트〉는 비록 알타비스타가 전무후무한 검색범위와 속도를 내세워 이전보다 비약적인 발전을 이뤄냈지만 구글은 범위와 속도에 더불어 '페이지랭크' 기술을 접목시켜 발전단계를 한폭 더 앞당겼다고 평가했다.

수많은 전자상거래 관련 베스트셀러를 써 내었던 세드 고딘(Seth Godin)은 다음과 같이 말했다.

"만약 1996년부터 구글이 검색서비스를 제공했다면 사람들은 지금만큼 만족해하지 못했을 것입니다. 저는 2000년 즈음에 이르러서야 비로소 웹 검색영역 발전을 위한 유·무형의 인프라가 갖추어졌기에 구글이 탄생할 수 있었다고 생각합니다."

구글은 학술 연구프로젝트를 통해 개발되었다. 검색시장에 뛰어든 시기가 이미 야후나 마이크로소프트의 MSN, 알타비스타, 애스크지브스(Ask Jeeves), 라이코스에 비해 많이 늦었다. 게다가 당시 대부분의 검색엔진이 제공했던 이메일서비스가 없어 시작부터 열세였다고 할 수 있다.

그러나 야후, 라이코스, 익사이트(Excite), 인포시크 등 검색엔진의 '선배'들은 어느 정도 규모있게 성장한 후 앞다투어 검색포털로 발전하기 위한 경쟁을 시작했다. 그들은 사람들에게 '검색엔진'으로 불리기를 원치 않아 서둘러 방대한 웹사이트를 자신의 사이트에 링크시켜 놓은 후 검색창은 눈에 띄지 않는 구석지에 설치했다. 그래서 아메리카 온라인이나 MSN, 야후 등 대형 포털에게 검색기능은 우선순위에서 밀려 주변기능으로 전락하였다. 심지어는 이를 밑지는 장사라고 하면서 고객을 끌어들이기 위한 수단으로 치부하는 분위기가 팽배해 있었다.

그러나 이는 큰 착오였다. 사람들은 대부분 전자메일을 검색한 후 많은 시간을 인터넷 서치를 하는 데 보낸다. 정보나 오락거리, 사람, 사고 싶은 물건들을 검색하기 위해 포털에서 '검색'이라는 글씨를 클릭한다.

빠른 온라인 목록 검색서비스는 인터넷서점인 아마존을 성공가도로 이끌었다. 인터넷 경매사이트인 이베이가 눈에 띄는 위치에 설치한 검색엔진이 디즈니영화 대본을 빠르게 찾아낼 수 없었다면 아마도 이베이는 지금도 인터넷 쇼핑카트(Shopping Cart) 수준에 머물러 있었을지도 모른다.

대다수의 포털은 구글이 주는 교훈을 무시하였고 후일 이로 인해 참혹한 대가를 치루어야 한다. 검색기능을 소홀히 다룬 포털은 고객을 유치하려 갖은 노력을 다했지만 도리어 혼란이 더욱 가중되기만 했다. 시장조사업체인 주피터 미디어 메트릭스(Jupiter Media Metrix Inc.)는 만약 검색기능이 활성화되지 않는다면 80%의 온라인 고객들은 해당 포털을 떠나고 말 것이라고 경고했다.

또 다른 리서치 회사인 파트리샤 세이볼드(Patricia Seybold Group)의 마샤 프레이(Martha M. Frey)는 〈비즈니스 위크(Business Week)〉지를 통해 '전자상거래 영역이 돈을 벌지 못하는 이유는 검색영역을 소홀히 다뤘기 때문이다'라고 밝혔다.

거꾸로 말하면 우수한 검색능력은 패배를 승리로 바꿀 수 있는 힘을 지닌다고 할 수 있다. 리서치업체 포레스터 리서치(Forrester Research Inc.)는 50% 이상의 온라인 바이어가 검색기능을 이용하여 제품을 구입하고 있으며 또한 검색기능이 좋아질수록 그들의 구입량도 많아질 것이라고 했다.

스탠포드대학에서 인연을 맺은 페이지와 브린은 신용카드 대출금으로 회사를 설립한 후 이 영역에만 몰두해 왔다. 그들은 재테크 가이드나 메신저 등의 서비스는 다루지 않고 검색영역만을 다뤄왔다. 구글 검색엔진의 키워드 검색기능이나 검색 툴바(사용자가 어떤 사이트에나 임의대로 구글을 이용하여 검색할 수 있도록 하는 장치)기능 등의 각종 창조적 컨텐츠는 검색정보가 보다 빠르고 정확하게 전달될 수 있도록 돕고 있다.

1995년 설립된 후 오로지 검색포털로써의 길을 고집했던 검색업체 야후는 결국 검색영역 서비스를 구글에게 위탁하게 되는데 이는 인터넷 검색업계의 신에 구글이 후일 최고의 웹서치 엔진으로 성장하게 하는 데 큰 기점이 된다. 만사가 준비되었고 이제 동풍만 불면 되었다.

구글이 키워드 검색으로 광고시장에서 많은 수익을 거두고 웹서치 엔진 시대의 신 역사를 쓰게 되자 야후 등의 회사는 뒤늦게 검색영역의 중요성을 재검토하기 시작했다. 구글은 봄 햇살과 같은 간단하고 심플한 서비스로 승리하면서 포털에 반기를 들었지만 결국은 포털과 같은 종합적 서비스를 제공하는 것과 동일한 성과를 거두었다.

구글은 여전히 수익창출의 방법적 대안 연구에 소홀하다. 그러나 초창기 닷컴기업의 번영기에는 구글도 맞춤형 플래시 광고안을 판매하거나 야후나 기타 수많은 인터넷 포털사이트에 검색서비스를 제공하려는 시도 등 수익을 내기 위한 노력을 했다.

캘리포니아대학의 존 바텔(John Battelle) 교수는 구글의 매출액은

2000년 '애드워즈(AdWords)'를 출시한 후에야 비로소 상승하기 시작했다고 지적했다.

키워드 검색광고 에드워즈(AdWords)

— 프로 사진기사인 제프 싱거는 IT 영역에 관심이 많다. 그는 얼마 전부터 웹사이트를 하나 만들어 전세계에 자신의 작품들을 올려 놓고 싶다는 생각이 들었다. 그러나 이것만으로 부족하다고 느낀 그는 5개월 전 구글에서 간단한 문자식 광고를 구입했다. 사용자가 검색창에 '산호세(San Jose) 사진사'나 유사한 키워드를 입력할 때마다 그를 선전하는 광고가 화면에 뜨도록 설정해 놓았다. '이는 사람들을 저의 홈페이지로 이끌 수 있는 좋은 방법입니다'라고 샌터 크루즈(Santa Cruze)에 거주하는 싱거가 말했다. "이는 지금 제가 일하는 주요한 방식입니다."

〈머큐리 뉴스(Mercury News)〉

싱거와 같은 수많은 광고주들 덕에 구글은 인터넷계에서 거물이 될 수 있었다. 구글은 2003년도에 수십억 달러의 매출을 기록했는데 이 중 95%가 광고수입에서 기인하였다. 키워드광고는 구글의 비약적 성장을 가능케 한 주요한 기점이 되었다.

'키워드 검색광고'는 자동판매광고와 검색결과 페이지의 우측 스폰서링크 상단에 기재되는 광고방식이 있다. 이는 여러 광고주가 특정 검색어에 대한 가격입찰에 참여하면 최고 가격을 제시한 사람이 해당 검색어(예를 들면 '디지털카메라' 등)를 구입할 수 있게 된다. 정확히 말하면 그는 사용자가 검색창에 자신이 구입한 검색단어와 동일하거나 유사한 키워드를 입력하면 검색될 광고목록 중 자신의 광고가 가장 상단부에 등재될 수 있는 권리를 구매한다. 예를 들면 검색창에 '여행'이라는 단어를 입력하였을 때 검색결과 페이지에는 '아메리칸 에어라인(American Airlines)'의 광고가 가장 먼저 떠오를 수 있게 되는 방식이다.

구글의 자동화 경매법은 경제학자가 말한 비커리(Vickery) 경매방식을 이용한다. 제안가가 최고인 사람이 낙찰받게 되나 지불금액은 차순위 낙찰자보다 1센트 높은 수준으로 책정된다. 따라서 만약 입찰가가 1달러, 50센트, 25센트 순위로 있다면 최고가 낙찰자는 사용자가 자신의 광고를 한번씩 클릭할 때마다 51센트만을 2순위 낙찰자는 26센트를 지불하면 된다. 구글은 이 방안이 광고주가 자신이 설정한 검색어 가격으로 응찰하는 것을 쉽게 포기하도록 하는데 효과적일 것이라고 생각했다. 어차피 최종적으로 지불할 금액은 반드시 낮아지게 될 것이기 때문이다.

경매식 광고의 경험은 후일 구글이 기업공개에 네덜란드식 경매법을 채택하도록 하는 데 영향을 준다. 창립자 페이지와 브린은 기업공개 전 발표한 공개 서한에서 다음과 같이 밝혔다.

"구글의 경매식 광고시스템 노하우는 IPO 입찰 계획에 큰 도움을 줄 것입니다."

구글의 유료 광고등재 시스템은 실제로 광고주에게 '검증된 확실한 광고방안'을 제공하는데 실로 흠잡을 데 없는 서비스이다. 구글의 사용자는 목적이 있을 때에 검색창을 찾는다. 그들이 찾는 것은 종종 구입하고 싶은 어떤 물건, 예를 들면 카메라나 PC가 될 것이다. 광고

주는 수주대토(그루터기를 지키며 토끼를 기다린다)하는 사냥꾼의 심정
으로 원하던 것이 그물에 걸려들기만을 기다리기만 하면 되었다. 순
식간에 바이어와 셀러 간의 윈윈(Win-win)관계가 형성된다. 광고주
는 자신들이 원하던 고객을 찾게 되었고 고객은 힘들이지 않고 원하
던 물건을 살 수 있는 곳을 찾게 되는 셈이다.

클릭 횟수에 따라 광고비를 지불하는(pay per click) 계산방식은 광
고주에게 큰 매력을 지닌다. 이러한 계산 방식은 광고주가 일반적으
로 그들 나름의 정보와 예상 방문횟수에 근거해 광고비용을 예측할
수 있다는 장점이 있다. 또한 광고주는 고객이 링크를 클릭하여 그들
의 홈페이지에 접속해야만 비용을 지불하게 되어 있다. 이렇게 되면
소규모의 회사도 적은 비용으로 광고를 할 수 있게 되며 특정 소비자
층을 겨냥 광고전략을 펼 수도 있다. 이 외에도 한번 클릭할 때의 단
가가 상당히 저렴하다는 장점이 있다. 검색어의 입력 빈도에 따라 총
금액은 달라지겠지만 일반적으로 한번 클릭할 때의 단가는 5센트에
서 100달러까지 다양하다. 이는 소형 회사의 광고주도 감당할 수 있
는 수준이다.

대형 광고주와 광고 대행업체들도 이러한 문자식 검색어 광고에 재
빠르게 적응하기 시작하여 검색엔진에 대한 광고비 예산 배정을 늘려
나갔다. 광고 대행을 요청한 고객들은 광고회사에게 검색광고 비중
을 늘리라고 계속 요청한다. 이미지가 없는 문자식 검색어 광고는 사
용자에게 클릭비율을 5배 이상 높여줄 것이다.

그러나 광고주가 고액의 광고비를 지불한다고 해서 그 광고가 항
상 검색결과 페이지의 상단부에 위치하게 되는 것은 아니다. 그것은
구글이 광고 배치 순위 결정에 비용만을 적용한 것이 아니라 그 '인

기도'라는 요소를 접목시켰기 때문이다. 검색결과 페이지의 가장 하단부에 위치한 '스폰서링크'라 할지라도 클릭 횟수가 많아지면 설사 다른 광고주에 비해 지불한 광고비가 적더라도 그 배열순위는 높아진다.

구글 해외영업 파트의 쉐릴 샌드버그(Sheryl Sandberg) 부사장은 "구글은 이런 방식을 통해 '연관성'이라는 요소에 가중치를 두었습니다"라고 했다. 즉 구글은 실용성에 기초를 둔 검색결과와 배열 순위에 대한 이상적인 철학을 광고에 접목시켰다.

구글의 입장에서 한 가지 아쉬운 것은 이 문자식 검색어 광고가 구글에서 개발된 것이 아니라는 점이었다. 구글이 채택한 검색어 광고 시스템의 모태가 되는 기술은 1990년대 말 파사데나(Pasadena)에 위치한 고투닷컴(Goto.com)이라는 회사에서 탄생하였다. 고투닷컴은 광고주가 가격입찰을 통해 검색결과 페이지에서 주요한 배열위치를 낙찰받을 수 있게 하는 시스템을 개발하였다. 그리고 고객이 링크를 클릭하여 광고주의 사이트에 접속할 때에만 광고비용을 부과하도록 했는데 이것이 바로 상술한 '클릭횟수에 따른 광고비용 지불' 개념의 시초이다. 구글은 이 개념을 검색시스템과 결부시켜 이를 더욱 완비시켰다.

고투닷컴은 훗날 오버추어(Overture)로 성장하는데 이는 후일 '구글의 키워드광고'식 스폰서링크에 대해 특허 우선권을 주장한다. 오버추어는 2003년 야후에게 인수된다.

구글은 기업공개 전인 2004년 8월에 급히 야후에게 2.3억 달러에 달하는 주식 270만 주를 양도함으로써 결국 '키워드광고' 특허 관련 분쟁을 종식시킨다.

2000년 즈음만 해도 이 문자식 키워드광고는 인터넷 사업에서 가장 단조롭고 수익성 낮은 항목으로 인식되었었다. 당시 인터넷 광고 업계의 다채롭고 새로운 '리치미디어(rich media)'에 대한 관심은 흔하게 사용되었던 배너형 광고(banner ads)를 대신했다. 리치미디어 광고는 TV광고나 잡지 광고처럼 비디오와 오디오, 사진, 애니메이션 등을 포괄하는데 스트리밍 및 애플릿 기법 그리고 사용자가 마우스를 올려놓으면 변하는 광고 등 다양한 방식으로 표현된다. 이러한 상황에서 문자식 광고가 매력없는 구시대적 산물로 느껴지는 것은 어쩌면 당연한 일인지도 모른다.

그러나 구글이 등장하면서 상황은 돌변했다. 심플한 화면에서 정확한 검색결과를 빼면 단조롭고 작은 문자광고만이 남게 되는데 이는 스폰서링크라고 불리며 광고주들로부터 광고비를 받고 게재된 것들이다. 그러나 검색서비스는 무료로 제공된다.

마치 화학자가 우연히 두 물질을 섞었는데 전혀 새로운 물질이 되어 나오는 것처럼 구글 역시 본래 연구목적으로 시작하였던 연구성과가 지금은 자본가의 손에서 수익창출을 위한 도구로 사용되게 되었다. 광고주는 2003년 9억 달러 이상의 매출을 구글에게 유도해 주었으며 단조롭고 딱딱했지만 폭발적 효과를 거둔 검색어 광고도 갈수록 광고시장을 점령해 나갔다.

검색엔진의 춘추전국시대

대부분의 포털사이트들이 너나없이 포털사이트를 통해 웹의 황제로 등극하기 위하여 갖은 노력을 기울였다. 바늘 하나 꽂을 곳 없이 현란한 서비스들로 가득했던 포털사이트 화면에서 검색기능은 늘 구석으로 내몰리는 찬밥 신세였다. 그러니 구글은 불가능 속에서 기회를 찾아냈고 도리어 '애물단지' 검색기능을 비중 있게 다루며 현명한 전략을 구상, 검색창을 포털의 요지인 중앙으로 추대하는 데 성공했다.

구글은 야후나 기타 경쟁사이트를 능가하는 속도와 정확성을 지닌 검색엔진을 만들어 수많은 사용자들의 방문을 유도했다. 구글의 검색결과는 무수한 누리꾼들의 검색수요를 크게 만족시켰고 일약 검색엔진의 스타로 떠올라 기존의 수많은 경쟁업체를 앞질렀다. 하루 평균 2억 회 이상의 검색 건을 처리했고 2003년에는 전체 검색요청 건의 85% 이상을 확보하는 기염을 토했다.

시장조사 연구업체인 컴스코아(ComScore Networks)의 조사에 따르면 2004년 2월 구글사이트가 처리한 인터넷 검색 건은 전체의 35%로 1위였고 그 다음은 야후로 30%였다. 또한 전세계적 비중은 더욱 높아 43%로 31%를 기록한 야후를 앞질렀다.

구글은 평범하고 단조로운 문자식 키워드광고로 막대한 수익을 올린 것을 비롯하여 인터넷 바다에서 한번의 클릭으로 사용자에게 필요한 정보만을 골라내는 맞춤형 광고를 통해 비약적 성공신화를 일궈냈다.

정보검색 서비스는 무료로 제공되었다. 검색결과와 키워드광고가 결합하여 수익이 후한 '인터넷 광고회사'가 세워지게 되었다.

구글의 빠른 실적 상황은 기업공개 후 세상에 공개되었다. 2001년 이 회사의 수익은 전무하다시피 하였으나 2003년 매출액은 수십억 달러에 이르렀고 이익은 1억 달러를 넘어섰다. 이는 인터넷 광고시장의 성장세 덕이었다. 전자상거래와 인터넷 통계수치를 서비스하던 이마케터(eMarketer)의 보고서에 따르면 2004년은 인터넷 광고업계에게는 풍성한 수확기였다고 한다. 연간 전체 광고지출이 2003년에 비해 28.8%나 증가한 94억 달러에 이르렀으며 2005년에는 성장률이 21%에 이르렀기 때문이다. 그 중에서 특히 2004년에는 전체 광고지출 대비 인터넷 검색광고 지출이 39억 달러로 42%를 기록했다.

카네기멜론대학(Carnegie Mellon University)의 컴퓨터공학과 교수이자 구글의 경쟁업체인 비비시모닷컴(Vivisimo.com)의 창립자 겸 CEO인 라울 발데즈 페레즈(Raul Valdez-Perez)는 "구글은 상장회사 중에서도 전혀 새로운 위치를 점했으며 구글과 같이 특색있는 기술을 확보하는 것은 경제적으로나 시장에서 모두 중요한 일이다"라고 말했다.

〈비즈니스위크〉지는 벤처캐피털 회사인 실버레이크 파트너스(Silverlake Partners)의 로져 맥나미(Roger McNamee)의 말을 인용하여 "검색은 인터넷을 여는 열쇠이다"라고 말했다.

재력과 업계 브레인이 결집된 중대형급 경쟁업체들은 당연히 성장하는 신예 구글이 시장을 독점하길 원하지 않았고 기름지고 풍성한 인터넷 사업의 노른자 부위인 검색광고 영역을 독차지하고 싶어했다. 더욱이 구글의 IPO 설명서상에서도 우선적 경쟁상대로 언급된 MS와 야후는 더더욱 무기와 전열을 정비하고 구글에게 밀린 영역에서의 우위를 되찾으려 했다. 이는 그들에게 매우 중대한 일이었다.

구글이 등장하면서 인터넷 검색업체는 검색영역의 패왕을 가리려는 몇몇 업체에 의해 군웅할거 시대를 맞이하게 되었다. 야후 등은 이미 검색영역을 인터넷 사업 추진을 위한 전초적 기지로 삼기 시작해 후발주자인 구글에게서 지휘권을 찬탈하기 위해 노력했다.

〈비즈니스위크〉는 인터넷사업의 심장부를 놓고 벌이는 이들의 경쟁이 10년 전 MS와 넷스케이프 간에 치열했딘 운영소프트웨어 시장 쟁탈전만큼이나 치열했다고 보도했다.

비록 구글이 우수한 품질로 강력한 경쟁우위를 갖추고 있지만 경쟁상대들 또한 이에 대응하는 장기적인 소모전을 준비하고 있는 듯했다. 야후는 25억 달러를 들여 검색기술을 인수했으며 MS도 검색을 우선순위에 둔 연구 프로젝트를 계획했다. 규모가 작은 각종 업체들 역시 속속 출현했는데 이들의 목표는 하나같이 동일했다. 바로 '구글을 이기는 것'이었다.

야후의 와신상담

난공불락 구글검색 기술의 견고한 성곽을 향해 제리양과 데이비드 필로우를 수장으로 하는 적진 '야후'의 공세는 가장 적극적이고도 공격적이었다.

캘리포니아주 서니베일(Sunnyvale)의 101번 도로를 따라가면 구글에서 야후 사옥까지 8분도 채 걸리지 않는다. 구글과 야후는 여러 면에서 비슷한 점이 많다. 장난스럽고 특이한 회사 이름에서부터 스탠포드 박사반 출신이라는 창업주 타이틀까지 그리고 일찍이 서로가 협력파트너였다는 사실이 가깝고도 먼 관계를 형성하였다.

본래 야후는 검색엔진 사업의 선두업체였다. 그러나 포털사이트로의 전환을 위해 전력하는 과정에서 검색영역에서는 패왕의 자리를 놓치고 말았다. 검색엔진이 인터넷 광고에서 갖는 중대한 의미를 발견하고서야 검색창을 냉대했던 것이 현명하지 않은 행동이었음을 알게 되었다. 이에 야후는 자체 검색엔진 개발에 서둘러 착수하여 4살이 채 안 된 구글과 겨룰 준비를 했다.

2000년 야후는 구글에게 1,000만 달러를 투자하여 그 해 6월까지 사용해 왔던 잉크토미(Inktomi)와의 계약을 해제하고 구글과 크롤러 기반(crawler-based) 검색엔진을 제공받기로 하는 계약을 체결했다. 이는 구글의 수익이 큰 폭으로 성장하게 된 계기가 되었다.

한편 구글의 검색기술을 이용하고 있던 야후는 2년 후인 2002년 12월 크롤러 기반 검색기술의 원 사용처인 잉크토미를 인수하기로 했다고 발표했다. 이러한 결정은 구글에게 이제 협력 파트너가 아닌 적의 관계가 되었음을 선포한 것이나 다름없었다. 인수안은 2003년 3월에 마무리되었으며 야후는 이를 위해 2.35억 달러를 지불하였다.

검색결과의 각 항목은 마치 신문이나 TV상의 제목과도 같아서 관건은 바로 간결하게 편집된 내용이 얼마나 검색자의 주의력을 끌어 광고내용을 '쉽사리' 읽도록 유도하느냐 하는 데 있다.

잉크토미 인수는 야후가 자체적으로 프로그램을 제작하여 구글의 기술에 더 이상 의존하지 않을 것이며 스스로가 적극적으로 회사의 미래를 개척해 나갈 것이라는 의지를 반영한 조치였다. 야후는 신기술을 개발하여 기존의 고객을 유치하면서 또 한편으로는 구글 등 기타 경쟁업체에 분산된 고객들을 자신의 사이트로 유치하려고 했다.

구글은 야후와의 결전이 피할 수 없는 일임을 전부터 알고 있었다. 야후의 잉크토미 인수시기보다 이른 2002년 4월 야후는 구글의 경쟁대상인 '오버추어(Overture)'와 장기계약을 맺어 야후의 검색엔진 업체로 지정하고 무료 검색결과와 유료광고를 게재하도록 했다. 야후의 검색엔진 업체가 되는 것은 사실 구글이 가장 바라던 일이었다. 단순히 검색기술을 임대하는 것보다 광고까지 추가로 제공하는 비즈니스의 잠재수익이 더욱 높다는 것을 알았기 때문이다.

그러나 이러한 복잡한 경쟁구도 속에서도 2002년 10월 야후는 구글과 재계약을 체결하고 구글의 검색엔진을 계속해서 사용하였다. 2003년 10월 야후는 또다시 16.3억 달러를 들여 파격적인 오버추어 인수를 단행하여 소홀했던 검색영역에서 왕위를 찬탈하려 했다.

야후의 이른 선전포고에 비해 군사행동 없이 대진했던 1년 동안 야후는 구글의 무료검색 서비스 기술을 사용했고 잉크토미로의 교체를 서두르지 않았다. 이는 법적으로 잉크토미 인수와 관련된 법적업무가 청산된 후에야 비로소 야후 사이트상에 사용할 수 있었기 때문이었다. 사실 야후가 인수한 잉크토미는 강력한 검색엔진의 능력을 자랑했다. 잉크토미는 구글과 마찬가지로 캐시(cache)의 형태로 웹 내용을 저장할 수 있기 때문에 검색속도가 빨랐다. 그럼에도 야후는 마치 계약 내용을 이행하는 것처럼 2003년 한 해 동안은 구글의 서비스를 이용할 수밖에 없었다.

야후가 자체 기술을 출시하는 과정은 일련의 대형 인수사안으로 인해 매우 복잡했다. 야후가 오버추어를 인수하기 전에 오버추어는 이미 알타비스타(AltaVista) 올더웹(AllTheWeb)이 사용한 크롤러 기술을 구입, 구글을 뛰어넘기 위해 애썼다.

따라서 야후는 오버추어 인수와 동시에 잉크토미 알타비스타 올더 웹 등의 정밀한 크롤러식 검색로봇을 갖추게 되었다. 야후는 이들 기술을 종합하여 하나의 새로운 검색엔진을 개발하였고 이를 야후 서치 테크(Yahoo Search Technology;YST)라 명명했다. 2004년 2월 야후는 결국 구글과의 미적지근한 연을 마무리짓고 자사 사이트에 YST를 설치 운영하기 시작하였다. 이로써 본격적인 인터넷 검색전쟁이 시작되었다.

〈서치엔진워치(Search Engine Watch)〉의 편집장이자 영향력 있는 평론가인 데니 설리번(Danny Sullivan)은 다음과 같이 말했다.

"최근의 통계수치가 알려 주듯이 야후는 자체 기술로 전환했으나 고객을 잃지 않았는데 이는 야후의 기술이 구글에 비해 조금도 뒤지지 않음을 증명해 줍니다. 만약 기술수준이 기대에 미치지 못했다면 야후의 시장 점유율은 하락하고 말았을 것입니다."

야후는 자사를 포털사이트, 인터넷 쇼핑몰, 검색엔진의 세 가지 역할을 감당하는 종합사이트로 부상시키려 했다. 그의 전략은 최고운영책임자(COO)인 다니엘 로젠바이히(Daniel Rosensweig)의 '무인도 질문'에서 나왔다. 그는 "만약 무인도에 표류하였는데 하나의 웹사이트에만 검색할 수 있는 기회가 주어졌을 때 당신은 어느 사이트를 선택하시겠습니까?"라는 질문에 대해 "구글을 포기하고 좀더 차별성을 둔 다양한 컨텐츠의 야후를 택하겠습니다"라고 말했다.

비록 구글이 검색영역에서 야후를 추월했다 하나 야후는 여전히 지명도 있는 인터넷의 원로 브랜드였다. 구글에서 '야후'를 검색하면 1.27억 개의 검색 결과를 얻을 수 있는데 'Google'을 검색하면 그 개

수가 6180만개이다. 이는 야후가 이미 '원스톱서비스(One Stop Service)'의 인기있는 온라인 웹사이트로 성장하였음을 반증한다.

이에 머무르지 않고 CEO인 테리 셈멜(Terry S. Semmel)은 야후를 한층 더 높은 수준으로 끌어올리기 위한 준비를 했다. 그것은 검색의 세부화를 통한 '맞춤형 서치(Customized Search)'로 오늘날 대부분의 검색엔진은 '기성복'과 같은 짜여진 틀 안에서 서비스만을 제공하나 셈멜은 취향과 기호, 심지어 소재지에 이르는 모든 개인별 정보를 고려하여 필요한 맞춤형 서비스를 제공하겠다는 것이다. 이 소식에 이미 광고주는 목표가 명확해진 고객을 맞을 준비를 하려는 듯했다.

이러한 맞춤형 검색서비스를 제공하기 위해서는 우선 개인정보를 모집해야 한다. 이 방면에서 야후는 독보적인 우위를 갖고 있다. 그는 이미 1.41억 명의 고객에 대한 기본 자료를 확보하고 있었다. 이에 반해 구글은 개인 정보 영역에서 데이터베이스 구축이 미흡했다. 메사추세츠공과대학(Massachusetts Institute of Technology)의 경영학과 교수인 마이클 커서마노(Micheal Cusumano)는 "구글은 개인 정보구축 영역에서 상당히 취약합니다"라고 말했다.

MS, 반격을 준비하다

구글이 야후의 공습을 피한다 해도 더욱 강대한 적이 돌격해 오고 있었으니 그것은 바로 마이크로소프트였다. 세계 최대의 소프트웨어 회사인 MS도 검색영역의 영향력을 무시할 수는 없었다. MS는 2003년 4월 자체 검색기술 개발 계획을 발표했다. MS의 회장인 빌 게이츠와 CEO인 스티브 발머 등 최고 경영진은 MS가 자체 검색기술을 개발하지 못한다면 창사 이래 최대의 실수를 범하는 것이라고 했다.

게이츠는 회사가 인터넷 검색시장을 '놓쳤었다'라고 표현했다. 비록 그가 MS를 창업하기는 했지만 소프트웨어 개발 영역보다는 오히려 검색기술 개선을 통한 혁신을 일으킬 큰 구상을 갖고 있었다. 이를 통해 컴퓨터 사용자가 보다 높은 정보검색 기술을 이용할 수 있도록 하려는 의도였다.

MS 역시 야후처럼 구글과의 전쟁을 선포하였으나 본격적인 공습은 시작하지 않았으며 회사는 여전히 전열을 정비하는 데만 시간을 소요했다. 그래서 현재는 잠시 협력관계에 있지만 미래의 적이 될 야후에 의존하여 여전히 '임대'의 형식으로 유·무료 검색서비스를 제공했다.

군대의 이동은 없었으나 보급로는 활성화되었다. MS는 본격적으로 윈도우즈 운영체제상에서 확보한 독점적 우위를 통해 검색 시장으로의 진군을 준비하고 있었다. 발머와 게이츠는 검색기능을 새롭게 출시될 운영체제 상품의 각 프로그램상에 설치할 계획을 세웠다. 워드(Word), 메신저, 심지어 엑셀(Excel) 전자양식에까지 적용함으로써 이들을 통해 인터넷은 물론 PC 내 문서까지 전체에 대한 검색기능을 제공하여 더 이상 검색사이트를 따로 방문할 필요를 없애는 작업이었다.

다시 말해 MS는 구글을 포위하는 것에 그치지 않고 승전 후의 계획까지도 구상한 셈이다. PC에서 기존에는 오프라인(Off line)상의 프로그램에서도 인터넷 검색이 가능한 검색창을 탑재하겠다는 것은 실로 MS다운 발상이었다. 〈비즈니스위크〉지는 MS의 이 계획이 성공할 경우 구글링(Googling)은 아마도 오래된 기억 속의 산물처럼 사람들에게 잊혀질 것이라고 했다.

MSN의 수석 부사장 요셉 메디(Yusuf Mehdi)는 〈로스엔젤러스 타임즈(The Los Angeles Times)〉를 통해 MS의 검색사업 계획에 대해 다음과 같이 말했다.

"넷스케이프의 운영시스템이 MS의 핵심 소프트웨어인 윈도우즈(Windows)를 위협하는 시도가 있은 지 10년이 지난 지금 구글 역시 그의 검색기술을 가지고 동일한 시도를 하고 있습니다. 구글의 검색엔진은 매일 수십억 건의 검색을 처리하여 회사에 연간 1.56억 달러의 이익을 안겨줍니다. 그러나 MS도 이미 560억 달러의 현금 중 일부를 검색엔진 개발에 투입할 계획을 세웠습니다. 2004년 말에 이를 발표하고 2006년에 출시될 예정인 신규 윈도우즈 제품에 이 기술을 추가 설치할 것입니다."

어떤 이들은 MS가 구글을 누르기만 하면 여태껏 끌어오던 넷스케이프와의 오랜 경쟁도 종식시킬 수 있을 것이라고 생각했다. 이 두 회사는 모두 검색시장에서 상당한 점유율을 확보하고 있으며 또한 자체 기술을 보유하고 있다.

MS는 또한 검색시장의 또 다른 거물인 AOL을 따라잡을 계획을 가지고 있었다. AOL은 비록 자체 기술을 보유하고 있지는 않았으나 그 시장 점유율이 무시할 수 없는 규모였다.

구글의 IPO 전에 스탠다드 푸어스(Standard & Poor's)는 흥미로운 인터넷 관련 설문조사를 실시했다. 조사에 따르면 구글은 쉽게 경쟁업체들이 넘어뜨릴 수 있는 상대가 아님에는 분명하지만 흥미로운 것은 구글 사용자 중 3/5 이상(63%)이 더 나은 서비스가 출시되지 않을 경우 구글 대신 다른 검색엔진을 사용할 계획이라고 답했다고 한다.

구글과 관련된 일련의 사건들을 통해 우리는 알 수 있다. MS의 기술우위가 '신경제' 속에서 막대한 이익을 창출해 내고 또한 구글이라는 상대도 넘어뜨릴 수 있다. 그러나 이에 더불어 하루가 멀다 하고 속속 출시되는 '신기술 선점'이라는 것이 눈 깜짝할 사이에 소실되고 잊혀지고 말 것이라는 것을……. 이는 넷스케이프의 시장점유율을 보아도 알 수 있다. MS가 기술을 무기로 선제공격을 한다면 구글은 더 나은 검색기술을 선보일 것이며 또 다른 회사 역시 앞다투어 이에 대응한 신기술 신제품을 출시하게 된다. 그러므로 구글의 경쟁대상들이 모두 인터넷계의 슈퍼파워를 자랑하는 거물들일진대 경쟁으로 인한 기술우위 변동 주기가 갈수록 짧아질 것이다.

구글이 비록 오늘의 강자라 칭함을 받지만 상황은 언제라도 바뀔 수 있다. 검색엔진 업체가 직면한 문제는 바로 그들의 제품이 흡입력에서 더 나아가 접착제처럼 강력하고 반영구적인 지속력을 갖추지 못했다는 점이다. 많은 사람들이 고객의 선호도가 알타비스타에서 구글로 옮겨가는 데 그리 긴 시간이 소요되지 않았으며 또한 한번 돌려진 주의력은 다시 회복되지 않는다는 사실을 잘 기억하고 있다. 야후나

MS 혹은 구글과 같은 회사가 어디에선가 새로운 회사명을 가지고 별처럼 탄생하게 될지도 모를 일이다. 이들은 더 나은 검색엔진을 전면에 내세워 새 바람을 일으킬 것이며 누리꾼들은 마치 새로 나온 서핑보드를 자랑하듯 새로운 검색엔진을 사용하며 인터넷 서핑을 계속 즐기게 된다.

강적은 기회를 엿보다 약점을 틈타 공격한다. 앞으로 더욱 많은 인터넷계의 신예들이 구글의 자리를 찬탈하려 노릴 것이기에 구글은 신기술 개발이 절실하다. 구글은 십여 억 달러의 수입을 올리고 있지만 3개 영역에 수익출처를 둔 야후와는 달리 단일 상품에 의존해 매출구조가 취약하다. 만약 다양한 컨텐츠와 막강한 기술력을 가진 신생 회사들이 출현한다면 구글은 어떻게 대응해야 할 것인가? 구글은 기적적인 성공의 성벽이 높이 올라갔으나 그것은 대적이 전무한 상황에서 독자적인 방어벽 구축이 쉬웠기 때문이다.

구글은 주식발행을 통해 자금을 모집하고 이를 핵심 검색엔진 업무 강화에 투입하고 기타 사업영역을 다각화시키는 데 사용할 수 있었다. 그는 이미 미래 기술투자를 강화했으며 2003년의 연구비로 9,100만 달러를 지출하였는데 이는 전년도 동 대비 3,170만 달러보다 높은 수치였다.

CEO인 슈미트는 〈파이낸셜뉴스(financialnews)〉와의 인터뷰를 통해 다음과 같이 밝혔다.

"시장수요는 현재 구글을 포함한 모든 업체들의 공급능력을 모두 초월하고 있습니다. 우리의 성장에서 부딪히게 되는 모든 제한적 요소들은 대체적으로 모두 내부에서 발생합니다. 이는 우리가 독자적인 신제품과 서비스를 출시할 수 있느냐를 기준으로 결정됩니다."

IPO를 전후로 구글은 야후와 MS의 MSN, AOL, 아마존 인터넷서점 등 대형 사이트와의 경쟁을 강화했다. 그는 가격비교 쇼핑몰인 프루글(Froogle) 및 베타 버전의 지역 검색엔진(local search engine)을 갖고 있었다.

구글은 또한 인터넷 서비스 영역을 적극 개척하였는데 특히 지메일(Gmail)을 통해 다른 메일과는 비교도 되지 않을 만큼의 대용량 저장공간을 제공했다. 이는 MS와 야후의 이메일서비스 영역에 크고도 직접적인 충격을 줄 것이다. 구글은 당초 지메일서비스와 함께 이메일 내용상의 키워드와 관련된 광고를 판매하기로 계획했었다(제3장 「세계를 실험무대로」 참조).

창조 혁신에 대해 브린과 페이지는 누구보다도 큰 야심을 품고 있었다. 2003년 그들은 구글의 몸값이 1,000억 달러를 넘게 될 것이라고 선포하기도 했다. 또한 2004년 1월 브린은 스위스에서 구글을 설립한 후 스캐너 하나를 개발하여 공항에서 옷차림이 단정하지 못한 사람을 탑승하지 못하도록 하는 데 사용하고 싶다고 하기도 했다.

2003년 엘라바마주에서 브린은 일종의 하늘 승강기를 만들고 싶다고 했다. 고정축을 지상에 특수체인으로 연결하고 공중 공간을 향해 화물을 운송하는 것이다. 2003년에는 또 한번 브린과 페이지는 구글에 나노(Nano) 실험실을 설치해야 한다고 하기도 했다.

구글의 내부인사는 이러한 웅대하고 깊은 격려의 메시지가 구글 전체 직원들을 고무시킨다고 했다. 〈머큐리〉지는 구글이 1999년 고용했던 최초의 고위경영진인 오미드 코데스타니(Omid Kordestani)의 말을 인용하여 말했다.

"구글 성공의 장맛은 구글 내부의 열정을 삭힌 것인데 그 열정은 결국은 두 명의 창립자에게서 흘러 나온 것입니다.”

구글 데스크탑

현재까지 구글이 응용하고 출시한 ‘공식’들은 모두 유효했으며 성
공의 열쇠였다. 경쟁업체들도 하나같이 이를 모방하려 애썼다. 그러
나 구글이든 다른 경쟁업체이든 세계상에 있는 모든 정보를 검색해
낼 수 있는 것은 아니다. 구글의 인덱싱 작업을 거친 웹사이트는 80
억 페이지가 넘으나 그는 전체 인터넷 공간의 일부분에 불과하며 그
외에 무수한 데이터베이스 및 전문사이트는 접속하기가 매우 어렵다.

시대는 이러할진대 사람들의 눈앞에 있는 PC는 정작 검색의 사각
지대에 놓여 있다. 1초도 채 되지 않은 짧은 시간 내에 수십 억 페이
지의 웹사이트를 검색하면서도 PC 내에 정보는 임의대로 찾아내기가
여간 어려운 것이 아니니 참으로 황당한 상황이 아닐 수 없다. IPO를
성공적으로 마친 구글은 기술기업이라는 본연의 모습으로 돌아와 그
의 기술적 특기를 PC로까지 확장하게 되었다.

구글 데스크탑 서치(Google Desktop Search)라 불리는 베타 검색엔
진의 목적은 PC 내에 저장되어 있는 모든 개인 정보를 분류 정리하는
데에 있다. 사용자는 그를 이용해 PC 내 문서나 정보를 쉽게 검색해
낼 수 있다. MS의 아웃룩(Outlook), 아웃룩 익스프레스(Outlook
Express) 상의 전자메일이나, MS 워드, 엑셀, 파워포인트 문서, 인터
넷익스플로러를 통해 방문했던 홈페이지, AOL 메신저의 실시간 대
화 내용도 검색이 가능하다.

구글은 데스크탑 서치의 운영방식이 사람의 뇌에 있는 이미지 인식 기억 시스템과 유사하여 하드웨어 내의 정보 전체를 검색할 수 있다고 했다. 방문 사이트를 캐시(cache)하여 기억장치에 저장해 놓기 때문에 인터넷을 하지 않아도 보았던 내용들을 다시 검색할 수 있게 된다.

공동창립자 겸 제품총괄사장인 페이지는 다음과 같이 말했다.

"'구글 데스크탑 서치'는 구글의 위력을 PC상의 개인정보 영역에까지 발휘할 것입니다. 여러분은 구글 검색사이트와 마찬가지로 자신의 문서나 이메일, 방문했던 사이트까지 즉시 검색할 수 있게 될 것입니다."

이 소프트웨어의 용량은 불과 446KB로 설치시간이 길지 않을뿐더러 구글의 홈페이지에서 무료로 다운받을 수 있다.

양키그룹(The Yankee Group)의 애널리스트 다나 가드너(Dana Gardner)는 구글의 데스크탑 서치 프로그램에 대해 다음과 같이 말했다.

"다운받고 설치하는 시간이 그렇게 짧은 소프트웨어가 기능은 상상외로 막강해 놀랐습니다. 저희는 이렇게 놀라운 제품이 무료라는 사실이 믿기지가 않습니다."

설치 후 데스크탑 서치는 컴퓨터상의 정보를 색인화하기 시작한다. 전체 과정이 몇 시간 내에 마무리되느냐는 PC 내 데이터 양에 따라 달라질 것이나 색인화 작업은 컴퓨터를 사용하지 않을 때에도 진행된다.

6여 년 전 구글은 멘로파크의 한 창고에서 24시간 빠르고 믿을 만한 정보를 제공해 주었다. 수년이 지난 지금 구글 기술의 쉽고 정확하며 신속한 검색은 우리의 책상 위 PC에서도 실현되고 있는 중이다.

데스크탑 서치가 하나의 하드웨어를 저장하는 시간은 수십 억 페이지의 웹사이트를 검색해 내는 시간보다 짧다. 초기 데스크탑 서치 사용자는 대략 0.1초나 0.2초면 PC 내 묻혀 있던 정보를 찾아낼 수 있다고 했다. 데스크탑 서치로 찾아낸 검색결과는 구글 사이트에 인터넷 검색결과와 함께 나열된다.

전통적인 PC 검색 소프트웨어는 하루에 한 차례씩만 업데이트가 되나 구글의 것은 부단히 대부분의 문서내용을 갱신한다. 개인정보 보호를 위해 사용자의 동의 없이 구글 혹은 기타 어떠한 PC 내용을 검색할 수 없도록 했다.

더욱 선진적인 검색엔진을 제공하고 검색능력 혁신을 일으키는 방면에서 구글은 다시 한번 MS나 야후를 제친 셈이다. 새로운 도전은 MS의 앞뜰을 정조준하여 MS의 PC 검색기술의 기반을 무너뜨릴 기세이다. 일부 업체들이 데스크탑 검색제품을 이미 출시하기도 했고 야후는 이를 준비 중이기도 하지만 모든 검색기술전에서 구글의 승리는 현재까지는 보장된 셈이며 이를 통해 구글은 한층 더 견고한 기술의 성곽으로 주변을 둘렀다.

검색포털을 거부하다

구글은 가장 유명하고도 가장 잘 알려진 검색엔진이다. 또한 수십여 가지의 특색과 문제해결 상품, 블로깅(blogging), 무료 전자메일, 구글뉴스(Google News)를 보유하고 있다.

이러한 제품들은 모두 무료로 제공되는데 그 이유는 더 많은 사람들이 구글의 사이트를 방문하여 광고주들이 더 많은 소비자를 접하도록 하기 위함이다. 다음 단계로 구글은 검색엔진의 선배들처럼 포털사이트의 길을 걷다 강해진 브랜드 이미지를 구축하고 기타 검색엔진으로 포위된 국면에서 살아남기 위한 자기방어 수단으로 삼는 운명을 택할 것인가?

CEO인 슈미트는 이러한 발전노선을 구글은 지양한다고 했다. 구글의 사이트는 야후나 MS의 MSN처럼 무수한 유, 무료 링크가 번쩍거리는 소위 포털로써의 길을 걷지 않을 것이라고 했다. 그는 앞으로도 구글 사이트의 첫 페이지는 검색창 하나만을 남겨두고 기타 사이트를 링크시키지 않을 계획이다. 한번은 그가 전화회의에서 "구글은 포털사이트의 길을 걷지 않을 것이다"라고 말했다. 그러나 구글은 여러 가지 개별 서비스 개발을 시도할 계획인데 후일 이들을 다시 집약시킬 것이다. 구글이 웹 브라우저 연구를 진행 중이라는 소문에 대해 그는 한 마디로 잘라 이를 부정했다.

슈미트는 〈파이낸셜뉴스〉를 통해 검색엔진 시장은 여전히 발전 초기라 몇 개 회사가 더 진입할 수 있을 만한 시장용량을 갖는다고 했다. 그는 수비적인 각도에서만 전략을 전개해 나갈 필요는 없다면서 "이 단계에서는 반드시 여러분의 고객과 여러분 자체의 전략에만 집중적으로 전력해야 합니다"라고 했다.

그는 구글이 만약 포털사이트로의 전환을 계획한다면 야후나 MS와는 더욱 직접적인 경쟁관계를 형성하게 될 것이라고 했다. 분석가는 포털사이트를 광고해 가며 다른 업체와 경쟁하는 것은 구글의 특기가 아니라고 여겼다. 구글은 설립 초기부터 오로지 한 영역 '검색'만을 운영하고 주력했기 때문에 경영이 용이하였으며 또한 지금의 성공을 이끌어 낼 수 있었다. 검색이라는 본업에 충실하면 야후, 익사이트, 알타비스타, 라이코스와 같은 검색업계의 선배들이 첨단 검색엔진이기보다 첨단 포털로의 길을 고집했던 실수를 되풀이하지 않는다.

그러나 컴퓨터 과학기술 역사를 돌이켜보면 얼마나 많은 사람들이 본질에 둔 시각을 다변화하지 못해 주도권을 상실하고 말았던가?

1980년대 IBM은 컴퓨터 내부의 운영체제가 하드웨어만큼 중요하지 않다는 고정관념을 버리지 못했고 결국 마이크로소프트라는 소프트웨어 업체에 주도권을 빼앗기고 말았다. 그러나 MS 역시 후일 소프트웨어 영역에만 과도하게 집중한 나머지 다가오는 인터넷 혁명의 기운에 민감하고 빠르게 대처하지 못해 최초의 웹 브라우저 개발자라는 타이틀을 넷스케이프에 넘겨주고 말았다. 그 후 10여 년 많은 사람들에게 '검색'의 중요성이 과소평가되고 있다.

구글이 1998년 처음 세상에 모습을 드러내었을 때에는 마치 차를 거꾸로 몰아가듯 세태를 따르지 않는 독특함이 있었다. 구글은 당시 흔하던 포털사이트가 아니었다. 첫 페이지는 심심한 흰색 바탕에 가운데에 작은 사각형이 달랑 설치되어 있어 검색엔진의 사이트임을 유일하게 증명해 주었다. 좁고 길다란 사각창 안에 글자를 입력하면 검색결과라는 표시와 함께 사이트로 연결된 수많은 링크문자들이 화면에 뜬다. 그렇게도 무료하고 별 특징 없이 단순한 검색이 있을 수 있을까? 신문 표제도 비행기티켓 광고도 없고 이메일 접속창도 없고 말이다.

그러나 그 결과는 예상과는 엄청난 차이를 보였다. 몇 글자만 입력하면 매우 짧은 시간 내에 가장 주요한 답안이 눈앞에 펼쳐진다.

구글은 참으로 행운이 따랐다. 정확한 시기에 정확한 장소에 터를 잡았기 때문이다. PC가 보급되면서 사람들에게 제공하여야 할 정보의 양은 점차 늘어나 이러한 수요를 충족시키기 위해서는 더욱 복잡한 기술로 이를 실용적으로 완비해야 했다. 구글은 그 가운데 최선봉에 자리한 고수였다.

그러나 구글이 최정상에 있던 시기는 한편으로 다른 입장에서는 최악의 시기였다고도 말할 수 있다. 왜냐하면 업계에서는 보편적으로 검색시장이 이미 포화되었으며 선두업체의 주도권 유지가 부동의 추세로 지속될 것이라는 분위기가 팽배해 있었기 때문이다. 또한 오래지 않아 구글은 현대 과학기술 역사상 최악의 불경기 시즌에 던져지게 된다. 구글은 이를 통해 한가지 사실을 깨달았다. 자주 혁신적인 기술과 경영모델을 지닌 기업은 불경기와 같은 환경 속에서도 비약적으로 성장하는 기업을 경영할 수 있게 된다는 것을 말이다.

구글이 IPO를 마무리하려던 시기도 이와 마찬가지였다. 구글의 IPO는 역대 최대 규모의 과학기술업계 IPO였지만 공교롭게도 주가 폭락세가 연일 지속되던 시점과 맞물렸었다. 홀로 IPO를 준비하던 그 달(2004년 8월)에는 19개 미국 업체가 IPO신청을 철회하거나 뒤로 미루는 등 중도하차하는 사례가 연일 발생했다. 상장되기 2주 전 철회한 IPO 횟수가 2001년 이래 그 어느 해보다도 많았다. 상장을 미룬 업체들의 이유는 하나같이 모두 '시장 상황이 불리해서'라고 했다.

2004년 여름 주변 환경이 크게 개선되지 않은 상황에서 유가는 배럴당 44달러를 넘어섰고 기업의 단기이익보고 수치는 침울한 분위기마냥 좀처럼 회복될 기미를 보이지 않았다. 취업률은 바닥으로 떨어졌고 뉴욕 및 워싱턴은 두려운 심리의 영향으로 불안감이 높아졌으며 주식시장 역시 활기를 잃어만 갔다. 그러나 구글은 이러한 상황에서 한 회사가 수주대토하는 사냥꾼처럼 앉아 있지만 않는다면 신화와도 같은 IPO의 문은 열릴 것이라고 했다.

구글의 성장 역사가 우리에게 주는 또 다른 교훈은 무엇인가? 최악의 시간이 지나고 최상의 시간이 올 것이라는 점이다. 뼈를 깎는 추위를 거치지 않으면 어떻게 매화향 가득한 봄을 맞이할 수 있겠는가? 어려운 환경에서 훈련을 거친 기업은 우수함과 더불어 건고함까지 갖출 수 있으리라 생각된다.

제3장

전세계를 실험실로

　　구글 사이트의 첫 화면 하단의 실험도구 모양 아이콘은 '구
글랩(Google Labs)' 이다. 이곳에는 현재 개발 과정에 있는 약 10여 개의 기
술들이 게재되어 있는데 그 중에는 영원히 현실화될 것 같지 않은 황당한 제
안들도 더러 있다. 이들을 구글랩에 공개해 놓은 이유는 구글이 사용자들의
반응을 살피고 고객의 의견과 실용적 제안들을 수렴하기 위해서이다. 실제
로 제품을 테스트해 본 고객들은 각자의 느낌과 각종 제안들을 즉시 구글에
알릴 수 있다. 마음껏 상상해도 좋다. 구글 랩은 어떠한 구상이라도 언제든
지 미래에 현실화될 수 있는 가능성이 있다는 가능성을 열어 두기 때문이
다.

　　구글의 방식은 전세계를 실험실로 삼는 것이다. 누구든 구
글의 연구 중인 제품을 테스트해 볼 수 있다. 이는 구글과 사용자 모두에게
공개된 실험실로써 실패가 허용된다. 사용자들은 이내 깨닫게 된다. 구글이
내이 놓은 제품들이 하나같이 조금도 결점이 없다는 것을……. 그들은 또한
알게 된다. 자신들이 직접 제품 개선과정에 참여했다는 사실과 구글에게 제
안하기만 하면 어떠한 내용도 어떠한 제품도 인정이 된다는 것을…….
〈2세대 인터넷 창업가: 구글, 이베이, 야후. 시대의 획을 긋는 번영성세〉

　구글은 모든 직원에게 전체 업무시간의 20%를, 즉 일주일에 하루를 자신이 관심을 가진 과학기술 분야에 사용할 수 있도록 했다. 이러한 제도를 실시하게 된 이유는 엔지니어의 사고를 유연하게 하고 창의성을 발휘하도록 하기 위해서였다. 만약 그 과정에서 의미있는 연구성과라도 거두게 된다면 구글은 이를 온라인상에서 테스트해 본 후 향후 사업화 방안을 모색한다.

　이렇게 고객으로부터 출발한 의견 수렴형 운영방식에 힘입어 구글은 하드웨어 및 소프트웨어의 경쟁시장에서 다른 업체들을 크게 앞질렀다. 완벽한 조직을 갖춘 경쟁업체들이 90% 이상의 성공확률이 보장되는 안정적인 영역에만 도전하던 당시 상황에서 활발하고 개방적인 성격을 가진 구글의 엔지니어는 새로운 길을 모색하기 시작했다.

　구글은 인터넷에서 최상의 검색기술을 가지고 뛰어난 명성과 폭넓은 사용자 층을 확보했다. 솔직히 구글의 전략추진 방식은 사방에 씨를 뿌려 놓고 어떤 싹이 트는지 쳐다보는 아이의 모습과도 같았다. 그는 끊임없이 신제품과 새로운 서비스를 개발하려 애썼는데, 마치 이러한 것들을 벽에다 던져 놓고서 얼마나 오래 붙어 있을 수 있는지를 관찰하는 호기심 많은 아이와도 같았다.

무료 이메일인 지메일을 비롯하여 웹브라우저를 따로 방문할 필요가 없는 구글 데스크바, 쇼핑검색엔진 프루글(Froogle), 서적검색의 최강 서비스 구글프린트(Google Print), 이미 오래 전 구글 실험실(Google Labs)을 졸업한 구글뉴스(Google News) 등을 비롯하여 고객 지향형, 개인 맞춤형의 기타 검색도구들은 모두 구글의 직원들이 개인 연구프로젝트를 통해 탄생시킨 것들이다. 구글은 마치 정찰병들처럼 구글랩(Google Labs)이라 불리는 실험실에서 고객의 반응과 선호도를 감지하고 있었다.

예를 들면 구글뉴스는 크리시나 바랏(Krishna Bharat)이라는 직원이 2002년 직원들에게 주어지는 20% 개인 프로젝트 시간을 통해 고안해 낸 서비스였다. 현재는 뉴스검색이 여전히 베타버전(Beta Version) 단계에 있지만 갈수록 많은 이용자를 흡수하고 있으며 크게 사랑받고 있다. 또한 구글 홈페이지는 견고한 입지를 확보하며 보급되어 갔다.

구글뉴스는 그날의 신문코너를 몇 개의 섹션으로 구분하고 개인별 맞춤형 편집기능, 실시간 알리미(Google Alert) 서비스를 개발하여 사용자가 뉴스와 관련하여 관심있는 핵심어를 입력하기만 하면 신문기사들이 검색되며 구글이 이를 전자메일로 사용자에게 발송하도록 했다. 구글뉴스의 조회수는 이미 주요 뉴스사이트의 조회수 못지 않게 증가했다.

뉴욕대학의 교수인 애덤 페넨버그(Adam L. Penenberg)는 구글이 뉴스 서비스를 개시했을 때 야후 뉴스와 MSNBC, CNN 등이 손에 땀을 쥐며 긴장했다고 했다. 이러한 뉴스관련 사이트들은 최신 뉴스를 취득하고 편집하는 데에만 매년 수백만 달러를 지출하는데 반해 구글은 저렴하고도 빠른 뉴스 검색방법을 찾아내었기 때문이다.

사용자는 구글뉴스에서 검색된 링크나 이미지를 클릭하면 바로 뉴스를 기고한 웹사이트를 방문할 수 있게 된다. 이는 가판대에 늘어놓은 신문의 헤드라인이나 도입문장 사진을 살펴 본 후 신문을 구입하고 원하는 문장을 선택하여 읽는 것과 전혀 다를 바 없는 시스템이었다.

구글뉴스 사이트의 화면은 깔끔하여 광고 때문에 들쑥날쑥하지 않는 데다가 기존 검색엔진의 기술과 사용자 유동 규모를 바탕으로 아주 빠르게 애독자들을 끌어들일 수 있었다. 이 때문에 10대 뉴스사이트 순위에 들어갈 수 있었으며 중복 방문자 수를 제외하더라도 한 달 고객 수가 600만 명이나 되었다. 그러나 페넨버그는 지적재산권 문제로 인한 제약으로 구글뉴스는 베타버젼 단계를 벗어나기가 어려울 것이라고 했다.

이러한 상황에서 소셜 네트워킹사이트인 오르컷(Orkut)이 구글의 직원 오르컷에 의해 개발되었지만 실험실을 거치지 않고 별도의 사이트로 개설되었다. 구글은 오르컷과 의미 있는 거리를 유지하면서 그와의 관계에 대해 구체적인 명시를 하지 않았지만 이를 통해 구글이 어떤 영역에 또 다른 가능성을 부여하고 있음과 장기적인 발전 전략을 품고 있는 것을 알 수 있다.

전통을 뒤집은 지메일 함대

2004년 3월 31일 구글은 신개념의 무료 이메일서비스 지메일(Gmail)서비스를 시작하겠다고 발표했다. 지메일에는 내장형 검색엔진이 설치되어 있어서 사용자가 자신의 이메일을 구체적으로 검색할 수 있는 기능까지 제공할 것이라 했다. 그러나 더욱 놀라운 것은 기존에 제공되었던 메일서비스와는 확연한 차이가 있는 1GB(10억 바이트)의 메일 저장공간을 제공하였다는 점이다. 이 지메일서비스는 아직 정식으로 출시되지 않았으며 초기에 한정수량이 시범운영되기도 하였다.

1GB라는 사용공간은 50만 장에 달하는 문서를 저장할 수 있는 크기이다. 시장 내 대부분의 무료 메일은 그 용량이 2MB에서 4MB 사이로 구글은 단번에 표준용량을 250배에서 500배 규모로 끌어올렸던 셈이다. 이는 다시 말해 지메일 계정 하나가 MS의 무료 핫메일 500개를 가지는 것과 맞먹는다.

4월 1일 많은 사람들이 구글의 파격적인 상품이 만우절을 위해 준비한 거짓말이라고 여겼다. 왜냐하면 검색을 본업으로 하던 구글의 개성과 괴리된 듯 어울리지 않는 서비스가 갑작스럽게 출시되었기 때문이다. 그러나 같은 날 구글의 웹사이트에는 달에서 베이컨시(Vacancy)센터 설립업무를 담당할 엔지니어가 필요하다며 '구글 베이컨시 검색공정 사이트 위탁관리와 실험(GCHEESE)'라고 이름 지은 구인광고가 올라왔다.

야후와 핫메일과 같이 이메일서비스를 제공하는 회사는 그 누구보다도 더 구글의 지메일 출시 소식이 만우절의 헤프닝으로 끝나기를 바랐으나 구글의 대표는 정중하게 그러한 우려를 일축했다. 구글은 이로써 모든 일에 '원래 그렇다'는 관례를 넘어서 신선함과 적극성으로 임하는 모습을 보여 주었다. 이와 동시에 이메일상의 정보를 이용해 광고를 게재하는 기술에 관한 특허도 신청했다.

인터넷계에서는 오랫동안 일종의 '그건 원래 그런 것'이라는 잘못된 관례가 존재해 왔다. 예를 들면 무료 이메일 공급업체가 줄곧 아주 적은 이메일 저장용량을 제공하는 것이 당연시되었다. 그 이유를 묻는 사람이라도 있을라치면 그들은 보통 어깨를 으쓱거리며 작은 소리로 서버 용량이 부족하다거나 원가가 너무 높다는 말만을 남긴다.

많은 양의 데이터를 저장하거나 대용량의 첨부파일을 보낼 수 없는 환경에 적응이 되면 당신은 미각조차 잃게 될 것이다. 새로운 맛에 대한 느낌도 열정도 사라져 모든 일에 '원래 그런 거야' 하는 생각에 익숙해지고 각종 가능성을 고려해 볼 수 있는 다양성을 상실하게 될지도 모른다. 현재 구글은 그러한 규칙성을 가진 일련의 관례들을 타파하고 있다. 저장용량을 크게 늘린 후에는 대부분의 고객들은 이메일을 수시로 삭제하거나 정리하지 않아도 되었다. 어쩌면 평생 정리하지 않아도 될지도 모른다.

구글은 이메일 업계의 혁신을 예고하는 도화선에 불을 당겼다. 확대된 저장공간은 사람들의 인터넷 사용방식을 바꿔놓았다. 인터넷 서비스업체, 브라우저 개발기업, 소프트웨어 업체들은 모두 새롭게 개편된 이메일 업계의 흐름에 적응해야 했다. 중요한 것은 인터넷 메일이 결국 PC 사용자 측의 메일 시스템을 대체하게 되어 사람들이 전자메일을 사용 관리하는 방식을 크게 바꾸어 놓을 것이라는 점이다.

전자메일의 변모일신을 위한 노력은 현재 점차 추진되고 있다. 우선 케이블모뎀을 채택하는 사람들이 점차 늘어났다. 일반 가정들의 인터넷 전용선의 연결속도도 점차 빨라지고 있으며 이에 따라 각양각색의 제품 서비스 내용의 판매기회가 점차 확대되어 갔다.

현재 구글은 그의 지메일서비스를 통해 케이블모뎀을 전자메일에 운용하고 있다. 전과는 다르게 비약적으로 발전한 부분은 당연히 저장공간이다. 모든 지메일 사용자에게는 1GB의 저장공간이 주어지는 것 외에도 첨부파일 전송가능용량이 10MB에 달해 기존의 '기준'에 비해 2배 이상 커졌다.

평생의 기억까지 검색하다

지메일은 새로운 방식으로 사람들의 평생의 메일을 검색하고 저장하며 정리하고 관리할 수 있게 도와 전자우편의 기능이 충분히 발휘될 수 있게 한다. 저장공간이 커진 후 이메일은 원격조정이 되는 제2의 문서함 역할을 하게 되었다. 대부분의 사람들이 자주 메일함을 열고 편지나 첨부된 문서 사진을 열어보게 된다.

지메일이 있기에 구글은 생활의 사소하지만 생생한 기억들을 기억하는 중요한 창고역할을 하게 되었다. 많은 사람들이 수신함이나 발신함의 이메일을 수시로 삭제하지 않아도 될 것이고 1~2년 전, 심지어 10년 전의 통신기록까지도 너무나 쉽게 검색해 낼 수 있게 되었다. 더욱 중요한 것은 사용자가 사진이나 MP3 음악파일까지 모두 저장할 공간을 갖게 된다는 점이다. 이메일은 갈수록 자주 이러한 사진과 음악파일들을 전송하는 수단이 될 것이며 그 크기도 MB(메가바이트) 수준인 것이 많아진다.

첨부 가능 용량 범위가 커지면서 사용자와 판매업체들은 이전에 하지 못했던 많은 일들을 할 수 있게 되었다. 자유투고가이자 〈게이츠(Gates)〉의 저자인 폴 앤드류(Paul Andrews)는 이전에 인터넷 사용자들은 고작 몇 장의 썸네일(thumbnail) 이미지나 저화소 파일만을 이메일에 첨부할 수 있었다. 더욱 '비대해진' 이메일 공간은 사용자가 더욱 쉽게 고화소 사진을 비롯해 지난 휴가 때 친지들과 촬영했던 앨범 규모의 사진들을 보다 쉽게 전송할 수 있게 되었다고 했다.

음악파일도 마찬가지이다. 대부분의 음악파일들은 첨부용량이 5MB로 제한된 메일로는 발송하기가 쉽지 않았다. 그러나 10MB까지 첨부가 가능한 구글의 지메일로는 대부분의 음악파일들을 충분히 전송할 수 있다. 이는 파일 공유사이트에도 영향을 미칠 것이다. 사용자들이 피차 음악파일을 직접 전송할 수 있게 되었기에 이전처럼 파일 공유 사이트에 의존하지 않아도 될 것이기 때문이다.

동영상 파일도 그렇다. 5MB로 첨부용량이 제한되어 있던 시절에는 사용자들이 문서나 이미지 파일처럼 영상 파일을 발송하는 것이 쉽지 않았다. 그러나 10MB가 주어진 후에는 사용자들은 동영상 파일의 첨부가 더욱 편리해졌으니 사용자 입장에서는 당연히 큰 이익이 되는 셈이다.

고용량 이메일은 기타 인터넷 서비스의 혁신을 유도하는 계기가 되었다. 광고도 더욱 흥미로운 양상으로 변할 수 있었다. 주변이 온통 번쩍이는 광고 조각으로 일색이 되는 것은 아무도 바라지 않을 것이다. 그러나 효과가 좋은 리치미디어식(rich media type) 광고도 광고주에게 기적을 낳아줄 수 있다.

거대한 저장공간에 만약 검색기능이 없다면 사용상의 불편이 가중될 수 있다. 구글은 IPO 설명서에서 한 가지 사실, 즉 스스로 세계적인 IT업계 지도자라 하는 사람은 사람과 정보 간의 연결고리를 개선할 수 있는 방안 연구에 주력해야 한다고 암시했다. 또한 구글은 이제 순수하게 검색엔진만은 아니라고 했다. 구글의 검색엔진과 지메일서비스는 명목과 실제가 결합된 명실상부의 만남이었다.

지메일은 개개인의 온라인 통신을 검색이 강한 사이트로 완전히 바꾸어 놓았다. 이러한 구글의 행동을 통해 우리는 구글이 검색엔진에만 집착하지 않고 대용량 이메일을 통해 사용자를 확보하려는 의도를 알 수 있다. 양키그룹(Yankee Group)의 수석 애널리스트인 켈리 링(Kelly Ring)은 다음과 같이 말했다.

"구글은 지메일을 통해 전자메일과 검색엔진을 통합한 최초의 회사입니다."

이메일은 디지털 시대를 한 발 앞당기는 역할을 했다. 여전히 다이얼 업 모뎀으로 접속하는 BBS(Bulletin Board System)를 사용했던 1980년대를 기억하는가? 사람이란 자신의 미래를 예측하는 데 소질이 없다. 그래서 '원래 그런 거야'라는 사고를 극복하면 더 나은 미래를 보장받는 첫걸음을 뗀 것이나 다름없다.

이메일 전쟁

이메일은 특히 요즘 시대에 더 말할 나위 없이 중요한 도구가 되었다. 구글, 야후 그리고 MSN이 그야말로 인터넷의 '닻'이라 할 수 있는 이메일서비스를 잇달아 개선했고 이에 따라 이메일은 인터넷 사업에서 일종의 본부와도 같은 역할을 하게 되었다.

리서치회사인 컴스코어(ComScore)의 '데이터메모(DataMemo)'에서는 이메일 서비스가 충실한 고정 고객을 끌어들일 것이며 이메일

서비스를 이용하기 위한 그들의 방문횟수가 갈수록 늘어날 것이라 했다.

예를 들면 2004년 5월에는 미국 전체인구의 74%인 1.15억 명에 달하는 인터넷 인구가 최소한 한번 이상 이메일서비스를 제공하는 사이트를 방문해 본 적이 있다고 한다. 메일 제공 사이트의 일반 방문객은 1개월에 12일 정도 인터넷을 한다고 한다. 미국 내 인터넷 사용자는 인터넷 서핑 시간의 15%를 이메일 제공 사이트 방문에 차용한다고 한다. 이메일 제공 사이트의 방문 고객은 5개월 간 평균 202페이지의 사이트를 방문한다.

야후 메일, AOL E-Mail, MSN 핫메일(Hotmail)은 3대 인터넷 메일 제공업체이다. 이들 사이트의 방문객 수는 기타 이메일 제공 사이트의 방문객 수를 합한 수치의 10배에 달한다. 핫메일 사용자가 방문하는 평균 웹사이트 수는 야후 메일이나 AOL E-Mail 방문자 수보다 많다. 야후 메일은 사용자 수가 총 5,400만 명에 달하였으며 고정고객 규모도 5월 한 달 메일제공 사이트에서 1위를 차지했다. AOL E-Mail 의 방문객은 매달 평균 12일 방문하여 사용 빈도율에서 1위를 차지했다.

이외에 니엘스/넷레이팅스(Nielsen/NetRatings)의 조사에 따르면 2004년 5월 MS의 핫메일 서비스가 3,410만 명의 비중복 사용자(Unique Users)를 유치했는데 이는 야후의 4,040만 명에 비해 훨씬 낮은 수치이다.

구글은 인터넷 강자들에게 황금의 땅이라 여겨지는 이메일 개념에 혁신을 일으켜 검색과 비폴더식 정보관리 시스템으로 전환했다. 이는 야후나 MS 기타 회사의 서비스 구조에 가히 도전적인 변화였으며 그들이 자체적으로 회사의 운영기준을 돌아보고 재수립할 수 있도록 촉진하였다. 또한 인터넷 메일의 형식은 항상 변화할 것이며 이전의 모습에 머무르지 않을 것이라는 것도 알 수 있다.

컴스코어의 조사에 따르면 무료 이메일 사용자는 평균적으로 한 달에 약 4시간을 이메일과 관련한 일에 소비한다고 한다. 또한 이메일 서비스 제공업체는 고객의 등록정보를 확보하게 되고 이를 통해 고객을 이해할 수 있게 될 뿐 아니라 고객으로부터 충성을 약속받게 된다.

구글은 지메일의 정식 출시일이 정해지지 않은 상태에서 한정 인원에게 지메일 계정을 부여하고 시험적으로 사용해 보도록 하는 일종의 테스트 기간을 가졌다.

야후는 이에 즉각 반응했다. 무료 이메일 저장용량을 4MB에서 100MB로 첨부용량을 3MB에서 10MB로 대폭 상향조정하였다. 야후는 1년 전 고객으로부터 추가 저장용량에 대한 사용료를 받기 시작했는데 100MB를 사용하려면 매년 60달러의 비용을 지불해야만 했다.

이에 늦을새라 MSN도 2004년 7월 초부터 핫메일 무료 저장공간과 첨부용량 제한을 기존의 2MB에서 각각 250MB(야후의 2.5배 12만 5천 건의 순 문자식 전자메일에 해당함)와 10MB로 조정하였다. 유료 서비스(1년에 19.95달러)는 기존의 10MB에서 2GB로 첨부용량 제한은 20MB로 했다.

이 두 경쟁업체는 매우 빠르게 반격했으나 구글의 도전을 와해시키고 지메일의 파격적인 공세를 제어하기에는 역부족이었다. 그 외의 인터넷 서비스업체 ISPs와 이메일 제공업체 역시 연이어 그 뒤를 따랐다. 야후의 브래드 갈링하우스(Brad Garlinghouse) 부사장은 다음과 같이 말했다.

"우리는 저장용량이 더 이상 화젯거리가 되지 않기를 바랍니다."

MS의 대변인은 회사가 핫메일 기능을 강화할 것이라면서 이는 저장용량이 더 이상 이야깃거리가 되지 않을 것임을 증명해 보이기 위한 것이라고 했다. MS의 MSN 온라인 사업부 브레이크 일빙(Blake Iving) 부사장은 "이메일 저장용량이 사람들의 관심을 받게 된 상황에서 MS는 경쟁업체가 더 큰 저장용량으로 우위를 확보하길 원하지 않습니다"라고 했다.

무료 이메일서비스 대전(大戰)을 통해 사람들은 기억장치의 저장용량을 확장하는 데 높지 않은 원가가 소요된다는 사실과 업체들이 고객을 향한 포털 및 검색서비스 경쟁이 광고 및 기타 서비스를 통한 매출증대의 목적으로 이루어졌음을 확실히 알게 되었다. 따라서 그들이 고객을 자신의 사이트에 머물게 하기 위해 어쩔 수 없이 개인 저장용량을 높일 수밖에 없었던 '선행'은 이미 예상된 일이었다고 할 수 있다. 구글이 인터넷업계에 장만해 놓은 새 면도칼에 다른 업체들은 면도날을 사다 나르기에 바쁜 것 같은 우스운 장면이 연출되었다.

이메일 제공업체에 있어서 무료 이메일은 끈끈이풀과 같아서 인터넷 서핑족들을 '붙들어 두는' 역할을 한다. 일단 사용자가 이메일 계정을 개설하면 쉽게 그 사이트를 떠나지 않게 되는 경향이 있기 때문이다. 소비자와의 전체적인 관계에서 볼 때 이메일 계정의 수가 늘어난다는 것은 광고를 읽는 독자의 수가 늘어나게 되는 것과 다름이 없다. 따라서 무료 이메일은 인터넷 사용자의 유동성을 높여주며 광고주를 끌어들이고 이로써 매출을 높여줄 중요한 도구가 되고 있다.

총체적으로 말해 이메일 사용자를 유치하고 유지시켜야만 검색 등 기타 서비스를 제공할 좋은 기회를 갖게 된다. 인터넷족의 마음을 사

로잡기 위해서는 검색은 매우 중요하고 강력한 무기로 삼아 후일의
서비스 대전에 임해야 하기 때문이다. 그러나 검색에 비해 포털사이
트의 입장에서는 인터넷 서핑족을 유치해야 할 더 큰 필요가 있는데
이메일이 더 중요한 무기의 역할을 할 것이라고 보았다.

공격과 수비의 병행전략

구글이 무료 이메일서비스를 출시하기로 발표했을 즈음부터 야후
와 MS로의 공격이 한층 격렬한 양상을 보이기 시작했다. 야후와 MS
는 모두 무료 이메일서비스를 제공하여 견고한 사용자 층을 확보해
놓았다. 그들은 이를 바탕으로 혼신의 힘을 다해, 난공불락 검색영역
을 공격하려는 시도를 했다.

사면이 적으로 둘러싸여 있던 구글은 적들이 전혀 상상치 못했던
무기로 반격을 개시했다. 모두들 검색 대전에 대한 대응책 마련에 고
민하고 있을 때 구글은 전혀 새로운 2차 전략노선인 이메일을 들고
나와 업계 관심사를 이메일서비스로 유도했다. 가히 구글은 업계 관
심사의 흐름을 주도하는 큰 물줄기였다. 인터넷 메일서비스를 출시
하는 것은 향후 강적의 공습을 예방하는 일종의 수비전략이자 공격용
무기로 나아가 공격하고 후퇴하며 수비하는 천상의 전략이었다. 인
터넷 메일 시장을 석권하기 위한 구글의 공습은 기존의 포털업체들에
게 있어서 최악의 소식이었다.

구글의 새로운 서비스의 초기 타입을 살펴보면 표면적으로 그 목표
가 핫메일과 야후 메일의 시장적 지위를 찬탈하려는 것처럼 보인다.

그러나 실제로 지메일서비스에는 이보다 깊은 전략적 의의가 함축되어 있었다.

우선 검색 기능이 추가된 이메일 응용방식은 '정보 편집'을 핵심 업무로 하는 구글의 전략이 자연스럽게 연장된 것이다. 구글이 지메일에 적용한 기술경영 방식은 검색이라는 본업과도 유사했다.

지메일을 시범적으로 사용해 본 한 사용자는 지메일 구성이 역시나 간단하고 속도가 빨라 사람들로 하여금 검색엔진을 떠올리게 한다고 했다. 기타 사이트의 이메일서비스는 메일함에 들어가 하나의 메일을 클릭할 때마다 번쩍이는 플래시 광고로 주의력이 분산되는 경우가 많다. 이에 비해 지메일의 화면은 깔끔한 구성으로 흰색 여백을 남겨두고 문자식 광고를 추가하였을 뿐이었다.

강력한 검색기능과 시설을 갖춘 지메일은 사용자가 단어, 날짜, 발신인 등의 다양한 데이터 양식으로 메일 검색을 할 수 있도록 했을 뿐 아니라 지메일 수신함에서 전체 인터넷 사이트를 검색할 수 있도록 배려했다. 야후 메일과 핫메일에서는 특정 메일을 검색할 수 있는 기능이 비교적 약해서 제목과 발신인만이 보여진다. 그들은 구글이 그의 유명한 검색엔진을 이용해서 빠르게 정보의 핵심어를 검색해 내는 것과 같은 능력이 없었다.

환상적인 속도를 자랑하는 구글 검색엔진의 성능은 지메일에서 유감없이 발휘되었다. 〈서치엔진워치〉의 편집장이자 검색계의 대부인 대니 설리반은 지메일의 가장 큰 장점은 이메일 정보를 검색해 내는 속도라고 하면서 이는 야후 메일을 훨씬 앞선다고 했다. 핫메일은 더욱 뒤떨어진다. 지메일 내에서의 모든 조작, 즉 메일 선택, 다운로드, 전송 등의 속도는 기타 사이트에 비할 수 없을 만큼 짧은 시간에 이루어졌다.

　지메일은 전혀 새로운 방식을 통해 이메일을 저장하고 정리하도록 설계되었다. 아직 시험 단계에 있는 지메일서비스는 검색기술을 통한 자동화 정리 및 정보 검색을 통해 사용자가 더 이상 폴더식 관리시스템을 필요로 하지 않도록 했다. 검색어를 입력하면 지메일은 메일함에서 사용자가 주고받았던 정보를 검색해 검색어와 관련된 이메일을 나열해 낸다.

　지메일 초대형 용량은 사용자가 인터넷상에서 받은 각 이메일을 영원히 보관하는 것을 가능하게 했다. 구글과 같은 검색엔진에게 이렇게 거대한 자료를 저장하는 것은 가능한 일이었다. 또한 효율적인 지메일의 메일 검색방법은 모든 이메일 시스템이 적용하고 있는 단순한 문자식 검색도구와는 전혀 다른 차원이었다.

업무영역 확장, 그 화려한 서막

　구글의 첫번째 직원이었던 크레이그 실버스타인(Craig Silverstein)은 CNET News.com의 방문시 구글에는 1만여 대의 컴퓨터가 있으며 이러한 필수적인 기초장비들은 구글의 검색작업에 있어서 없어서는 안 될 중요한 자산들이라고 밝혔다. 그러나 폭발적으로 성장해 가는 인터넷 공간에서 기존의 단순하고 용이한 방식만을 가지고는 대응할 수 없다고 판단한 구글은 이러한 조심 어린 경계심을 마음에 품고 전력질주해 지금과 같은 규모로 성장하였다.

　실버스타인은 구글의 수많은 기술이 일반적인 업무에서 더욱 많은 정보를 사람들에게 제공해 준다는 사실을 발견하였다고 지적했다. 지메일은 이를 뒷받침해 주는 훌륭한 예라면서 그는 다음과 같이 말했다.

"이 방면의 정보량은 아마도 인터넷과 맞먹을 정도로 큽니다. 우리는 전문기술지식을 가지고 이러한 일을 가능케 하였습니다."

국제데이터회사(IDC)의 애널리스트인 조나단 거우(Jonathan Gaw)는 "구글이 이렇게 폭넓은 방식으로 검색영역을 다양화시키는 것을 보면 그들은 이메일 외에도 어떠한 종류의 인터넷 서비스라도 제공할 수 있는 가능성과 의도를 갖고 있는 것 같습니다"라고 말했다.

업계 내 분석가들은 보편적으로 지메일은 구글의 업무영역 확장을 알리는 서막에 불과하다고 판단하고 있다. 구글은 지메일과 같은 기술혁신 제품으로 야후나 MS 등의 경쟁상대들을 우롱하였다. 구글의 전략은 결코 사용자들을 그의 웹사이트에 유치하기 위해 무료 이메일 계정을 신청하도록 하는 데 머무르지 않는다.

지메일은 구글의 검색업무에서 새로운 장을 열어 주었다. 구글의 사용자는 클릭 한번으로 인터넷과 메일 저장함 속에서 검색정보를 끌어 올 수 있게 되었고 머지 않아 구글은 이러한 메일들의 속성, 즉 발신주소 및 성별 등의 자료를 기준으로 개인별 맞춤형 검색이 실현될 수 있게 할 계획이다. 이를 통해 구글은 야후 등 포털사이트에 대항할 수 있는 실력을 갖추게 된다. 창립자인 페이지는 "검색에 관해서라면 구글은 더욱 많은 정보를 갖고 있으며 그 효과도 탁월합니다"라고 했다.

지메일을 비롯하여 더 일찍 출시된 구글뉴스 서비스, 그리고 가격 비교 쇼핑이 가능한 프루글에서 우리는 구글의 업무영역이 크게 변하였으며 그 양상은 순수한 검색에서부터 포털사이트 식의 서비스로 서서히 옮겨 가고 있음을 알 수 있다.

만약 구글이 이메일과 기타 인터넷서비스를 종합적으로 제공하는 포털사이트를 세운다면 구글은 브랜드 지명도 덕에 더 많은 고객을 유치할 수 있을지도 모른다.

새로운 수입원

— "광고수입만으로 이러한 무기한 무료 이메일서비스를 감당하려는 것은 어리석은 선택입니다. 1GB의 정보량은 엄청난 것이지요. 엄청난 비용이 들 것입니다."

스테이타 랩스(Stata Labs)의 창립자 레이미 스테이타(Raymie Stata)

그렇다. 구글이 구상한 목표는 광고수입만으로 무료 이메일서비스를 유지한다는 전략이다. 또한 사용자는 메일을 확인함과 동시에 광고도 보게 될 것인데 이러한 광고는 메일의 내용과 연관성을 갖는다. 지메일의 광고는 이메일과 관련된 핵심어를 자동으로 스캔하여 이메일 내용을 컴퓨터로 분석한 다음 메일과 관련된 문자 광고를 게재한다는 원리이다. 이런 원리를 통해 생긴 광고수입은 1GB의 무료 저장공간 생성을 위해 지원된다.

따라서 만약 친구가 플로리다에서 보냈던 휴가에 관해 메일을 보낸다면 당신은 메일 우측 스폰서링크에서 '해변가에서 휴가를' 이라는 광고문구를 보게 될지도 모른다. 어머니로부터 온 메일에 그녀가 디지털카메라를 한 대 구입했다는 내용이 언급되어 있다면 카메라 관련 광고가 주변에 크게 게재된다. 모 소프트웨어 회사가 당신에게 메일을 한 통 보낸다면 기타 회사의 광고도 동시에 나타난다. 메일 내용에 누구 때문에 마음이 저리고 아파 열이 난다는 식의 내용이 언급되면 어쩌면 급수기 광고가 등장하게 될지도 모를 일이다. 어떤 사람이 보낸 메일에 모 영화에 관한 내용이 담겨 있다면 메일함 주변에는 영화관, 영화 상영표로 연결되는 링크가 표시되어 있는 작은 박스가 뜨게 된다. 아버지와 골프에 관한 내용을 메일로 주고받는다면 유명한 골프 상표인 타이틀리스트(Titlist)의 골프볼 광고가 메일 하단에 나타난다.

구글의 기술시스템은 원래 인터넷상의 웹사이트를 다운로드받는 데서 기인했다. 그러나 현재는 이에서 한 발 더 나아가 인터넷 메일의 내용을 분석하여 이를 데이터화하여 메일 문맥에 맞는 광고를 같이 게재하는 수준에까지 이르렀다.

이는 야후가 야후 매치(Yahoo Match)광고를 모든 메일에 실어보내는 것이나 핫메일을 이용하여 〈잉글리쉬타이드(The Englishtide)〉를 구독하던 시절 주변에 적나라한 비키니 수영복을 입은 여자모델이 등장하는 광고와는 성질이 달랐다. 창의적이고 현상을 개선하려 애쓰는 모습이 역시나 구글의 전형이었다.

비록 이메일서비스가 고객으로부터 크게 환영받고 있지만 광고주는 메일코너에 실을 광고란을 구입하고 싶지 않았다. 왜냐하면 이메일 사용자는 메일의 내용을 집중하여 읽기 때문에 메일 외의 광고에 마음을 분산시키기 어려울 것이라는 판단에서였다.

그러나 구글은 이 영역에서 수익이 발생할 것을 기대하였다. 그것

은 지메일의 광고가 해당 메일과 밀접한 연관성을 갖기 때문에 광고
주에게는 더욱 가치가 있다고 보았다.

　광고주가 구글의 검색결과 페이지에 사용자가 입력한 검색어와 관
련된 광고를 게재하는 방식을 통해 구글은 1년에 9억 달러가 넘는 수
익을 거뒀다. '애드워즈(AdWords)'라 불리는 이 방법은 큰 환영을 받
아 2003년 구글은 이를 일반 웹사이트도 관련된 광고를 링크할 수 있
도록 했다.

　현재 인터넷 광고 시장이 부단히 성장하는 상황에서 구글의 업무팀
은 대담한 기술 사고 혁신의 기질을 발휘하여 광고 서비스의 적용영
역을 확대시켰다. 즉, 인터넷 검색이라는 구 영역에서부터 인기도와
실용성 측면에서 1위인 전자메일 영역에까지 말이다.

사생활 침해

　검색이 가능한 이메일이 수십억 통에 달해서 구글은 그의 광고네트
워크의 규모와 수익을 크게 증대시킬 수 있었다. 고객의 이메일을 문
서형식으로 저장하고 고객이 어떤 메일을 열어보는지 관찰함과 동시
에 삭제된 메일이 잘 폐기되도록 했다.

　이메일의 발신인이 지메일의 사용자가 아니어도 광고는 지메일 사
용자의 메일상에 등장한다. 구글의 계획은 개인정보 보호 행동단체
로부터 비난을 받았는데 이는 구글이 이메일의 내용에 근거해 사용자
에게 타깃 광고(Targeted Ads)를 하려 했기 때문이다. 개인정보 보호
단체의 한 인사는 한 개인의 메일을 스캔한다는 것은 있을 수 없는 일이

며 게다가 달갑지 않은 광고까지 게재한다고 하니 이는 구글이 오래토록 견지해 온 '악해지지 말자'라는 기업이념에도 어긋나는 행동이라고 비난했다.

평소 적도 없고 천진난만해 보이기만 했던 나이어린 구글은 지메일 사건으로 인해 돌연 28개의 개인정보 소비자 보호단체로부터 항의를 받고 각종 신문매체의 비난성 보도에 직면해야 했다. 창립자인 브린 역시 사태 수습에 나서 보도매체에 구글의 본의를 전했다. 오랫동안 소비자의 사랑을 독차지해 왔던 구글이 이전에는 당해보지 못했던 어려운 상황에 내몰렸다.

지메일의 자동화된 광고 생성시스템은 자체적인 통제를 받게 되는데 이는 마치 TV 광고 검열제도처럼 어떤 이메일이 광고를 게재하기에 적합한가 적합하지 않은지를 결정한다. 예를 들어 이메일의 내용에 성적인 내용이 포함되어 있거나 총기류 마약류 및 기타 적합성 기준에 어긋나는 문자가 언급되어 있다면 광고를 게재하지 않는다. 지메일에서는 사교 사이트나 물총광고도 실을 수 없다.

광고주의 제품에 대한 욕설이나 훼방성 어휘 주변에는 광고를 게재하지 않는 방안을 시도하기도 했다. 이에 따라 새로 산 디지털카메라가 불만스럽다면 메일 수신자는 더 이상 카메라 광고를 메일에서 볼 수 없게 된다.

브린과 페이지처럼 스탠포드대학의 박사과정을 포기한 실버스타인은 구글의 사명은 더욱 다양한 정보를 제공하는 것이라고 했다. 지메일은 확실히 개인정보를 검색하려 했다. 이는 구글이 이 영역 내에서 최초로 한 대규모 시험이었다.

구글은 5월에 IPO 설명서를 수정하면서 개인정보 보호와 관련하여 구글에게 집중되고 있는 의혹을 향후 기업에 영향을 미칠 리스크 요인에 포함시켰다. 그는 "우리는 개인정보 혹은 기타 사적인 비밀자료를 검색하고 공유합니다. 설사 전혀 근거없는 우려가 발생하여도 그것은 우리의 명예와 운영성과를 손상시킬 수도 있습니다"라고 밝혔다.

수정 후 IPO 설명서상의 '세상을 더욱 아름답게 만들자'라는 문구에는 지메일로 인해 야기된 개인정보 보호 문제와 관련 쟁의들이 언급되었다.

"일부 고객들이 개인정보 보호에 대해 우려를 갖고 있다는 것을 우리는 잘 알고 있습니다. 이러한 우려의 대상물은 지메일의 타깃형 광고이며 이는 또한 구글의 이미지에 부정적 영향을 끼칠 수도 있습니다. 그러나 우리는 지메일이 개개인의 개인정보를 보호할 것이라고 믿습니다. 또한 무료로 제공되는 이메일의 이 같은 기술은 디지털 분류(Digital Divide) 시스템 개선에도 기여를 할 것입니다."

의외의 기회

사생활 침해라는 문제가 생기기는 했지만 지메일은 광고효과 없이 마치 바이러스처럼 퍼져 나가기 시작했다. 이 과정에서 시범적인 운영이 있었기에 지메일 계정은 한정수량이 우선적으로 배부되었으며 소위 히트상품이 되었다. 계정보유자에게는 수익을 확보할 수 있는 상업적 기회가 생겼다.

바로 인터넷업계에서 전혀 새로운 '계정거래'라는 현상이 등장했기 때문이다. 지메일 계정을 갖기를 원하는 사람은 돈이나 여행티켓 혹은 기타 각종 선물을 대가로 다른 사람의 계정 초청장과 교환하고 싶어했다.

2004년 5월 구글은 수천 개의 시험용 지메일 계정을 제공했다. 테스트 메일을 사용해 보고 싶다면 초청을 받아야 했다. 지메일 계정을 가지고 있는 사람은 친구를 초청하여 지메일을 사용하도록 할 수 있다. 이렇게 수량이 한정되어 있는 초청장을 얻기 위해 사람들은 각양각색의 물건, 예를 들면 일체의 경비가 포함된 2박 3일 여행티켓이나 샌프란시스코의 엽서 등을 교환의 대가로 제시했다.

〈뉴욕포스트(NewYork Post)〉지는 한 지메일 계정보유자는 '무료 아이스크림 혹은 식품교환권 혹은 콘서트 DVD'를 요구하였으며 또 다른 사용자는 '현지 동물보호단체에 300달러를 기부하도록 요청'하기도 했다라고 보도했다. 지메일 계정은 영국 이베이 사이트에서 최고 75파운드에 거래되기도 했으며 미국에서는 2~5달러면 살 수 있었다. 전혀 새로운 거래사이트가 적지 않게 생겨났고 사람들은 그곳에서 작은 물건들과 계정을 교환하였다.

영국 〈선데이 헤럴드(Sunday Herald)〉지는 지메일 계정을 얻고자 하는 당시 분위기를 다음과 같이 보도했다.

'22세의 씬 마이클스(Sean Micheals)는 그의 친구가 지메일 테스트 계정을 얻지 못했다는 소리를 듣고 마음이 좋지 않았다. 그는 이베이 등의 사이트에서 지메일 계정을 사는 것도 마음에 들지 않는 방법이었다. 그래서 그는 구글과 같은 사고로 돌아가서 사람들을 기쁘게 할 수 있는 특이한 일이 무엇일까 하는 생각을 하게 되었고 결국 캐나다에 지메일 거래 사이트인 지메일스왑(gmailswap.com)을 개설하여 사람들이 그곳에서 지메일을 거래할 수 있도록 했다.

그는 인터넷을 하는 사람들이 이 물건을 교환할 때 창의력을 최대한 발휘하여 재미있는 일을 만들도록 유도했다. 그는 사람들이 서로 매우 진실되고 선량하다는 사실도 발견했다. 6월 말, 매일 2만 명의 신규 회원이 '지메일 교환사이트'를 방문했고 총 방문객 수는 50만 명에 달했다. 그는 그간의 거래에서 가장 기억에 남는 재미있는 사례는 이스탄불에 사는 사람이 카펫 사진을 보내오면서 말하기를 터키에서 카펫을 하나 보낼 테니 자신이 지메일을 가질 수 있도록 초청해 달라고 한 것이었다.'

지메일 사용에 급한 사람들은 지메일 교환 사이트와 같은 곳에 가서 운에 맡기기도 했다. 지메일의 사용자는 그들이 아직 사용하지 않은 초청서를 '모종의 정당한 물건'으로 교환했다. 그 모종의 물건에는 '순수한 감사의 표현'도 있었고 초콜릿 과자, 섹시 이미지, 심지어 남자친구까지 포함되어 있었다.

어떤 사람은 인기가 급증한 온라인 분류형 광고 사이트 '크레익스리스트(Craigslist.com)'에 지메일 테스트용 초청서를 현상 수배하기도 했다.

구글은 2004년 말 전에 모든 사람에게 지메일을 사용하도록 개방한다고 발표했는데 대변인 데비 프로스트(Debbie Frost)는 다음과 같이 말했다.

"지메일이 구글서비스에는 금상첨화 격의 제품임엔 분명하지만 다른 모든 제품들과 마찬가지로 시범운영 기간을 가지게 될 것입니다. 머지않아 전체가 개방될 터이니 걱정하지 마십시오."

오르컷(Orkut) 인맥을 넓혀라!

검색엔진 영역에서 이미 패왕의 위치에 오른 구글은 현재에 만족하지 않고 상당히 인기 있는 네티즌 교류 사이트 영역에도 뛰어들어 이 영역의 선봉이라 할 수 있는 사이트인 프렌드스터(friendster)에 도전장을 내밀었다.

2004년 1월 22일 구글은 네티즌 교류 사이트인 오르컷(Orkut 홈페이지는 www.orkut.com)을 출시하여 또 다른 인터넷 영역에 손을 뻗쳤다. 사용자는 이 사이트를 통해 인터넷에서 친구를 사귀거나 대화를 나누고 이상적인 대상을 찾을 수도 있다.

구글은 인터넷 사용자의 필요를 파악하여 지속적으로 신제품을 출시하였는데 이는 가격비교 쇼핑몰과 구글뉴스 외에도 오르컷 사이트 등이 있었다. 이를 통해 검색에만 머무르지 않을 야심을 보여 주었다.

사용자는 오르컷을 통해 친구, 그리고 친구의 친구를 사귈 수 있었다. 그 목표는 '사회 생활의 전체적 만족도를 높이기 위해서'이다. 그는 캘리포니아 서니베일(Sunnyvale)의 인기있는 소셜 네트워킹사이트인 프렌드스터(friendster)와 비슷했으나 더 많은 기능이 추가되었다.

꽤 괜찮은 인터넷 사귐

최근 가장 유명한 인터넷 응용 소재 중 하나인 '소셜 네트워킹사이트(Social-networking sites)'는 '6인 구조 인맥(six degree of separation)’의 이론에 근거해 발전한 것이다. 이는 미국의 유명 극작가인 존 구아레(John Guare)가 〈여섯 사람 건너(Six Degree of Seperation)〉라는 희곡을 통해 이름 지은 개념이기도 하다. 그것은 지구상의 어떤 사람도 특정 사람과의 관계를 증명할 때 여섯 명만 건너면 일정한 연관성이 존재한다는 이론이다. 미국의 대통령과 베니스의 선주, 열대우림에 사는 토인이나 남미 화산섬에 사는 주민이나 에스키모인이라도 말이다. 나와 지구상의 어떤 사람도 여섯 사람만 거치면 모두 아는 사이가 된다.

이는 임의의 두 사람 간에는 모두 무형의 연결점이 있어 그들을 하나로 엮어 준다는 뜻이기도 하다. 이 선은 최대 6단계로 이루어지는데 이 여섯 단계만 거치면 당신은 지구상의 어떠한 사람과의 사이에서도 연관성을 찾을 수 있다. 예를 들면 몇 번만 악수를 하면 미국 대통령 부시와도 관련된 사람임을 알게 된다. 아프리카의 원주민이나 에스키모인이나 당신의 친구 혹은 기타의 관계를 연결시키다 보면 모두 일정한 6층의 관계영역 안에 존재한다는 사실을 알게 된다. 얼마나 세상이 좁은가?

한 사람이 모 인터넷 인맥 사이트에 가입한 후, 그 혹은 그녀가 자신의 친구들을 초청하여 가입시키고 그 친구들이 또다시 다른 친구들을 가입시킨다. 이렇게 하면 아주 빠르게 친구 네트워크가 형성되게 되는 데 맞은편 집의 이웃에서부터 전국 혹은 전세계 사람들이 다 연결될 수가 있다.

오래지 않아 이를 통해 알게 된 친구나 만남의 대상들은 눈덩이처럼 불어나게 되어 수천 명, 심지어 수만 명에까지 이르게 된다. 일반적인 인맥 사이트는 사용자가 알고 있는 기타 사람들을 소개하지만 상호간에 모르는 사이라면 무슨 관계가 존재하는지 알리지 않는다. 그러나 소셜 네트워킹사이트는 사용자가 공통된 친구권을 통해 알게 한다. 사용자는 직접적으로 인맥사이트의 기타 가입자에게 정보를 발송하거나 친구에게 중간에서 소개해 주기를 요청할 수 있다. 이렇게 하면 인터넷에서 안전하게 교제를 즐길 수 있게 되고 각 층의 친구들 간에 '신뢰'라는 요소가 생기게 된다.

따라서 소셜 네트워킹사이드는 한편으로는 교제권의 무한성이라는 특징을 가지기도 하지만 또 다른 한편으로는 모종의 배타성을 지녀 모르는 사이면 교제권 안에 들어 올 수 없게 된다. 사람들은 이러한 확장적이고 배타적이기도 하지만 신뢰할 만한 교제권 안에서 우정이라는 의미를 다시 한번 발견하게 되는 셈이다.

이러한 방식을 통해 당신이 알지 못했던 여자 아이를 만나는 데 성공할 확률은 비교적 높다. 당신은 이메일을 그녀에게 보낼 수도 있고 그녀의 모 친구의 친구라고 소개할 수도 있다. 이러한 이메일을 받은 여자 아이로부터 회신을 받을 확률도 높은 데 그 이유는 '만약 당신이 내 어떤 친구의 친구라면 나쁜 사람일 가능성은 적기' 때문이다. 일종의 교제라인으로써 이는 '뉴스 검색'의 효과를 가지고 있음이 분명하다.

소셜 네트워킹사이트의 용도와 기능은 당연히 '사랑'을 찾는 데에 국한되지 않는다. 영업사원에게는 판매라인 구축을 위한 좋은 지도가 될 것인데 그것은 한 사람만 물건을 사도 인맥을 통해 그 제품의 효과를 선전하기에 유리하기 때문이다. 예를 들면 모 영업사원이 친구로부터 모 회사가 모 지역에서 모 제품 혹은 서비스를 구입하려 한다는 소식을 접한다면 이때 그는 소셜 네트워킹사이트를 통해 그 회사의 이름을 알아내고 거기에 친구가 있는지 없는지 확인하는데 이렇게 되면 정보를 빨리 밝혀 낼 수 있게 되고 도움을 청할 루트를 확인할 수 있게 된다. 오래지 않아 TV 스크린을 통해 관련자 리스트를 확인할 수 있게 될지도 모르며 리스트 배열 순위는 당신의 목적에 가장 '도움이 될 만한' 사람의 순위로 결정될 것이다. 그 회사에서 친구를 찾지 못하더라도 인터넷 인맥사이트에서는 적어도 당신에게 그 회사에 대한 배경자료는 제공해 준다.

이러한 사이트는 사용자가 사교 및 전문적인 인맥 네트워크를 창조하고 구축해 이용할 수 있게 도와 일생생활 가운데서 형성된 인맥에 비해 훨씬 폭넓은 인맥을 형성하게 해준다. 당신은 인터넷으로 구축한 층층의 인맥을 통해 일자리나 직원을 찾을 수 있고 고객이나 사업 파트너를 알아 볼 수도 있다. 또한 만남의 대상이나 이야기를 나눌 친구, 같이 조깅할 친구, 정치적 성향이 비슷한 친구, 사업 개척을 위한 루트, 사업상의 귀빈을 찾을 수도 있다. 심지어 인터넷 친구의 도움으로 기거할 아파트를 구할 수도 있다. 이러한 모든 것이 '검색'을 위한 것으로 이것이 바로 구글의 가장 훌륭한 기술이 아니겠는가?

사지 못하면 그를 초월해라

프렌드스터(Friendster)는 최초로 소셜 네트워킹사이트의 장을 열었다. 2003년 3월 시작된 이 사이트의 목적은 온라인상에서 친구를 사귈 때의 모호함을 없애기 위한 것이다. 즉, '여러 발 총을 발사해서 우연히 새 한 마리를 맞추는 것'이나 '상대에 대해 잘 알지 못하는 불편함'을 제거하는 것이다. 이러한 간단한 개념은 놀랍게도 폭넓은 반응을 일으켰고 강력한 입소문을 타 4개월이라는 빠른 기간 안에 사용자가 100만 명을 넘어섰다. 1년이 안 되어 회원이 5백만 명을 넘는 기염을 토해 2003년 인구에 회자된 인터넷 최대의 사건 중 하나로, 유명 온라인 교제 사이트가 되었다.

이 사이트의 개설과 동시에 비슷한 유형의 사이트가 우후죽순 생기기 시작했는데 여기에는 MS와 같은 중형급 경쟁업체도 포함되어 소셜 네트워킹사이트 영역에서 선점하기를 원했다. MS는 2003년 월롭(Wallop.com)을 출시했다. MS는 광고수입이나 회원료 수입의 지원으로 홍미가 같은 사람을 맺어 주는 교량 역할을 했다.

소문에는 2003년 가을, 구글이 3,000만 달러의 현금으로 규모가 최대인 이 교제사이트를 인수하려고 했으나 그해 10월 협상이 결렬되었다고 했다. 구글은 오르컷을 출시한 후 프렌드스터와의 경쟁국면을 맞게 되는 데 구글은 거부를 당한 지 3개월 만에 프렌드스터보다 더욱 나은 제품을 자체적으로 개발하기로 계획을 세웠다.

자체적으로 오르컷을 출시한 것이 구글이 정말로 프렌드스터를 원했던 것을 뜻하는 것일까? 인수하지 못해서 별도로 방책을 강구한 것이 아닌가? 프렌드스터를 모방하여 오르컷이라는 인맥사이트를 개발한 것이 구글이 검색기술을 소셜 네트워킹 영역에 적용하려는 의도가 아닌가? 구글은 관련된 소문에 대해 일체의 입장을 밝히지 않고 단지 소셜 네트워킹사이트에 관심을 가지고 있다는 의사만 밝혔는데 오르컷의 출시일이 공교롭게도 소문이 왕성했던 시기와 들어맞았다.

그러나 구글은 적극적으로 구글과 오르컷 간의 관계를 희미하게 인식시키려 애썼다. 오르컷은 구글 실험실에도 포함시키지 않고 독립사이트 체제로 운영했다. 구글의 대변인인 에일린 로드리게즈(Eileen Rodriguez)는 2004년 1월 오르컷서비스는 구글의 소프트웨어 엔지니어인 오르컷 바여콕텐(Orkut Buyukkokten)이 다른 엔지니어와 공동으로 개발해 낸 기술이며 현재 베타 버전 단계에 있다고 했다.

그녀는 바요콕텐이 소셜 네트워킹 영역에 관심이 있어 몇 개월 전부터 20% 개인프로젝트 시간을 통해 스스로 개발해 낸 서비스라고 했다. 그녀는 또한 "오르컷의 정신은 엔지니어가 구글에서 부여해 준 20%의 개인 프로젝트 시간을 통해 어떠한 일도 해 낼 수 있다는 사실을 증명해 준다"라고 했다.

오르컷 용의 서버는 구글의 것이 아니며 바요콕텐과 공동 연구자의 소유이다. 오르컷은 수많은 방면에서 그의 모체와 다르다. 예를 들면 간결하고 독창적인 구글의 스타일을 따르지 않는 부분이다.

그러나 둘 간에는 명확한 연관성이 존재한다. 오르컷의 각 페이지에서는 오르컷이 '구글과 제휴' 되어 있다고 표시되어 있다. 로드리게즈는 둘은 제휴관계를 맺고 있으나 오르컷은 구글의 제품 조합 중 정식 일원이 아니라며 다음과 같이 말했다.

"우리는 검색 제품을 개척할 기회를 모색하고 있으나 현재 소셜 네트워킹 영역에 대해서는 구체적인 계획을 수립하지 않고 있습니다."

또 다른 대변인 데이비드 크레인(David Krane)은 "우리는 전혀 생각이 없습니다. 단지 이 일을 관찰할 수는 있습니다. 사람들의 반응을 살핀 후 다시 고려해 볼 것입니다"라고 했다.

총체적으로 말해 모 회사는 이 서비스가 성공하리라고 낙관하고 있으나 '방목'하는 태도를 견지할 것이라는 뜻이다. 또한 그를 발전시키기 위한 적극적인 방안을 준비해 놓지는 않았다는 뜻이기도 하다.

그러나 로드리게즈는 직원의 근무시간을 이용해 제작해 낸 어떠한 기술도 구글의 소유가 된다는 뜻을 밝혔다. 이는 오르컷이 구글의 전폭적인 지지를 받고 있다는 것과 현재로써는 단지 주변프로젝트의 성질을 지닌 것뿐이라는 뜻이다.

가깝고도 먼 관계이지만 수많은 매체가 오르컷은 구글 산하에 속해 있다고 입을 모아 고집스럽게 말한다. 산호세의 〈머큐리〉지는 '이번에 출시된 신규 온라인 소셜 네트워킹사이트는 캘리포니아 마운틴 뷰(Mountain view City)의 검색엔진회사가 팔을 걷어붙이고 대담하게 참여한 인터넷서비스 가운데 하나이다'라고 보도했다. 〈워싱턴포스트〉지는 2004년 1월 25일 '구글은 인터넷 소셜 네트워킹 영역에 구글의 혹은 구글의 한 직원이 발을 담갔다'라고 했다. CNET News.com은 '오르컷의 출시는 검색으로만 만족할 수 없다는 구글의 포부를 가장 극명하게 보여주는 신호탄이다'라고 보도했다.

비(非) 검색 영역에의 도전

— 조용히 인터넷 시장에 떠오른 샛별 오르컷은 사이트 개발자인 바요콕텐의 이름을 따 지었다. 바요콕텐은 〈월스트리트저널〉에 "이 사이트는 실험적 성질의 서비스입니다. 저는 휴가를 이용해 계속해서 이를 운영할 것입니다"라고 말해 그가 아직 이 사이트에 100% 주력하지 못하고 있음을 알렸다.

28세의 컴퓨터공학도인 바요콕텐은 구글에서 사용자 인터페이스 설계부문을 담당했다. 구글에 들어오기 전에는 스탠포드대학의 박사반 학생이었다. 1999년 '웹페이지의 지리적 위치 탐사(Exploting Geographical Location of Web Pages)'라는 제목의 공동논문을 발표했었다.

바요콕텐은 아주 오랫동안 온라인 소셜 엔지니어링과 유사한 프로젝트의 기술적 진전에 관심을 가지고 있었다. 스탠포드 시절에 이미 가상의 소셜 네트워킹사이트를 개설하기도 했는데 하나는 클럽 넥서스(Clubnexus)이고 나머지는 인서클(Incicle)로 교내에서 학생들의 커뮤니티 역할을 하였다.

오르컷이라는 새로운 소셜 네트워킹사이트는 프렌드스터와 마찬가지로 사용자(기존 회원)에게 초청을 받아야만 가입하고 개인정보를 등록할 수 있었다. 오르컷 사이트에 들어가면 '아직 회원이 아니세요? 지금 가입하세요'라는 문구가 나오는 데 이를 클릭하면 '오르컷의 회원의 초청을 받아야만 가입할 수 있습니다. 만약 당신의 친구가 오르컷의 회원이면 초청해 주길 요청하여 가입하십시오'라는 문구가 다시 한번 등장한다.

'초청'이라는 단계를 거치게 되므로 고객에게 신뢰감을 심어주어 사용자가 이름이나 개인 신상정보를 기입하더라도 안심할 수 있게 된다. 구글은 오르컷이 2004년 1월 22일 수천 통의 초청서를 발송했다고 집계했다. 지메일 시험용 계정과 마찬가지로 구글은 초청이라는 방식을 이용하여 사람과 사람 사이의 '신임'의 요소를 증대시키길 즐겨했다. 지메일처럼 이 사이트에 가입할 수 있는 초청권은 이베이(eBay) 사이트에서 11달러에 경매되기도 했다.

오르컷 회원피라미드의 가장 윗부분을 차지하는 제1기 회원은 구글의 직원과 그의 친구들이다. 그들은 수천 명의 실리콘밸리 기업의

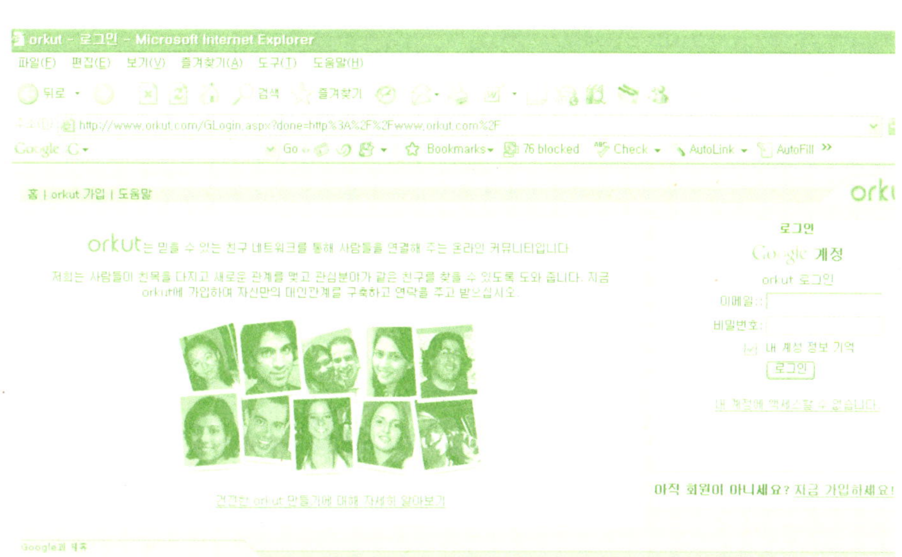

소리없이 등장한 오르컷. 구글과는 가깝고도 먼 관계를 유지했다. 오르컷 화면은 구글처럼 심플하지만은 않았다. (자료 제공: www.orkut.com)

고위층 간부를 초청하였는데 이들이 제2기 회원층을 구성하고 있다. 출시 후 두 번째 날에 구글은 내부메모를 발송하여 구글이 이미 12,000명을 초청해 오르컷에 가입하도록 했다고 밝혔다.

오르컷이 당신의 가입 신청을 접수하면 당신은 당신을 초청한 사람을 비롯하여 그 혹은 그녀의 친구의 개인자료까지 검색할 수 있다. 당신은 '그들의 친구의 친구'의 개인자료와 사진을 검색할 수 있다. '친구 그룹의 층수'는 프렌드스터보다 훨씬 폭넓다고 할 수 있다. 초청을 받은 사람은 아마도 구글의 대변인인 크레인이 좌파성향을 지니고 있다는 사실과 또한 애완동물을 비롯해 다른 한 사람과 같이 먼로파크에서 살고 있다는 사실을 금방 알게 된다. 또한 당신은 구글의 설립자인 페이지의 성격이 '힙합 트렌디 스마트 트렌디'이나 그의 공동 창립자 브린은 단지 '미국인'이라고만 밝혀진 정보를 찾는다.

오르컷의 개인정보 보호정책은 사용자가 기입한 정보 및 오르컷이 수집한 어떠한 비 개인적 정보라도 모두 오르컷의 개인정보 보호정책에 규정된 조항 및 조건에 근거한 것이며 구글과 오르컷의 대리인이 공유하되 사용자의 명백한 동의 없이는 제3자에게 공개하거나 판매의 목적으로 제공할 수 없다고 규정하고 있다.

구글은 오르컷 사용자가 제공한 개인정보를 인터넷 검색의 용도로 사용할 것인지의 여부는 결정되지 않았으며 관련구상도 아직 준비되지 않았다고 했다. 그러나 오르컷이 공유한 회원 정보는 구글과 야후 그리고 이를 뒤쫓는 MS가 각각 보유한 데이터베이스를 기초로 최상의 개인화 네트워크 검색제품을 만들어 낼 때 매우 유익하게 사용될 것이다. 수많은 업계 분석가들이 맞춤형 개인화 검색엔진은 인터넷 시장을 평정할 차세대 동력원이 될 것이라고 했다.

그렇다면 어째서 구글은 한창 인기 절정인 오르컷이 자사의 공식적 사업범위에 포함되는 것을 꺼려하는 것일까? 포레스터리서치 연구소(Forrester Research)의 분석가 찰린 리(Charlene Li)는 〈인터넷 커머스 타임즈(E-Commerce Times)〉와의 인터뷰에서 구글이 소셜 네트워킹 시장에 공식적으로 간여하지 않았으면서도 오르컷에 더 많은 직접적 지원을 제공하는 등 소셜 네트워킹사이트가 일종의 인터넷 현상으로써 수익성 있는 사업인지 아직은 확신할 수 없기 때문이라고 했다.

오르컷은 수익이라는 알을 낳는 사업이 아니어서 광고 수입도 없고 회원 가입비도 없다. 그러나 상황이 발전하면서 소셜 네트워킹사이트가 점차 사람들에게 인식이 되고 상업화 운영의 가능성도 점차 커지고 있었다. 구글은 주 업무인 '검색업무'와 명확한 관련성이 없는 '비주류' 기술이 장기적인 가능성이 있는지 시험해 보길 원했다.

오르컷이 만약 구글의 가족으로 영원히 귀속된다면 이 회사의 경영정책을 대표하던 사명이 방향전환을 하거나 최소한 다양화되었다는 결과가 된다. 소셜 네트워킹사이트의 목표는 구글이 '전세계의 정보를 조직 정리하는' 사명과는 조금 거리가 있기 때문이다.

구글은 원래 사람들이 인터넷의 정보를 쉽게 접할 수 있도록 돕는 것을 목적으로 서비스를 시작하였으나 후에는 결국 사람과 사람을 연결시키는 매개의 역할을 하게 되었다. 이는 곧 그동안 머물러 왔던 정보 검색이라는 영역에서부터 더 큰 범위인 온라인 소셜 군체로 뛰어들어 시장에 구글의 깃발을 꽂기 위해서라는 뜻이다.

2003년 초 그 방향으로 매진하다가 피라실험실(Pyra Labs)과 인터넷 출판사이트인 블로거닷컴(Blogger.com)을 인수할 무렵 구글은 이미 인터넷 소셜 네트워킹 영역에 대한 관심을 충분히 드러낸 셈이다.

구글프린트 세계적 가상 도서관

2004년 10월 초 구글은 세계 최대 규모의 프랑크푸르트 국제도서전에서 새로운 검색기술인 구글프린트 출시 소식을 알리고 출판업체들이 인터넷에서 책을 판매할 수 있도록 협조하겠다고 홍보했다.

2003년 말 구글은 구글프린트 시범서비스를 개시, 서적을 스캔하여 구글의 색인에 포함시켰다. 테스트 계획이 확대된 후에는 '각종 규모'의 출판업체에게 개방하였는데 이에는 500여 종도 출판해 내지 못한 업체에게도 마찬가지였다.

이 프로젝트에 참가하기를 원하는 업체는 인터넷상에서 계약을 체결하고 책을 캘리포니아 구글의 사무실에 발송하면 스캔해서 각 페이지를 디지털 이미지로 저장하고 이를 다시 구글의 검색 색인에 추가시키는 작업을 거치게 된다.

도서의 내용이 검색 색인에 추가되면 구글의 사용자가 특정 주제의 정보나 모 책을 검색하기 위해 모 핵심어나 책 이름을 입력하면 동시에 수십억 페이지의 사이트와 무수한 도서 내용이 검색된다.

구글의 검색엔진은 검색어와 도서의 내용을 대조해 준다. 만약 관련된 도서정보가 있다면 그들은 일반검색 결과 화면에 나열될 것인데 그 내용에는 책 이름, 작가명, 페이지 수 등의 정보가 포함된다.

이러한 새로운 검색도구가 검색해 낸 각각의 책은 사용자가 링크를 클릭하면 '내용 페이지'로 연결되는데 몇 페이지의 어떤 디지털 문자를 살필 것인지 지정하여 자신이 찾고자 하는 정보와 관련이 있는지 여부를 확인할 수 있다.

혹은 서적 내의 기타 주제를 검색하여 구매여부를 결정한다. 인터넷에는 일부 인터넷서적 소매업체의 홈페이지가 링크되어 있는데 소비자가 책을 구매하고자 한다면 이를 클릭한 후 구글은 제3자의 책 판매 사이트로 연결시켜 준다. 이로써 소비자가 쉽게 구입할 수 있도록 돕거나 직접 서적 출판업체로 연결시키기도 한다.

비록 전체 책을 스캔하여 검색색인에 추가시킨다지만 사람들이 책 내용을 다 열람할 수 있는 것은 아니다. 오직 출판사가 허락해 주는 범위 내에서 볼 수 있다.

출판사는 사용자에게 공개할 책의 분량을 정할 수 있다. 표절을 방지하기 위해 저작권이 보호되며 구글 역시 도서검색결과 페이지에 나타나는 인쇄기능이나 복사기능을 없앴다. 구글은 구글프린트의 목적은 사용자들이 서적을 찾는 것을 돕는 것이지 인터넷상에서 한번에 책 한 권을 다 읽게 만드는 것은 아니라고 했다. 최대한 20%까지밖에 열람할 수 없다.

구글은 구글프린트가 출판업체와 '작가'에게 유리하게 작용할 것이라 했는데 그 이유는 인터넷상에서 책을 보급시킬 수 있어 새로운 독자를 만날 수 있는 통로가 마련되기 때문이다. 사용자 역시 특정 작가 도서와 관련된 정보들을 쉽게 찾을 수 있어서 유리하다.

10억 권을 인터넷에서

구글프린트는 처음에는 영문판 서적만을 서비스하였으나 후일 기타 다른 여러 종류의 언어로 된 서적도 저장하기 시작했다. 구글은 마음 속에 큰 포부를 품고 있었고 결국 큰 일을 해내었다. 구글은 최종적으로 10여억 권을 스캔하여 색인에 추가할 수 있었다.

구글프린트에 가입한 출판업체는 책을 스캔하는 비용을 포함하여 그 어떤 비용도 지불할 필요가 없었다. 구글은 검색어와 관련된 타깃형 광고를 통해서만 수익을 냈다. 예를 들면 만약 사용자가 남아공의 케이프타운에서의 휴가에 대한 서적을 검색한다면 검색결과 리스트 우측 스폰서링크에는 휴가시 숙식과 관련된 광고들이 뜨게 된다.

출판업체의 입장에서 더 좋은 소식은 도서판매라는 본업이 성장하는 것 외에도 구글이 그들과 광고수입을 분담할 계획을 가지고 있다는 점이다. 사용자가 서적 검색결과에 나타난 내용과 관련된 광고를 클릭하면 도서 출판업체와 구글이 그 광고수입을 나눠 갖는다. 구글은 구글프린트에 참여하는 출판업체에게 온라인 계좌관리서비스를 제공하여 그들로 하여금 이 영업의 광고수입을 관리케 했다.

구글은 어떠한 도서 판매업체와도 재무 관계를 형성하지 않았다. 그가 검색광고에 의존하는 수입출처는 아마존 인터넷서점 등 기존의 서적 판매사이트와는 달랐다. 고객이 검색결과를 확인한 후 링크된 서점사이트를 클릭한다고 하지만 구글과 그 서점 간에는 아무런 수익 관계가 발생하지 않는다. 다시 말해 구글은 그의 검색엔진을 통해 창출된 판매액에서 수수료를 받지 않는다는 말이다.

브린과 페이지 두 창립자는 구글프린트를 보급시키기 위해 프랑크푸르트 도서전에 특별히 참여했다. 출판업체에게 그의 계획을 설명한 후 구글에게 제공된 도서목록은 구글의 웅대한 계획에 편입되었다. 프랑크푸르트 도서전은 국제도서업계에서 가장 중요한 연중 행사로 출판업계, 작가, 그들의 대변인이 한 곳에 모여 세계 유명 도서의 판권을 거래하는 기회가 되었다.

구글이 IPO를 성공적으로 마무리한 후 업계와 월스트리트는 구글이 다음에는 어떤 신제품을 출시하여 이전의 경영모델(사용자가 입력한 검색어는 관련 광고를 판매한다)에서 벗어나 다원화된 경영구조를 가질 수 있을까 요의 주시했다.

구글은 줄곧 온라인 쇼핑몰에의 진출 기회를 모색하고 있었는데 수익출처를 다변화하여 안정시키기 위해서였다. 구글의 광고 계획 및 제품개발 부문의 주임 수장 워즈치키(Susan Wojcicki)는 도서서비스는 구글의 발전과정에서 자연스럽게 밟게 된 영역이라면서 "우리는 6년 전 창사 이래 줄곧 전세계의 정보를 정리, 재편하는데 주력해 왔습니다. 이는 우리의 사명과 동일한 부분입니다. 우리가 도서정보를 제공한 목적은 바로 검색의 효능을 개선하고 증진시키기 위해서입니다. 우리는 도서류의 오프라인 정보를 온라인상에 색인화하여 사람들이 검색하고 사용할 수 있게 하는 시도를 하고 있는 것입니다” 라고 했다.

세계가 정보를 공유하도록

'구글은 전세계 정보를 조직하고 정리하여 전세계 사람들이 검색, 사용할 수 있게 한다'는 사명은 가장 담대하고 도전적인 임무 중의 하나이며 현재는 구글프린트로 인해 그 목표에 성큼 다가섰다. 사용자가 구글을 통해 책의 전체 내용을 검색해 내는 것은 구글이나 기타 검색엔진으로 정보를 찾는 과정과 조금도 다를 바 없다. 다시 말해 후일 구글은 거대한 가상 도서관이 되어 도서계의 구조를 바꾸어 놓을 것이라는 점이다.

워즈치키는 구글프린트를 통해 구글이 도서 내용을 인터넷 공간에 색인화하여 추가하는 작업을 실험할 수 있다고 했다. 인터넷상에서 검색하고 채택할 수 있는 정보의 범위와 가격이 크게 증대된 것이다. 이는 인터넷 사용자들이 구글을 사용하는 '또 다른 이유'가 될 수 있다.

펭귄(Penguin), 휴튼 미플린(Houghton Mifflin), 옥스퍼드대학출판사(Oxford University Press), 윌리(Wiley), 하이퍼리온(Hyperion), 피어슨(Pearson) 등 유명 출판업체들도 이미 구글과 계약을 맺었다. 도서관의 초기 규모는 작지만 스캔 자료와 색인에 편입된 정보가 늘수록 내용은 점차 충실해질 것이고 이에 따라 구글 검색엔진의 인기도 점차 늘어가게 될 것이기 때문이다.

〈포브스(Fobes)〉지의 편집장 댄 액먼(Dan Ackman)은 책의 내용이 인터넷을 통해 제공될 수 있다면 인터넷의 가치도 더욱 커질 것이라고 했다. 지금은 인터넷이 사람들에게 일반적으로 통신도구나 정보의 출처로써 인식되고 있다. 누구든지 쉽게 정보를 발표할 수 있고 채택할 수도 있다는 것은 인터넷의 가장 큰 장점이다. 그러나 이는 그의 가장 큰 약점이 될 수도 있다.

액먼은 인터넷을 하나의 거대한 신문에 비유했다. 모든 사람들이 투고할 수 있고 그 어느 누구도 편집의 책임을 묻지 않는다. 그래서 인터넷에서 얻은 정보에 대해서는 의구심을 품어 보아야 한다. 그러나 이미 출판된 서적 인쇄물은 어느 정도 사회적인 신뢰를 얻었다고 인정할 수 있으므로 비교적 신뢰할 만한 정보출처를 갖는 셈이다.

그러나 이로 인해 '악화가 양화를 구축(bad money will drive good money out of circulation)'하는 현상이 생길 수도 있다. 사람들이 더 편리한 인터넷을 이용할수록 책은 적게 읽게 되기 때문이다. 액먼은 "몇 분이면 접속하여 모종의 정보까지 얻을 수 있는데(설사 그것이 최상의 정보는 아니라 해도) 어째서 도서관이나 서점엘 가는가?"라고 기사에 밝혔다.

액먼은 구글프린트는 '인터넷 도서 시장'을 평정할 잠재력을 지녔으며 심지어 아마존 서점보다 더하면 더했지 못하지 않는다고 했다. 왜냐하면 아마존은 주력영역이 서적 판매이고 정보제공이 아니기 때문이다. 그는 "비록 도서의 내용을 모두 공개할 수는 없지만 인터넷에서 보편적으로 제공될 수만 있다면 정보 수준과 수량을 크게 높일 수 있을 것이다"라고 하면서 구글이나 기타 사이트가 '구 정보를 정 보시대로 유인'할 것이라고 기대했다. 이는 정말 대단한 사건이었다.

또 한번 규칙을 깨다

인터넷 정보의 수준과 양이 크게 개선된 것 외에 구글이 IPO 이후 터트린 첫번째 사건인 구글프린트 서비스는 출판업계의 영업방식을 철저하게 다시 쓰게 할 만큼 대단한 사건이었다.

구글프린트가 있기에 출판업계는 무료로 도서를 홍보할 수 있는 기 회를 얻게 되었다. 그들의 도서 정보가 검색결과 페이지상에 나타나 게 되어 더 많은 책을 판매할 수 있다. 독자의 책 구입 습관은 이로 인 해 크게 바뀔 가능성이 있다. 그들은 집에서 인터넷으로 책을 뒤져 볼 수도 있고 책의 일부 내용을 열람할 수 있어 구매 전에 기본적인 이해 도를 가질 수도 있다. 이는 정보시대에서 소비자의 결정을 돕는 또 다 른 방식이었다.

출판사와 판매업체 간의 역량도 이로 인해 크게 변화될 가능성이 있다. 최근 몇 년간 출판업계는 불경기 속에서 경영상태가 좋지 않아 비공식적으로는 출판중개상이 버거운 존재로 느껴지기도 했다. 반 즈&노블(Barnes & Noble), 보더스(Borders), 아마존 등 오프라인 실체 를 가진 서점과 인터넷서점이 제품을 직접 소비자에게 판매하고 있는 것이 그 예이다.

문제는 책을 구입하는 대부분의 사람들이 어떤 책이 어느 출판사에 서 나온 책인지 크게 주의하지 않아 출판사의 웹사이트에 자주 접속하지 않게 된다는 점이다. 그러나 구글의 검색결과 페이지에는 출판사 명칭과 링크를 나열해 놓아 고객들이 쉽게 링크를 클릭해 출판사 사이트를 방문하여 구매하게끔 유도했다.

단기간 내에 소비자가 인터넷에서 책을 사는 방식은 크게 변하지 않을지도 모른다. 구글의 도서정보 서비스의 범위가 확대되면 분명 소비자들은 더 큰 편의를 얻게 된다.

인터넷이 일단 도서의 강력한 판매루트가 된다면 구글의 성공가능성은 매우 높다. 주피터 리서치(Jupiter Research)의 분석가 니키 세박(Niki Scevak)은 〈컴퓨터월드(Computer World)〉에서 "이는 구글이 전력하여 집중할 만한 영역입니다. 검색 가능한 서적, 문헌의 수량이 늘어나면 구글은 소비자에게 더욱 실용적인 도구가 될 것이며 인터넷에서 새 책을 팔려는 출판사의 광고를 더욱 많이 유치할 수도 있겠지요"라고 했다.

아마존의 아성에 도전한 구글

구글은 검색능력을 확대하고 구글프린트 서비스가 안정화되면 세계 최대의 온라인 서점 아마존에 맞먹는 굉장한 경쟁적 우위를 형성할 수 있을 것이라고 보았다.

아마존닷컴은 2004년 9월 광고를 포함시키지 않은 도서검색 서비스를 개시하고 이를 '서치인사이드더북(Search Inside the Book)'이라고 이름지었다. 아마존은 또 자회사인 '에이나인닷컴(A9.com)'을 개설하였는데 검색결과에 개인화 특성을 추가시켰을 뿐 아니라 구매자가 10만여 권에 달하는 도서의 일부 내용을 볼 수 있게 해 구매욕구가 커지도록 시도하였다.

구글과 아마존 이 두 기업은 도서라는 오프라인 실체를 온라인 정보화하여 검색이 가능하도록 만들었다. 〈월스트리트저널〉은 이들 두 업체가 경쟁하는 상황은 아마존에 의해 독점되다시피 했던 과거의 시장경계를 깨는 한 실례라고 하면서 앞으로도 그들의 경쟁은 더욱 맹렬해질 것이라고 했다.

구글프린트는 테스트 범위를 확대하였다. 구글은 막강한 경쟁상대인 야후와 정면으로 경쟁하는 것을 우선시하면서도 그 핵심업무인 검색의 장기를 지속해 가고 있으며, 다른 한편으로 여력을 발휘하여 아마존 왕국을 향해 진격하는 전술을 사용하였다. 구글프린트는 구글이 아마존과의 경쟁에서 동등한 위치에 설 수 있도록 했다. 구글, 야후, 아마존, MS의 인터넷업체 4강이 충돌하는 경쟁의 기로에서 상대방의 기반을 찬탈하기 위한 불꽃 튀는 전쟁이 시작되었다. 실로 대단한 검색대전이다.

그러나 구글은 아마존과 경쟁하면서도 일시적으로 화합하는 관계를 유지하기로 했다. 아마존이 구글의 검색기술을 당분간 사용하기로 했기 때문이다. 구글의 워즈치키는 구글이 직접 책을 판매하려는 계획은 세운 바 없다면서 "우리의 계획은 검색엔진이 되는 것입니다"라고 했다. 따라서 이 두 회사의 수입은 출처가 다르다. 구글은 온라인 광고수입이 그 출처이고 아마존은 온라인에서 실제로 책을 판매해서 수익을 얻는다.

분석가는 구글프린트가 실적 향상에 얼마나 큰 도움을 줄지 아직 판단하지 못하고 있다고 했다. 구글 역시 현재 새로운 서비스의 잠재

수익을 예측하는 것은 시기상조라고 했다. 그러나 아마존은 이미 '서적을 검색'하는 기능이 아마존의 책 판매에 더 큰 도움을 줄 것이라고 지적했다.

어쨌든 새로운 도서 검색 방법은 분명 구글의 수익향상에 도움을 줄 것임이 분명하다. 무료 검색서비스를 제공함과 동시에 구글은 또한 도서 내용과 관련이 있는 문자광고를 링크시켜 놓았기 때문이다. 문자광고는 거의 구글 수익의 전부를 차지한다고 할 수 있다. 업계 분석가와 투자자는 이 회사가 기타 수입 출처를 개척하여 광고수입에 대한 의존도를 경감시키기를 바라고 있다.

독립과 집중

만약 정보가 힘이라고 한다면 구글은 이미 세계를 바꾸는 데 일조한 셈이다. 지식을 얻는 과정이 이전보다 훨씬 용이해졌기 때문이다. 구글은 해낸 것이다. 구글 역시 이 일의 파급효과가 적지 않음을 알고 있다.

디지털 예술 보존 프로젝트를 이끌고 있는 비영리 법인 롱나우파운데이션(Long Now Foundation)의 회장인 스튜어트 브랜드(Stewart Brand)는 구글에 대해 다음과 같이 말했다.

"더욱 좋은 검색엔진을 만들면 사람들이 쉴새없이 계속 밀려들어 길을 메우고 결국은 여러분의 집에까지 들이닥칠 것입니다. 저는 세계 역사상 구글이 만들어 놓은 길처럼 넓은 길을 걸어보지 못했습니다. 이는 실로 사람들이 버릴 수 없는 검색엔진입니다."

그러나 구글은 앞으로도 더욱 많고 더욱 나은 검색서비스로 수익을 창출해 내야 할 것이며 하나의 대형 검색서비스에만 의존할 수는 없다. 구글은 사람들이 물건을 사고 뉴스를 보고 인터넷에서 문장을 발표하고 친구를 사귀고 서적을 판매할 수 있는 루트를 개발하였고 이 과정에서 새로운 수익출처를 개척해 내었다.

그는 이미 데스크탑 소프트웨어 프로그램을 비롯하여 쇼핑몰 프루글(Froogle), 무료 이메일시비스 지네일(Gmail), 소셜 네트워킹사이트 오르컷(Orkut)을 차례로 출시하였고 디지털 사진 관련 회사인 피카사(Picassa Inc.)와 많은 사람들이 애용하는 인터넷 블로그서비스 블로거(Bloger) 등의 업체를 인수하였다.

검색을 특기로 하는 회사가 인수한 이렇게 다양한 유형의 자산들은 본업인 검색영역과 큰 연관성은 없어 보인다. 그렇지만 구글은 그 검색기술을 지원하기 위한 목적의 큰 실험실 안에서 이들 프로그램을 운영하고 있다.

구글의 CEO인 에릭 슈미트는 2004년 10월 말에 개최된 컨퍼런스 콜 회의에서 회사의 신제품 철학을 설명했다. 그는 구글이 신제품을 독립적인 개체로 여기지 않으며 점차 구글의 일부로 융합되기를 바란다고 했다. 그 중 일부 제품은 베타버전의 단계를 졸업하고 정식 상품의 대열에 들어선 경우도 있고, 또 다른 일부 제품들은 취소되어 없어지기도 한다.

다시 말해 구글은 현재 여러 가지 방식으로 수익처를 다원화하고 있다. 이 일은 매우 중요하다. 그 이유는 광고주가 더욱 많은 검색어를 구입했다면 구글은 이에 부응하여 더욱 많은 루트를 개발하여 그들의 광고가 노출될 수 있는 기회를 제공해야 하기 때문이다. 이는 광고회사가 고객을 만족시키기 위해 더욱 많은 옥외 간판이나 플라즈마 스크린 공간을 확보해야 하는 것과 같은 원리이다.

슈미트는 비록 새로운 서비스에 업무량이 많이 유도되지 않고 있지만 전략상으로는 더욱 노련한 고객을 유치하기 위해서 이들 신규 서비스도 매우 중요한 영역이라고 했다. 어쩌면 구글의 유료 검색서비스 이용층이 비교적 많을 수도 있다. 그는 "우리가 신제품을 출시할 때마다 전체적인 사이트와 브랜드 충실도 그리고 당사의 전체적인 역량을 높여준다"라고 했다.

화려한 신규 서비스가 만약 동일한 기술을 사용하고 동시에 단독으로 각자 서로 다른 소비자 군체를 유인하게 된다면 전문 포털사이트를 따로 설립할 필요가 없게 될 것이다.

제4장

사용자의 체험을 우선으로

구글의 기술은 과연 지속적인 효과를 발휘할 수 있을까?
…… 나는, 구글의 시장이 더욱 나은 검색기술에 의해 찬탈되기 쉬운 구조를
가지고 있다고 보는 전문가들의 견해에 동조하지 않는다. 지금은 이미 누구
의 검색기술이 가장 나으냐를 따지는 것이 의미없는 시대가 되었다. 그들
모두 현재 상당한 수준의 검색기술을 갖추고 있기 때문이다. 내가 다른 많
은 사람들과 마찬가지로 구글을 애용하는 이유는 그것이 지닌 순수한 면모
때문이다. 지금은 검색결과 자체가 중요한 것이 아니라 그 결과들을 가지고
무엇을 하느냐를 심각하게 고민해야 하는 시대가 되었다.

영국 〈더 스캡틱(The Skeptic)〉지 최초발행인

웬디 M. 그로스맨(Wendy M.Grossman)

　몇 년 전 구글이 막 설립되었을 때만 해도 검색사업이 아주 전망좋은 시장만은 아니었다. 당시에는 이미 막강한 검색엔진들이 저마다 주요한 위치에 포진해 있었고 더 전망 있어 보이는 포털사이트 방면으로 진입의 속도를 더해갔기 때문이다.

　야후, MSN, AOL은 스스로를 인터넷 세계에 접속하는 첫 관문이라고 여겼다. 이러한 '포털사이트'는 사용자가 필요로 하는 모든 유·무형의 물건을 공급해 준다. 물론 사이트가 스스로 실용적이라고 여기는 웹사이트 링크를 포함해서 말이다. 그들의 전략이라는 것은 사용자가 자사의 사이트에 머무르도록 유도하여 각종 광고를 보게 함으로써 상품을 구매하게 하고 비용을 지불해야 하는 업그레이드타입 서비스를 선택하게 하는 것이다. 자연히 검색엔진 인터페이스는 사이트의 구석으로 내몰려 각종 오색찬란한 광고문구와 주가현황 도표, 문장, 이미지 등 소위 '특성화'된 리스트 가운데 파묻히게 되었다.

　이러한 상황에서 구글의 사용자 인터페이스는 신선한 느낌으로 다가왔다. 창립자 브린과 페이지의 사고는 다른 이들과 많이 달라서 그들의 전략은 계몽적이기까지 했다. 가장 대담한 거물급 기업이라도 그와 비교해 보면 부끄러워 진땀이 날 정도이다.

외형보다 내실을

브린은 수많은 사이트들이 겉으로 보여지는 외관을 내적인 기능보다 더 중시하여 사용자의 체험이 소홀히 여겨지는 현실을 비판했다. 그래서 그들은 대량의 자료를 서버에 저장해 놓고 사용자들이 부지불식간에 귀중한 정보를 찾아낼 수 있게 되기를 바랐다. 그들은 구글 사이트가 온갖 기교로 화려한 광고나 사이트링크로 가득 차는 것을 바라지 않았다. 구글은 오직 하나의 신념에 올인하였는데 그것은 바로 사용자들이 구글 사이트를 방문한 후 반드시 얻고자 하는 정보를 얻어가게 하는 것이었다. 따라서 불필요하게 빽빽한 이미지로 그들의 마음을 분산시킬 필요는 없었다.

브린은 2000년 〈인터넷 매거진(Internet Magazine)〉과의 인터뷰에서 다음과 같이 말했다.

"사용자가 구글을 통해서 하고 싶어하는 것은 '검색'입니다. 이는 우리가 추구하는 최종 목표이기도 합니다."

인터넷 번영의 후광을 입고 덩달아 활황인 광고계를 비웃기라도 하듯 구글은 광고라는 형식을 노골적으로 상업화에 이용하지 않았다. 즉 광고로 고객을 귀찮게 하지도 않았고 또한 방문자를 유치하기 위해서 광고매체를 이용하지도 않았다. 1999년 그들은 수백만 달러가 소요될 광고계획을 포기하고 입소문 전략으로 전환, 당대의 트렌드로 막대한 부를 창출한 구글이라는 브랜드를 창조해 내었다. 그러나 그들은 검색결과와 관련된 광고를 판매하였고 이는 이미 구글의 기적적인 수익을 창출해 낸 근거가 되었다.

가장 중요한 것은 그들이 제공하는 빠르고도 신뢰할 만한 검색업무가 2000년에는 1%도 되지 않았던 수준에서 현재 이미 시장의 50% 이상을 점유하게 되었다는 점이다. 현재 구글은 자체적으로 인덱싱한 웹사이트 규모만 40억 페이지에 달하며 매일 2억 회 이상의 검색을 처리하는데 이는 기타 모든 검색엔진을 초월하는 수준이다.

페이지는 "가능한 한 고객을 빨리 자사의 사이트에서 떠나도록 유도하는 업체는 아마 세계적으로도 구글뿐일 것입니다. 우리가 사이트에서 불필요한 정보들을 제거하고 서비스 환경의 수준을 높이기 때문에 그것이 가능하지 않나 싶습니다"라고 했다. 페이지는 구글의 IPO 과정에서 발표한 '창업주의 서신'을 통해 회사는 시시각각 고객의 필요를 생각하면서 그들에게 즉시 편파적이지 않은 정보를 제공할 것이라고 밝히기도 했다.

간결하면서 유용한 검색엔진

어떤 사람들은 개척자가 되길 좋아한다. 그러나 구글이 현재 제공하고 있거나 테스트하는 과정에 있는 제품 및 서비스는 모두 구글이 최초로 창조해 낸 것이 아니다. 수많은 경이로운 사건을 불러일으킨 구글이 만들어 낸 기적은 발명에 기인한 것이 아니라는 말이다. 구글은 창조보다는 오히려 문제 해결에 가까운 소질을 가지고 있다.

구글이 실용적이고 심플한 검색엔진을 앞세우고 청출어람, 기존 선배들보다 더욱 성하게 되기 전에는 인터넷 검색이라고 하면 야후와 알타비스타를 대표로 꼽았다. 그러나 구글은 추풍이 낙엽을 쓸듯이 선배들을 한 귀퉁이로 내몰았고 정보검색의 정의를 다시 쓰는 업계의 강자로 들어섰다. 이러한 일을 해낼 수 있었던 데에는 그가 시시각각 고객의 필요를 염두에 두고 빠르고도 편리하게 사용할 수 있는 제품을 제공하려고 애썼기 때문이다.

1995년 말에는 알타비스타가 인기몰이를 하며 세상에 모습을 드러냈다. 그 후 구글이 탄생하자 다른 업체들은 산이 무너지듯 무너졌다. 구글을 한번 사용해 본 사람은 이후에도 계속 구글을 사용하게 되었다. 인명을 검색하거나 회사 홈페이지 주소를 검색할 때 혹은 인터넷을 다 뒤져도 해결할 수 없었던 일들에 간단하고도 민첩한 구글을 사용하면 얼마 지나지 않아 문제를 해결할 수 있게 되는 등 막강한 기술력 때문이었다.

구글은 심플한 사이트를 선보이면서 간결한 '메뉴'를 통해 서핑을 즐길 수 있게 했는데 모든 서비스가 무료이다. 또한 광고로 고객을 귀찮게 하거나 제품을 사도록 유도하지도 않았으며 고객이 떠나는 것을 아쉬워하며 각종 서비스를 통해 붙잡지 않는다. 이처럼 구글의 목적은 고객이 원하는 정보의 링크를 신속하게 찾은 뒤 최대한 빨리 구글 사이트를 떠나도록 하는 것이었다. 구글은 이에 대해 고객이 '만족'을 빨리 느낄 수 있도록 한 것이 전부라고 한다. 페이지는 이러한 목적 때문에 고객이 구글 사이트에서 머무는 시간이 짧아질지는 몰라도 바로 이 점 때문에 구글을 다시 찾게 된다고 했다.

그래서 구글은 그보다 더 이상 심플할 수 없는 홈페이지 외관을 지금까지 유지하고 거의 바꾸지 않는다. 구글은 흰 여백을 넓게 활용하면서 장식 없이 별도의 작은 상자 안에 광고를 게재했다. 설사 신규 서비스나 신규 기능을 출시한다 해도 구글은 인터넷 나눔터인 유스넷(Usenet)이나 이미지검색, 가격비교, 뉴스검색 기능에 이르기까지 시종 간결한 화면을 고집했다. 이것이 구글을 가장 구글답게 하는 특성 중 하나이다.

컴퓨터의 강력한 효능이 프론트 엔드(Front-End) 인터페이스를 거쳐서 나온다면 가끔 화면상에 출력되기 위해 장식이 가미되어야 할 필요가 생긴다. 구글이 우리에게 알려준 교훈은 비록 가장 강력한 기술이라도 간결한 인터페이스로 나타낼 수 있다는 점이다. 바꿔 말하면 간결한 화면이라도 강력한 기술이 뒷받침되면 무기로써의 가치를 지닐 수 있다는 뜻이다.

많은 사람들에게 구글은 인터넷 세계에 접속하기 위한 첫 시작점이자 세계를 향한 창이 된다. 그 시작점과 창문은 구글의 홈페이지가 될 것이다. 그러나 구글 홈페이지는 이따금 구글 로고에 새로운 변화가 보이는 것을 제외하고는 연지 하나 바르지 않은 시골처녀처럼 소박하다. 이 검색엔진의 화면은 신문표제나 광고로 홈페이지를 가득 메운 야후 등의 경쟁상대와는 하늘과 땅 차이였다.

인터넷 연구가이자 〈구글 해커－100가지 강력 팁과 툴스(Google Hacks-100 Industrial-Strength Tips & Tools)〉의 공동저자인 리얼 돈페스트(Real Dornfest)는 "일찍이 검색엔진의 기능은 매우 강했습니다. 그러나 검색의 방법은 매우 복잡했지요"라고 하며 비교적 간단한 방법을 사용했던 구글에 대해 "구글의 홈페이지는 심플했지만 그 결과는 정확했습니다"라고 표현했다.

2004년 5월 〈컨서머 리포트(Consumer Reports)〉지의 온라인 보도

에서는 구글과 야후, 애스크지브스를 최고 등급으로 평가하였다. 컨
서머 리포트닷컴(ConsumerReports.org)의 부편집장인 헬렌 팝킨
(Helen Popkin)은 "구글은 제 마음을 다 이해하고 있는 것 같은 느낌
이 들어요. 만약 제가 철자를 잘못 입력했다 싶으면 구글은 저에게
'혹시 이것을 찾으셨나요?'라며 정확한 철자로 작성된 문자를 제시
하지요. 이것은 고객의 필요에 접근하는 방법 중에서 매우 직관적인
측면입니다. 만약 당신이 검색엔진을 잘 다룰 줄 모른다면 구글이 있
기에 당신은 걱정하실 필요가 없습니다"라고 하였는데 이는 바꿔 말
해 이러한 과학기술이 컴퓨터를 모르는 세대까지도 인터넷에 쉽게 접
근할 수 있도록 해주었다는 뜻이다.

구글의 수석엔지니어인 메란 사하미(Mehran Sahami) 박사는 2004
년 8월 뉴질랜드에서 열린 '환태평양 인공지능 국제회의'석상에서
구글이 사용자가 입력한 '브리트니 스피어스(Britney Spears 미국 유명
여가수)'를 입력하면 철자가 잘못 쓰여질 경우의 수가 800여 가지나
된다고 지적하기도 했다.

기존의 검색엔진은 사용자가 단말기에 입력한 단어를 검색하고 약
10만 자에 달하는 사전을 이용해 잘못된 철자를 자동으로 교정해 주
었다. 구글은 인터넷 식의 '상황어휘'를 채택하여 자주 사용하는 단
어, 예를 들면 'SARS(심각한 급성 호흡기 질병)'와 '브리트니 스피어
스' 등의 인명을 자동으로 포함시켰다.

빠르고 편리함의 경쟁력

페이지와 브린은 거의 모든 사람들이 인터넷 검색을 사양산업이라 여기던 시대에 파격적인 검색법을 찾아내었다. 그 검색법은 번뜩이는 번개처럼 빠른 속도를 자랑한다.

구글은 일찍이 1만여 대의 서버를 연결하여 슈퍼컴퓨터를 만들었다. 1998년 설립 초기에는 하루에 1만 회의 검색 건을 처리했다. 현재는 이러한 거대한 서버가 1분당 처리하는 검색 건이 초기의 10배에 달해 1초당 처리회수는 3,000회를 상회한다.

구글의 검색방식은 이미 이전에 정착되었던 기술을 바탕으로 정교하고 복잡한 알고리즘을 만들어 내었다. 구글이라는 단어를 입력하면 0.45초 이내에 6,190만 페이지의 검색결과를 얻는다. 구글닷컴(google.com)과 그의 관련제품이 최상단에 배열된다.

2000년 '검색' 단추를 클릭하면 검색결과 페이지가 뜨는 데 걸리는 평균시간은 0.29초로 빨라졌다. 지금은 검색속도가 더욱 빨라져서 일부 검색 건은 0.1초도 되지 않아 처리되기도 한다. 또한 사용자가 가장 얻고 싶어하는 정보가 검색결과의 첫 페이지에 열거되어 인터넷이라는 거대한 정보 중에서 원하는 정보를 빠르게 얻을 수 있도록 하는 데 큰 도움이 되고 있다.

정확하고 실용적이다

구글의 성공은 인터넷 브랜드가 형성한 또 다른 주요한 요소인 실용성이 매우 중요함을 보여주고 있다. 만약 사용자가 사이트의 검색 기능에 대해 만족하지 않는다면 그 검색엔진은 높은 평가를 얻을 수 없게 된다. 인터넷 공간을 넘어서면 대부분의 브랜드는 자사만의 컬러, 소리, 외관, 이미지 등을 형성해야 하지만 인터넷 세계에서는 실용성의 문제가 가장 큰 요소로 작용하기 때문이다.

인터넷 검색엔진이 세상에 막 출시되었을 때에는 정보를 검색하는 것이 마치 거대한 운하에서 낚싯대를 드리우는 것과도 같았다. 가끔 대어를 낚을 수도 있었지만 돈을 지불하고 낚아 올려지는 것이 대부분 오래된 빈 깡통이거나 헤어진 가죽신일 경우가 더 많았다. 그러나 지금 사용자들은 마침 필요했던 정보만을 곧잘 찾아낼 수 있는 환경이 되었다.

이는 얼굴에 솜털이 채 없어지지 않은 구글의 공이 크다. 우리는 인터넷상에 오래 전부터 검색엔진이 존재해 왔다는 사실과 그 수가 적지 않았다는 것도 알고 있다. 그러나 구글은 연관성이 실로 높은 정보들을 검색해 내는 일련의 방법들을 발전시켰다. '구글'을 입력하면 6,000여만 개의 검색결과 중 상위 몇 개 항목 내에 원하는 정보가 포함되어 있다.

브린과 페이지는 검색엔진 구축에 착수했고 일반 검색 기술상에 또 다른 비밀 양념장을 가미하였다. '페이지랭크(Page Rank)' 기술은 인터넷상의 어휘를 검색하는 것뿐 아니라 그러한 글자가 어떻게 어디에 사용되는지 그 사이트로 링크되는 사이트는 수량이 얼마나 되는지, 즉 얼마나 인기가 있는지 알려준다. 그들의 검색엔진은 가능한 한 실용성의 높고 낮음으로 검색결과 배열순서를 결정한다.

이 때문에 당신은 원하는 정보를 찾을 때 구글 검색창에 몇 개의 핵심어를 입력하기만 하면 오래지 않아 관련된 세계 각지의 사이트 링크를 볼 수 있게 된다. 만약 철자를 잘못 입력했다 하더라도 구글은 올바로 된 단어를 제시하며 수정할 것을 제의한다.

1초도 안 되는 시간 내에 사용자는 연구를 시작할 수 있게 되었다. 이전에 수개월이 걸려야 일정 정보를 얻어낼 수 있었던 시절, 그리고 유일한 지식의 출처가 도서관이었던 그때에 비해 얼마나 편리해졌는가?

검색결과 페이지는 마치 사용자의 마음을 다 읽고 있다는 듯이 가장 필요로 하는 정보를 최상단에 열거해 놓는다. 얼마나 실용적인가? 그런데 어째서 이렇게 우수한 검색영역이 이메일에게 인터넷 주요영역의 자리를 내어주게 된 것인지 이상할 따름이다. 와튼스쿨의 정보관리학 교수인 데이빗 크로슨(David C.Croson)은 "구글은 닷컴기업 중에서도 독특한 기업스타일을 가지고 있습니다. 그것은 구글이 오로지 검색기술에만 의존하고 화려한 외관이나 기타 업체와의 경쟁에만 주력하지 않는다는 점입니다. 한마디로 그는 최고이지요. 구글은 다른 검색엔진이 찾아내지 못하는 정보를 검색해 낼 수 있습니다. 만약 당신이 저처럼 하루에 30회 이상 검색엔진을 찾는다면 그 효능이 얼마나 대단한 것인지를 알게 될 것입니다"라고 했다.

사용자에게 요구되는 검색엔진의 특징 중 가장 중요한 것은 폭넓고도 구체적인 검색이 가능해야 한다는 점이다. 그러나 바쁜 일상의 고객은 한가롭게 맹목적으로 인터넷 서핑을 할 만큼 여유가 없다. 그러나 이를 바꿔 말하면 만약 검색엔진이 아주 적은 수의 검색결과만을 보여준다면 귀중한 목표를 누락시킬 가능성이 있다는 뜻이 된다. 〈와이어드(Wired)〉지는 "구글이 크게 환영받는 이유는 바로 심플하고도 실용적인 면 때문이다"라고 했다.

기본적으로 구글은 다른 사람보다 더 좋은 링크 '검색기'를 만들어 내었고 그렇기 때문에 전세계가 경쟁하듯 그의 사이트에 몰리게 되었다. 인터넷 분석회사인 웹사이드스토리(WebSideStory)의 데이터에 따르면 구글은 인터넷 검색의 42% 이상을 차지하여 그 규모가 MS의 2배에 달하고 야후보다 2% 앞서게 되었다고 했다. 웹사이드스토리(WebSideStory)의 부사장 제프 존스턴(Geoff Johnston)은 구글이 후발 주자로서 부단히 노력한 결과 상황이 갈수록 구글에게 유리해지고 있다고 했다.

세계 최고 브랜드 창조

브랜드채널닷컴(Brandchnnel.com)은 1년 동안 각 기업 브랜드의 '영향력(Impact)'에 근거해서 '가장 영향력 있는 브랜드(Global Brand of the Year)'를 선정하였는데 구글은 2003년도에 선정이 되어 브랜드채널 독자들에게 가장 큰 영향력을 발휘하는 회사가 되었다.

'가장 영향력 있는 전세계 브랜드상'은 기업의 규모 등 구체적인 수치로만 선정이 되는 것이 아니라 기업이 사람들의 일상생활에 어떠한 영향을 끼치는가 하는 점이 더욱 고려된다. 이번에 선정된 전세계 브랜드 기업은 2003년 11월과 12월에 걸쳐 인터넷 투표를 통해 85개 국가의 4,010명의 독자에 의해 선정되었다. 투표단은 남녀 비율이 각각 50%였고 연령층은 20세에서 40세까지 다양하였다.

브랜드채널닷컴은 유명브랜드 연구컨설팅 기관인 인터브랜드(Interbrand)가 마케팅 전문 인사들의 경영컨설팅을 위해 2001년 개설한 뉴스사이트로 개설 이후 매년 사이트 방문자를 대상으로 그들의 생활에 가장 긍정적·부정적 영향을 끼친 브랜드를 선정하기 위한 설문조사를 실시했는데 지역별로 최대 5가지를 선정토록 했다. 이러한 온라인잡지의 독자들은 대다수가 각종 업계의 전문가들인 경우가 많았다.

조사의 목적이 가장 지명도 있는 브랜드를 선정하자는 것이 아니었기에 누가 보아도 가장 지명도 있는 브랜드라고 여길 만한 코카콜라가 이 사이트에서만은 4위에 머물렀다. 구글의 득표율은 16%로 컴퓨터업계의 거물인 애플컴퓨터의 15%를 넘어섰다. 애플컴퓨터는 2001년 순위조사에서 1위를 차지했다.

브랜드채널닷컴의 주편집장인 로빈 러쉬(Robin Rusch)는 브랜딩(branding)을 정의하기가 어려우나 한 회사가 성공하여도 브랜드 때문이고 실패해도 브랜드 때문이라고 했다. 우리가 타고 다니는 자동차에서부터 마시는 커피에 이르기까지 브랜드는 항상 우리의 선택에 영향을 주기에 우리가 다른 사람에게 어떻게 비춰질까를 정의하는 데 사용되기도 한다.

결과는 너무나 명확했다. 구글은 세계를 향해 도전하기 시작했다. 러쉬는 기업의 글로벌 이미지가 갈수록 중요해 지고 있는 이유는 통신과 교통이 빨라지면서 이미 세계가 좁아졌기 때문이라고 했다. 전

세계 다양한 언어로 제공되는 구글의 사이트들은 전세계 독자들의 사
랑을 받게 하는 요인이 되고 있다.

광고 없는 마케팅

세계 최고 브랜드라는 영광스러운 자리를 찬탈한 구글은 이미 그
규모가 20억 달러에 이르는 인터넷 검색 광고 시장에서 중량급 회사
로 자리매김했다. 이와 같은 놀라운 성과는 애호가들에 의한 입소문
과 신문 방송 매체의 보도에 힘입은 바 크다. 구글은 어떠한 광고 마
케팅도 하지 않았다.

탁월한 제품은 입소문을 통해 알려지며 지명도 높은 브랜드를 구축해 내게 되는 데 구글이 바로 이의 전형적인 사례이다. 웹소스드(Websourced)의 검색영업 부사장인 앤디 빌(Andy beal)은 "아마도 거의 모든 사람이 구글이 어떤 회사인지를 알고 있을 것입니다. 구글은 실제로 강력한 브랜드입니다. 구글이 이토록 큰 홍보효과를 누리게 된 것은 바로 고객의 입장에서 부담스러운 브랜드가 아니기 때문입니다"라고 했다. 〈포브스(Forbes)〉지는 그의 브랜드 가치를 20억 달러에 이를 것이라고 추측했다.

2003년 구글의 연구개발비는 약 9,000만 달러에 이르렀지만 브랜드 홍보성 지출은 거의 제로에 가까워 1999년과 2000년 초 수많은 닷컴기업이 광고에 열을 올렸던 상황과는 대조된다. 또한 이를 이유로 구글은 수많은 경쟁업체들이 그러했던 것처럼 닷컴기업이 몰락하던 시기에 급하게 지출을 줄여야 할 필요도 생기지 않았다.

TV광고에 열을 올리는 수많은 닷컴회사들, 심지어 코카콜라 등과 같은 대형 브랜드에 비해서 구글은 광고 예산이 극히 적지만 전세계 각지에서 큰 지지를 얻고 있다(아마존닷컴은 2003년 2월 10일 TV 광고를 하지 않는 대신 남겨진 비용을 고객에게 돌려주겠다고 선포하고 제품을 무료 배송하기도 했다).

구글은 가장 영향력이 있는 브랜드로 몇 가지 재미있는 사실을 보였다. 코카콜라와 나이키 등 기존의 오랜 역사를 지닌 회사들은 오랜 기간에 걸쳐 브랜드 영역에서만큼은 패왕적 지위를 갖고 있다고 인정되어 왔다. 그러나 소비자의 마음 속 시장점유율(mindshare)을 창출하는 것은 완전히 다른 종류의 게임이었다. 이전에는 기업이 광고의 예산을 책정한 후 유명인을 앞세워 홍보하게 한 후 인기의 돌풍이 일기만을 기다리는 등의 순서로 광고가 제작되었다. 그러나 지금은 인터넷상에서 입소문에 의존하기만 해도 가끔 인정받는 브랜드군을 구축하기도 하는데 그 효과가 만만치 않아 사람들을 놀라게 한다.

유용한 도구가 있다면 사용자가 알아서 사용해 보고는 친구에게 소개하고 또 그 친구는 다른 친구의 친구에게 새로운 검색엔진이 있는데 심플하기 그지 없는 사이트에서 최상의 결과를 얻을 수 있다며 홍보에 열을 올린다. 따라서 구글은 '슈퍼볼(Super Bowl)' 경기기간에 30초에 불과한 광고시간을 확보하기 위해 2,000만 달러를 지출하고 싶지는 않았다. 그는 단지 고객의 '체험'에 바탕을 둔 검색사용자에 의한 홍보가 이뤄지기를 바랐다.

IT업계 분석가인 빌 톰슨(Bill Thompson)은 영국 방송사인 BBC뉴스를 통해 다음과 같이 말했다.

"저는 구글 추종자입니다. 거의 구글에 중독이 되었다시피 했지요. 저는 모든 컴퓨터에 구글의 검색툴을 설치했습니다. 모임에 갈 때마다 이동전화를 통해 어떻게 구글을 검색할 수 있는지를 사람들에게 알려 주기도 합니다. 또한 기념일이나 국경일이 다가올 때마다 첫 화면의 구글 로고가 어떻게 디자인되어 있을지 아이처럼 항상 궁금해 하기도 하구요."

"인터넷계에 떠오른 지 불과 몇 년 안 되는 이 사이트를 저는 사용하기 시작했습니다. 웹사이트 색인을 편집할 때 구글은 핫밧(Hotbot)이나 알타비스타(Altavista Lycos) 등과 같은 경쟁대상들보다 더 뛰어난 능력을 발휘했습니다. 저와 제 친구들은 구글을 얘기하고 그에 관해 문장을 쓰는 등 구글의 초기 사용자 중의 하나가 되었지요. 초기 사용자들이 구글을 칭찬하는 것은 더할 나위 없이 좋은 홍보의 방법이 아니었나 싶습니다."

세스 고든(Seth Godin)도 입소문 홍보방식에 대해 〈무료의 힘은 컸다(Free Prize Inside)〉라는 책을 통해 다음과 같이 말했다.

"요즘에는 소비자를 기쁘게 하는 것이 시장을 차지할 수 있는 지름길이며 돈을 많이 들인 마케팅은 공을 세우기 어렵다."

인터넷 조사업체인 컴스코어 네트웍스(ComSore Networks)의 자료에 따르면 2004년 2월 구글의 미국 '독자' 중 6천만 명의 비(非)주요 고객이 전체 인터넷 사용자의 40%를 차지했으며 2003년 2월 이래 구글의 애호가 층이 약 25% 성장하였다고 한다.

비비던스(Vividence Corporation)의 조사에 따르면 구글이 거대한 애호가 층을 형성할 수 있었던 것은 그의 심플함과 간결성이 고객으로 하여금 '직접 서비스를 체험하도록' 했던 것과 크게 관련이 있다고 한다. 89%의 응답자가 구글을 사용해 본 후 '인상적인' 체험을 했다고 밝혔다. 여타의 검색엔진은 놀랍게도 너무나 쉽게 구글의 뒤로 밀려났다. 68%의 응답자가 야후에게 동일한 평가가치를 부여했으며 애스크지브스, 라이코스, MSN의 검색기능을 직접적으로 테스트해 볼 수 있었던 응답자 수는 더욱 적어 그 비율이 40%에서 50% 내외였다.

구글은 인터넷에서는 체험이 바로 브랜드로 연결됨을 깨달았다. 최종 사용자에게 제품에 대한 직접적 체험은 제품을 알 수 있는 방법의 전부라고 해도 좋을 정도로 중요하다. 체험의 이미지가 좋아야 좋은 이미지의 브랜드가 창출된다. 좋지 않은 정보 검색의 체험이 있다면 닷컴기업이 붕괴되었던 당시의 전철을 밟게 될 가능성이 있다. 구글의 성공적 브랜드 구축의 '비결'은 바로 모든 기회와 모든 사이트에서 고객이 직접 체험할 수 있는 장을 마련한 데에 있다.

구글은 고객으로부터 주목을 받을 만했는데 사람들에게 가장 많이 언급되는 데에는 두 가지 이유가 있었다. 그것은 검색결과의 효과가 높다는 것과 사람들의 눈살을 찌푸리게 하는 형태의 광고방식을 적용하지 않는다는 점이다. 정보를 검색하는 과정에서 사용자는 팝업(pop-up)식 광고가 갑자기 튀어나오는 식의 방해를 받지 않는다. 구글이 채택한 것은 바로 문자식 광고였기 때문이다.

이 외에 구글은 또한 이익이 서로 충돌하지 않도록 노력했다. 수많은 검색엔진들이 검색결과 페이지에 떠오르는 리스트 공간 순위를 광고주에게 판매한다. 상위 몇 개의 검색결과는 모두 비용을 지불한 스폰서의 사이트가 인서팅(Inserting) 타입의 광고로만 배열될 가능성이 있다. 이렇게 되면 검색엔진은 연관성이 가장 높은 정보를 제공한다고 말할 수 없게 되는 셈이다.

구글은 넓은 고객층을 가지고 있는 TV업체와 마찬가지로 광고주가 대상으로 삼고 싶어하는 고객층을 확보하고 있었다. 그러나 구글은 광고가 사용자의 인터넷 검색이라는 우선적인 욕구를 충족하는 것에 장애가 되어서는 안 된다고 생각했다. 그래서 구글이 판매한 '스폰서 링크' 광고는 비록 사용자의 검색어에 근거해 출력된 것들이긴 하지만 검색결과와 구별된 별도의 공간에 위치해 그것이 광고임을 명확히 구분시켰다.

와튼스쿨의 마케팅학과 교수 데이비드 슈미틀레인(Davide C. Shmittlein)은 이러한 구글의 광고정책은 많은 사람들로부터 환영을 받았는데 이는 사용자들이 출처가 밝혀지지 않은 스폰서링크 광고에 의해 방해받고 싶지 않아 한다는 사실을 반증한다고 했다. 슈미틀레인은 이미 오래 전부터 검색엔진을 연구해 왔다.

그는 구글이 고객을 공평하게 대우하기 때문에 고객들로부터 신뢰를 받는 것이라고 지적하면서 "만약 고객이 한 조직에 대해 가지고 있는 신뢰영역이 커진다거나 혹은 상당히 선한 가치를 추구하는 조직이라면 고객은 무의식 중에 그 조직이 다른 영역에서도 역시 뛰어난 역량을 가질 것이라고 생각한다. 신뢰라는 요소의 가치는 임의로 없어지거나 감소될 수 없다"라고 했다.

신뢰와 검색기술이라는 2가지 요소가 결합되자 구글에게는 건실한 인맥이 형성되었다. 그는 1개 이상의 검색엔진을 사용하는 것을 귀찮아 하지 않는 고객은 매우 적을 뿐 아니라 많은 광고주들이 광고효과가 좋은 대형사이트 한 곳을 선택하는 것이 규모가 작은 수많은 사이트상에 비용을 지불하는 것보다 낫다고 생각한다고 했다.

구글의 문자식 광고는 고객으로부터 크게 환영받는다. IT연구소 크리에이티브 스트래티지스(Creative Strategies)의 회장인 팀 바자린(Tim Bajarin)은 "구글이 IT업계 내에서 맡은 배역은 결코 낮게 평가될 수 없습니다. 혼잡하고 막막한 전세계 정보 네트워크에서 구글의 검색엔진은 월드와이드웹에서 우리가 각종 물건을 찾는 핵심적 위치에 있도록 해줍니다. 또한 큰 방해가 되지 않는 선에서 광고가 검색결과와 분리되도록 설정해 놓아서 사람들이 광고도 실용적으로 사용할 수 있는 환경을 조성하는 등 많은 방면에서 사람들의 환영을 받게 했습니다"라고 밝혔다.

구글의 회사소개에서는 '구글의 10가지 신조'를 밝히고 있는데 여섯 번째 신조가 바로 '악해지지 않아도 돈은 벌 수 있다' 이다. 구글은 자주 이 문구를 마음에 두고 '고객의 체험에 해가 되는 어떠한 일이라도 절대로 행하지 않는다'고 의미를 확대하기에 이르렀다. 다시 말해 구글의 경영목표는 절대로 회사수익을 고객의 체험보다 우선하지 않는다는 신조이다. 구글은 광고주의 이익보다 소비자의 이익을 먼저 생각했다.

구글의 CEO인 슈미트는 "구글이 진정으로 관심을 두고 있는 것은 모든 형식의 정보로 통하는 문을 여는 것입니다. 이는 이 회사의 설계 지침이기도 합니다. 우리는 수익이 될 수 있는 기회를 만나면 이에 적극적으로 참여하고 그것을 금전화할 것입니다. 이 수입은 우리가 더 많은 서버컴퓨터를 구입하고 검색범위를 확대하며 블로거와 같은 많은 서비스를 제공하도록 도울 것입니다. 그러나 우리는 궁극적으로 고객의 체험을 최우선으로 합니다" 라고 했다.

고객을 만족시키면 고객을 얻게 된다

시시각각 사용자의 체험을 우선적으로 염두에 두었던 구글의 태도는 확실히 좋은 결과를 유도해 내었고 결국 충성스러운 애호가 층을 형성하였다. 컨설팅회사인 브랜드키즈(Brand Keys)의 조사에 따르면 구글에 대한 고객의 브랜드 충성도는 모든 인터넷 브랜드 중에서도 단연 1위였다고 한다.

2002년 여름 브랜드키즈는 연구보고 결과를 통해 사용자를 만족시켰기 때문에 2년 연속 고객충성도가 최고인 온라인 브랜드에 선정되는 영광을 누렸다고 했으며 2003년에도 구글은 선두 자리를 지켰다고 밝혔다. 전체 31개 영역에서 2002년 8위였던 것이 2위로 올라섰는데 이는 애비스(Avis)라는 렌털회사를 잇는 다음 순위였다. MS는 세계에서 가장 지명도 있는 소프트웨어 회사일 것이나 검색에 있어서만큼은 구글을 따라잡을 수 없었나 보다.

구글족의 광적인 브랜드 충성도는 사람들을 난감하게 만들기도 했다. 한 구글족은 다음과 같이 말했다.

"저는 구글을 사랑합니다. 구글은 대단하고 좋은 책임감 있는 기업입니다. 이렇게 역량이 크지만 구글은 이를 남용하지 않습니다. 즉 돈을 벌기 위해 그들의 이상을 저버리지 않는다는 것입니다. 그들은 정말로 선량한 창업주들입니다. 다른 회사들도 이렇게 되기를 바랄 뿐입니다."

얼마나 많은 회사가 한 고객으로부터 이토록 '격양된 찬양'을 받을 수 있겠는가?

〈PC매거진(PC Magazine)〉지가 2004년 8월 발표한 조사보고서에서는 미국인들이 온라인 검색에서 얻은 답안에 대한 만족도가 날로 높아지고 있다고 했다. 더욱이 구글로 검색할 경우에는 더욱 그러하다는 것이다. 〈PC매거진〉은 미시건대학 미국품질학회(American Quality Society) SFI 그룹과 공동으로 인터넷 사용자를 그들이 전자상거래에서부터 검색엔진에 이르는 사이트의 '고객만족도'를 조사했다.

구글은 가상세계에서 '고객'이 가장 만족해하는 검색엔진으로 미시건대학의 '미국 고객 만족지수(ACSI)'가 82점(100점 만점)에 달했다. 야후는 78점으로 그 뒤를 따랐고 MSN은 75점으로 3위였다.

온라인 고객만족도를 조사하는 전문가 및 이 조사보고서의 리더인 래리 프리드(Larry Freed)는 성명을 통해 다음과 같이 발표했다. "사람들에게 '인터넷을 하다'라는 동사로 사용되기까지 한 브랜드파워를 지닌 구글에게는 이것은 그다지 놀랄 만한 일도 아닙니다. 그러나 구글은 인터넷계에서 일인자로 월계관을 쓰는 것이 목표가 아니라 오히려 세계를 적극적으로 변화시키는 것일 겁니다."

이에 대한 답사라도 하듯 구글의 대변인은 다음과 같이 말했다.

"고객에게 인정을 받는 일은 어쨌든 좋은 일입니다. 그러나 여러분이 만약 구글의 한 기술자와 이 일에 대해서 이야기를 나눈다면 그들은 여러분에게 분명 '구글은 아직 할 일이 많으며 이렇게 계속해서 해야 할 일을 해야 우리의 검색기술이 한층 더 발전하게 될 것이라고 말할 것입니다'라고 할 것입니다."

이 인터넷 거인은 현재에 만족하지 않는다. 구글이 IPO설명서상에 발표한 '창업주 서신'은 자주창조와 고객만족을 추구해야 할 중요성을 강조하고 있다.

검색기술 신문 정보사이트 포털로 이루어진 인터넷비지니스 카테고리(E-Business Category)상에서는 검색엔진의 평균만족도가 가장 높았으며 이는 2003년도 78점보다 2점 올라 2년 동안 17.6% 상승하는 추세를 보였다. 신문과 정보사이트는 75점에 불과했고 포털사이트는 71점으로 낮았다. 조사에서는 검색엔진의 고객충성도가 신문이나 정보사이트보다 15% 높다고 밝혔다.

프리드는 "신문사이트는 개성이 부족하여 차별성이 없다. 이러한 사이트에 대한 충성도는 동종 검색엔진에 비해 현저하게 낮았다. 사용자는 그들에 대해 특별한 선호도를 가지고 있지 않았다"라고 했다.

검색은 인기 있는 온라인 활동

퓨 인터넷과 어메리칸 라이프 프로젝트(Pew Internet and American Life Project)의 조사에서는 구글이 최고의 검색엔진이며 실용도가 높고 순식간에 사람들의 정보수요를 해결해 줄 수 있다고 했다. 또한 이 때문에 검색이 이메일 다음으로 가장 많은 사람들이 참여하는 인터넷 활동이 되었다고 했다. 이 보고서에서는 검색엔진이 편리성과 효율성을 강화해서 사람들이 인터넷에서 정보를 검색할 때 없어서는 안 될 중요한 도구가 되었다고 한다.

조사에 따르면 인터넷을 하는 미국인들 중 84%에 달하는 1.07만 명이 검색엔진을 사용한다고 한다. 반 이상의 인터넷족이 매일 검색엔진을 사용하고 2/3가 매주 검색엔진을 몇 차례 한다. 또한 매일 인터넷을 하는 미국 성인 약 6,400만 명 중 3,800만 명이 매일 검색엔진을 사용하고 있다.

검색기술의 발전과 함께 개개인의 검색기술이 동시에 향상되었기 때문에 검색엔진을 통해 원하는 정보를 찾았다고 대답한 수가 87%에 달했다. 검색엔진은 이미 중요한 정보를 찾는 경로가 된 셈이다.

조사대상자의 검색엔진 선호도는 다음과 같았다. 47%가 구글을 우선으로 꼽았고 그 다음은 야후로 26%, 구글에 대한 만족도가 조금 더 높았다. 특정 검색엔진에 대한 선호도도 강해서 44%가 한 개의 검색엔진만을 사용한다고 했으며 48%가 3개 정도의 서로 다른 엔진을 사용한다고 대답했다.

컴스코어 네트워크는 인터넷 사용경향을 추적하면서 다음과 같은 사실을 발견했다. 2004년 6월 미국인은 총 37억 회의 검색을 했다. 이러한 검색 중 49%가 업무용 PC를 사용했으며 44%가 가정용 PC를 사용했다. 그리고 7%가 대학교 컴퓨터를 이용해 이루어진 것이었다. 검색엔진을 사용할 때에 사용자는 평균 4.4회 검색을 하며 통상 1.8 페이지의 검색결과를 확인한다. 사용자는 평균 33회의 검색을 하는 데 41분을 검색엔진 사이트에서 보냈다.

생활 동사가 되어 버린 브랜드

1930년대 말 저명한 수학자이자 콜롬비아대학의 교수였던 애드워드 카스너(Edward Kasner)는 굉장히 큰 수에 이름을 붙이는 것을 부탁받았다. 하루는 나가서 산책을 하는데 9세인 외손자 밀튼 시로타(Milton Sirrota)에게 생각나는 좋은 이름이 있냐고 물었다. 그 아이는 바로 '구골(googol)이라고 해요!' 라고 대답했다.

1940년 카스너는 자신이 쓴 베스트셀러 〈수학과 상상력(Mathmetics and the Imagination)〉이라는 책에서 이 개념을 처음 발표했다. 그는 10의 100승 혹은 숫자 '1' 뒤에 '0'이 100개 따라오는 수를 가리키는 말을 '구골(googol)'이라고 명명했다.

1955년 〈뉴욕타임즈〉는 카스너가 명명한 구골(googol)이라는 수의 크기를 100년 동안 뉴욕시에 떨어진 빗방울 수보다 많으며 코니 아일랜드(Coney Island) 해변가의 모래알보다 많은 규모라고 표현했다. 그러나 오늘날 이 명사를 들은 사람들의 대부분은 카스너를 떠올리기보다 유명한 인터넷 검색엔진인 구글을 더 잘 떠올리는 데 그 이유는 구글이 그에 가장 걸맞는 회사명을 택했기 때문이다.

구글은 많은 사람들의 입에 오르내렸고 약간의 문법상의 문제가 있긴 했지만 동사로 사용하기에 이르렀다. 약 3년 전 '구글하다(to google)'라는 타동사는 사람들이 '검색하다'라는 말을 대신하여 습관적으로 사용하는 단어가 되었다. 구글의 브랜드명칭은 인터넷 밖의 세계에서도 일반적으로 사용되는 용어가 되어 미국 영화채널 HBO의 인기드라마 〈섹스 앤 시티(Sex and City)〉 중에서도 연기자들은 서로 묻는다. 인터넷으로 관심있는 연애대상을 구글(google)했냐고 말이다.

신조어 수집자인 폴 페드리즈(Paul Mc Fedries)는 9년간 노력을 다해 일상문화층에 침투한 후 시간이 흐르면서 변했던 단어들을 수록하고 그것들을 종류별로 구분해 〈워드 스파이(Word Spy)〉라는 책으로 출판하였는데 '더 워드 스파이(The Word Spy)'라는 홈페이지도 개설하였다.

2004년 2월 페드리즈는 〈패스트 컴파니(Fast Company)〉지와의 인터뷰에서 워드스파이 사이트의 최신 신조어 리스트에 대해 언급하였다. 그는 사람들이 동사로 사용하는 구글(google)이라는 단어가 Metro-sexual(도시미남) Flash mob(플래시몹)에 이어 세 번째 인기 있는 신조어로 등극했다고 말했다.

페드리즈는 '구글(google)'이 자신이 보아왔던 단어 중에서 가장 흥미로운 단어라면서 한 예를 들었다.

"어떤 사람이 저에게 해준 이야기입니다. 어느 날 어떤 사람이 자신의 딸에게 빨리 준비하라고 재촉하고선 문을 나설 준비를 하고 있었는데 그 딸이 그에게 '잠깐만요 아빠 양말 좀 구글(google)하구요'

라고 하더랍니다. 이 말은 '구글(google)'이라는 말이 인터넷상의 검색만을 의미하지 않고 일상 생활 전반에 걸친 '검색'의 뜻을 가지게 되었다는 것을 의미합니다."

'더 워드 스파이(The Word Spy)'는 구글에 대하여 '인터넷상의 정보를 검색하는 것, 특히 구글(Google) 검색엔진을 사용하는 행위를 가리킨다. 인터넷상에서 '새로운 남자, 여자 친구에 관한 상세한 정보를 검색할 수도 있다'라고 정의 내렸다.

마음에 두고 있는 이성의 이름을 검색엔진에 입력하고 그의 과거 행적을 검색해 볼 수도 있다. 사람들은 지금 인터넷에서 남을 '구글링(googling)'하거나 또는 '구글드(googled)' 되고 있다. 〈ER〉이라는 드라마에서 닥터 수잔 루이스의 동료는 그녀가 맹목적으로 데이트 상대를 구글링(googling)한다고 말한다.

영국의 방송사 BBC는 가수인 로비 윌리엄스(Robbie Williams)가 일부 미국 여자들이 처음엔 자신의 구애공세에 냉담하다가도 검색엔진에 자신의 이름을 검색해 보고 나서는 태도가 돌변한다고 했다.

"얼마 후 어떤 사람이 저에게 알려줬어요. 그 여자가 날 구글해서 지금은 내가 누구인지 알더래요. 구글링 만세!"

구글은 또한 2001년 1월 15일 〈뉴욕 옵서버(NewYork Observer)〉에 보도되었는데 그 표제가 '여자들이여! 수줍어하지 말고 그를 구글(google)하라! 검색엔진으로 그를 추적하라!' 였다. 이 기사는 사람들이 구글을 이용해서 새로 사귄 이성 친구를 '구글한다'거나 '뒷조사'를 해서 자세한 정보를 알아보는 추세가 점점 유행하고 있다는 내용이었다. 당시 설립된 지 2년이 채 안 되었던 구글이 가히 뿌듯해할 만한 상황이었다.

그러나 워드스파이는 구글(google)을 가장 먼저 동사화하여 사용하는 '영광'을 미디어매체인 〈텔레그래프 헤럴드(Telegraph-Herald)〉에게 하루 일찍 빼앗겼다. 〈텔레그래프 헤럴드〉는 'Googling is newest date thing'이라는 제목의 기사를 통해 2001년 1월 14일 다음과 같은 내용을 보도했다.

"만약 당신이 데이트상대가 될 사람의 자세한 정보를 구글링하고 있다면 구글이 그가 50억 명의 목숨을 모해했다는 검색결과를 쏟아낸다고 해도 그를 나쁜 사람이라고 섣불리 규정하지 마십시오. 그것은 소문에 불과할 가능성이 높기 때문입니다."

2004년 10월 중순 '더 워드 스파이'의 최신유행 신조어 100개 리스트가 발표되었다. 구글은 그 중 9위를 점했는데 '구글 바밍(Google bombing)'이 2위로 뛰어올랐다. 워드스파이의 정의에 따르면 구글 바밍의 뜻은 유령사이트를 대량으로 개설하고 특정의 한 사이트를 향해 집중 링크시켜 놓으면 사용자가 링크문자를 입력했을 때 그 사이트가 구글의 검색 결과 페이지의 최상단에 뜨게 된다는 것으로 명사로는 구글 밤(Google Bomb)이라 한다.

정치에 불만을 품은 인사는 '구글 밤'을 던져 항의할 수도 있다. 어떤 이는 이러한 구글 밤의 원리를 이용해서 '참패'라는 단어에 해당하는 검색결과를 미국백악관 정부사이트의 부시 대통령 소개사이트로 연결시키기도 했다. 한편 워싱턴대학에서는 '구글현상, IT기업 문화에서의 의의'라는 제목의 석사반 수업과정을 개설하기도 했다.

브랜드 보호

회사 명칭이 일상생활의 동사로써 사용되는 것은 구글에게는 더할 나위 없는 영광이었다. 막 신제품이나 서비스를 출시한 기업은 십중팔구 항상 회사의 명칭이 사람들에게 제품의 동의어로 연상되기를 바란다. 한 회사의 명칭은 그 회사가 이루고 싶어 하는 목표를 나타내는 압축된 단어이다. 실로 회사 창업자들은 오매불망 바라는 이상을 회사의 명칭에 함축적으로 표현한다.

그러나 일단 그 꿈을 실현하고 나면 이에 필연적으로 따를 이후의 결과를 고려해야 한다. 사람은 유명해지는 것을 두려워하고 돼지는 살찌는 것을 겁낸다고 했던가? 구글의 문제는 브랜드 지명도가 극에 달해 오히려 역으로 그 피해를 입게 될 수도 있다는 점이었다. 명성이 퍼지고 사람들에게 더욱 많이 언급될수록 브랜드 특색은 희석되는 법이다.

아일랜드 유미주의 작가·시인·희곡작가이자 재능꾼(才子)인 오스카 와일드(Oska Wild)는 "이 세상에서 다른 사람이 자기 이야기를 하는 것보다 더 좋지 않은 일이 있다. 그것은 아무도 자신에 대해 이야기하지 않는 일이다"라고 했다. 구글의 처지는 이를 꼭 뒤집어서 이야기할 수 있다.

인터넷뉴스닷컴(Internetnews.com)은 구글의 마케팅 담당직원이 회사의 브랜드 인지도가 날로 치솟아 기쁨을 감출 수 없게 된 상황과는 반대로 구글의 지적재산권 관련 변호사들은 머리를 짜내어 구글이 자체 성공으로 인한 피해자가 되지 않도록 하기 위해 노력하고 있다고 했다.

　그들의 노력은 주로 상표보호에 있었다. 상표는 정부로부터 실물이나 서비스 출처 혹은 품질을 보호받을 수 있는 문자, 로고이다. 예를 들면 코카콜라(CocaCola)의 경쟁업체는 그들의 음료에 코크(Coke)라는 명칭을 붙이는 것이 금지된다. 탄산음료를 좋아하는 사람이라면 누구나 미국의 미스콘신에 있든 모로코의 마라케시(Marrakech)에 있든, 붉은색과 흰색으로 디자인된 탄산 캔음료를 구입한 후에 바라는 것이 무엇인지 다 알 수 있다.

　그러나 상표법에 따르면 어떤 제품이나 서비스가 큰 인기를 얻어 남녀노소 가릴 것 없이 많은 사람들의 입에 오르내리는 '통용어휘'가 되면 딱 잘라 상표가 도용되었다고 규정짓기에는 상표법으로도 도울 방법이 없다고 한다. 이 수준을 넘게 되면 상표소유자는 해당 상표에 대한 상표권을 포기하는 것과 같아진다. 이것이 바로 구글이 우려하는 점이다. 구글은 실로 'Google'과 '인터넷 검색'이 동의어화되는 것을 인정할 수 없으며 최소한 법원이 이러한 판결을 내리는 것을 막아야 했다.

　제록스(Xerox), 크리넥스(Kleenex), 포테이카빈(Portakabin), 롤러브레이드(Roollerblade) 등 회사의 변호단은 모두 보도매체에 서신을 보내 그들의 회사명을 일반 명사화하여 사용하는 상황이 시정되어야 함을 호소하기도 한다.

　후버(Hoover)가 생산하는 진공청소기는 상당히 유명하나 그들은 브랜드를 보호하기 위한 조치를 취하지 않았다. 지금은 많은 미국인들이 방을 청소할 때 '버큐밍(Vaccuming)' 한다고 하지 않고 '후버링(Hoovering)' 한다고 표현한다. 이처럼 구글(google)도 이미 이들의 전철을 밟으려 하고 있다.

구글이 가장 유명한 것은 검색엔진이지만 그의 촉각은 또한 기타 수많은 사이트에 미쳐 광범위하게 응용되고 있다. 구글에는 구글뉴스(Google News)를 비롯하여 구글 웹 쿼츠(Google WebQuotes)가 있어서 구글의 검색결과와 함께 다른 사이트의 평가도 같이 볼 수가 있으며 검색단어의 의미를 가지는 구글 글로세리(Google grossary) 및 쇼핑검색사이트 프루글(Froogle)이 있다. 그러나 구글이 피해 마지 않는 컨텐츠가 있으니 그것은 바로 사전이었다.

인터넷 사전인 '더 워드 스파이'는 매체상에 새로이 출현한 신조어들을 모아 편집 정의하는데 2004년 4월 구글(Google)이라는 단어와 이에 대한 해석을 사이트에 해석해 놓았다. 2003년 봄 구글은 페드리즈를 찾아 '더 워드 스파이'상에 해 놓은 구글의 정의에 대해 항의했다.

구글의 변호사는 강경한 언어로 된 서신(일부 내용은 후일 모 사이트의 토론방에 올라와 있음)을 통해 구글에 대한 정의를 삭제해 주거나 혹은 구글의 상표적 지위를 고려해서 다시 정의해 주기를 요구했다. 구글은 사람들이 구글(Google)이라는 단어를 사용할 때 그들이 가리키는 것이 회사가 제공하는 서비스를 뜻하길 바랐고 일반적인 인터넷검색을 가리키는 단어가 되지 않기를 바랐다. 페드리즈는 두 번째 건의를 받아들였다.

구글의 변호사는 '더 워드 스파이'가 내린 정의에 대해 무슨 큰 반감이 있는 것이 아니며 조금 불만족스러운 부분이 있다면 그것은 구글이 실체를 가진 회사라는 점을 여전히 언급하지 않고 있는 점이라고 했다. 더 워드 스파이는 이 항목을 수정했고 '구글(Google)은 IT회사 구글이 제공하는 검색기술 및 상표'라고 표기했다. 그제서야 구글은 이를 수긍했다.

이러한 모든 노력은 브랜드 명칭이 인터넷 검색이라는 일반명사로 개념화되어 최종적으로 상표에 대한 사용권을 상실하고 마는 상황을 피하기 위한 조치였다.

구글(Google)이라는 상표는 실로 귀중한 자산이었다. 그래서 구글은 그의 가치를 보호하기 위해 기술적 탁월함을 추구하는 것 외에도 그 브랜드 명칭을 보호하기로 결심했다. 구글이 성인사이트 검색엔진인 부블닷컴(Booble.com)에 대해 상표 도용을 이유로 제소한 것도 같은 맥락에서였다.

이 외에도 몇몇 사용자들이 '구글바밍(Google Bombing)'을 통해 고의로 검색결과를 조작하거나 '구글 워시트(Google Washed)' 등으로 부정적인 비평을 퍼뜨리는 등의 악의적 행동이 구글이 제공하는 서비스에 대한 신뢰도를 떨어뜨렸다. 이러한 현상들은 원래 소수의 사용자들이 제멋대로 하는 행동에 불과했지만 '바밍' 행위는 이후에도 끝도 없이 나타났다. 어떠한 소소한 실수라도 구글의 이미지를 손상시킬 수 있었다.

구글의 IPO가 성공한 후 어떻게 주주들의 압박 속에서도 사람들에게 좋은 이미지를 심어줄 수 있을까? 하는 것이 구글의 관리층에게는 큰 도전으로 다가왔다. '브랜드채널닷컴'은 구글의 브랜드 관리자가 그러한 기술을 잘 살리면서도 애플컴퓨터 등 매우 뛰어난 브랜드들을 본받아야 할 것이라고 지적하면서 "만약 구글이 최고 검색엔진으로서의 명성을 앞으로 계속 유지할 수만 있다면 애플 등 유명브랜드의 대열에 합류할 수 있을 것이며 소비자들의 충성도도 더욱 높아지게 될 것입니다" 라고 했다.

인터브랜드(Interbrand)가 그의 사이트상에 "향후 2년은 검색엔진이 크게 발전할 시기가 될 것입니다. 지금까지 구글의 우위점은 심플하고 친근하고 신뢰감 있는 방법으로 고객에게 제공한 서비스에 기인해 왔습니다. 또한 이로써 인터넷상에서 거대한 부를 쌓을 수 있었습니다" 라고 한 말은 구글이 앞으로도 심플하고 친근하며 신뢰할 만한 검색서비스를 제공할 것이라는 점을 시사했다.

제5장

창조와 가치공유

　　　　　인터넷공간은 우리가 실제로 살고 있는 곳과는 별개의 공
간으로 어떤 대상을 찾는 것이 매우 쉽고 빠르다. 전에는 주간지 〈이코노미
스트(The Economist)〉의 인쇄판을 구독하기 위해 직접 책을 펴고 구독신청
을 접수하는 곳의 연락처를 우선 확인해야 했다. 그러나 인터넷을 이용하면
상황은 달라진다. 구글을 띄우고 검색창에 '이코노미스트(Economist)'를 입
력하면 클릭 한번으로 구독신청이 완료되는 사이트를 찾는 데 채 5분도 걸
리지 않기 때문이다. 그러나 1998년 9월 구글이 탄생하기 전에는 상황이 달
랐다. 당시에는 인터넷에서 정보를 검색하는 것이 실생활에서 물건을 직접
찾는 행위와 다를 바 없이 막막한 과정이었다. 거의 운에 맡겨야 하는 경우
가 많았다.

〈이코노미스트(The Economist)〉

이제 전세계 모든 사람들은 심플하고 유용하며 친근한 구글 사이트에 몇 글자를 입력한 후 엔터(Enter) 키만 누르면 바로 지식의 열쇠를 얻는 시대를 맞이했다. 구글이 서비스를 이용하는 것은 일종의 문화현상이 되었고 구글은 일상생활에서 없어서는 안 될 중요한 도구의 하나로 자리잡았다. 사용자들은 시간이 지날수록 각종 정보를 검색하는데 구글의 기술을 의지한다.

미국의 테네시주립대학교(East Tennessee State University)의 조교수이자 컨설턴트 사서인 제리 셔틀(Jerry Shuttle)은 〈머큐리〉지와의 인터뷰에서 도서관 사서와 구글의 영향권에 대해 언급하였다. 기존의 전통적인 도서관 사서들이 정보검색 영역의 선두주자로서 인터넷을 경계한다는 것이다. 그는 또한 인터넷 공간에서는 모든 정보를 찾을 수 있는 것이 아니라 다만 찾은 셈 칠 뿐이며 그 정보들은 제대로 정리되어 있지도 않다고 했다. 또한 웹사이트의 내용이 사전통지 없이 변경되거나 삭제될 가능성이 충분한데도 업데이트되지 않은 초기정보를 착오가 없다고 판단하는 사람들의 무비판적인 태도를 경계했다.

이러한 제안들도 틀린 말은 아니지만 인터넷 정보의 품질이 부단히 제고되어 왔으며 사용의 편의성도 크게 개선된 것은 부인할 수 없는 사실이다.

예를 들면 교사들이 2002년 '낙제생 없는 학교 만들기(The No Child Left Behind Act)'라는 정부 정책의 실시효과를 알고 싶다거나 학생들이 맹금류, 공룡에 관한 보고서를 쓸 때 혹은 이라크에 파견된 사병이 그 나라의 역사를 알고 싶어할 때에도 불과 몇 초 만에 관련정보를 찾아낼 수 있는 것은 인터넷이 있기 때문이다.

그들은 더 이상 문을 나서서 가까운 대학, 도서관이나 서점, 학교, 모센터 등 특정한 장소를 찾거나 전문지식인을 초청할 필요도 없다. 구글과 같이 선진적이고 복잡한 검색엔진은 매우 빠른 속도로 수십억 페이지의 문건을 엄선하여 검색자가 신뢰할 만한 정보를 제공한다.

구글……. 이 기묘한 검색엔진은 각지에 분산된 대량의 정보를 한 곳으로 집중시켰다. 교사는 인터넷상에서 '낙제생 없는 학교 만들기'의 연구보고서 전문을 열람할 수 있다. 학생들은 풍부한 자료와 맹금류, 공룡의 이미지를 찾을 수도 있다. 사병들은 중앙정보국(CIA)의 '월드 팩트북(Word factbook)'사이트에 들어가서 이라크의 역사를 이해할 수도 있다.

셔틀은 사람들이 구글을 즐겨 사용하는 이유가 바로 문제 해결의 열쇠를 얻게 해주기 때문이라고 했다. 사실상 수많은 도서관 사서 역시 구글을 사용하고 있는데 그것은 많은 노력을 들이지 않고도 그들이 필요로 하는 정보들을 찾을 수 있기 때문이다. 만약 구글의 검색효과가 좋지 않았다면 사람들은 분명 도서관의 전통적인 인쇄자원을 이용했을 가능성이 크다.

그는 인터넷의 가장 큰 장점이 장소와 시간의 제약 없이 많은 사람이 다양한 정보 출처로부터 많은 정보를 얻을 수 있다는 것이며 구글로 인해 지식보유의 민주화가 실현되었다고 했다.

인터넷이라는 거대한 정보 저장공간이 일반인들이 쉽게 사용할 수 없거나 어려운 것이었다면 그 가치는 크게 하락하였을 것이 분명하다. 구글은 독특한 기술을 가지고 인터넷에 누구나 접근할 수 있게 하였을 뿐 아니라 새로운 가치를 창조하고 모든 사용자들이 이를 공유하도록 했다.

생활 필수도구

구글이 그토록 유용하게 사용될 수 있었던 원인 중 하나는 바로 그의 강력한 '크롤러(Crawler)'들이 무수한 사이트들을 검색해 내었기 때문이다. 구글은 초기에 약 2,000만 페이지를 검색할 수 있는 능력이 있었고 지금은 그 규모가 약 80억 페이지로 확대되었다고 발표했다. 정보검색 범위가 확대되면서 이러한 검색도구의 가치와 인터넷의 가치가 크게 높아졌다.

구글은 야후나 알타비스타, 라이코스, 인포스크(Infoseek), 애스크지브스 등 수많은 검색엔진들보다 먼저 없어서는 안 될 사회 운용시스템의 일부가 되었다. 마치 전력선, 하수도, 인터넷 등 인프라시설처럼 말이다.

MSN서치(MSN Search)의 한 조사에서는 미국인 성인 남성이 검색엔진과 보내는 시간은 그의 여자친구, 동료 혹은 가족들과 보내는 시간보다 많다고 발표했다. 미국의 성인남자 중 50%에 가까운 사람들이 생활 속에서 치료가 어려운 자질구레한 병들을 만났을 때 '첫번째로 들르는 곳'이 바로 검색엔진이라고 한다. 그 외에 이처럼 생활 속에서 병에 걸렸을 때 누군가의 의견을 듣기 위해서 1/3의 사람들이 가족을 찾고 1/4 만이 '애인'을 찾는다고 했다.

여자들은 다른 사람의 의견이 필요할 때 아직 전통적인 면모가 남아 있어서인지 1/3이 가족을 찾는 것으로 드러났다. 그러나 건강상의 문제에 직면하게 되면 여성들은 남성들보다 더욱 많이 인터넷을 이용하는 경향을 보였다. 여성의 2/3가 인터넷으로 자신이 관심을 둔 의약정보를 검색했는데 반해 남성들은 그 비율이 41%에 불과했다.

남성들의 검색목표는 무한정하고 광범위하다는 점이 특징이다. 약 1/3의 남성들이 인터넷을 통해 '자기 자신'을 검색하며 자신에 대한 전체적 검색능력에 만족하여 80점을 매길 수 있다고 한다(100점 만점). 이에 반해 여성은 1/5만이 자신의 이름을 검색해 본 사실이 있다고 밝혔다. 12명의 남성 중 한 명 만이 예전의 '연인'을 검색하여 헤어진 후 근황을 알아본 적이 있다고 밝혔으며 이렇게 대답을 한 여성은 4%였다.

MSN 서치의 영업주임 클레어 볼튼(Clare Bolton)은 다음과 같이 말했다.

"이처럼 검색서비스는 우리 생활에서 핵심적인 위치에 있을 뿐 아니라 많은 경우 사람들에게 신뢰할 만한 친구가 되어주기도 합니다. 더욱이 남성들은 검색엔진을 술 친구로 여겨 의견을 묻고 오락을 하기도 하며 심지어 그들에게 사귀고 싶은 이성친구를 머리끝부터 발끝까지 평가해 달라고 부탁하기도 하지요."

스탠다드 앤 푸어(Standard & Poor)의 '주식연구서비스' 기관은 시장조사회사인 인사이트 익스프레스(Insight Express)에 위탁하여 2004년 4월 14일에서 19일까지의 18세 이상 미국인 소비자를 대상으로 조사를 한 결과 48%의 검색엔진 사용자가 구글을 최고의 검색엔진으로 꼽았다. 그 다음은 야후로 20%, 그 다음은 MSN이 14%를 차지해 구글에 한참 미치지 못했다는 점을 밝혔다.

조사에서는 구글이 사람들의 사랑을 받는 최고의 검색엔진이 된 이유가 검색결과의 연관성과 정확성 측면 때문이라고 했다. 83%의 정보검색자가 검색엔진을 통해 얻는 정보에 매우 만족하고 있는 것으로 드러났고 63%가 처음 검색엔진을 사용한 지 2년이 지났다고 대답했다.

또 다른 미국의 권위 있는 시장조사기관인 JD파워(J.D. Power and Associates)는 2004년 9월 23일 발표한 '2004년 인터넷서비스 공급업체/온라인서비스 주민 고객만족도 조사보고서' 상에서 대상자의 45%가 구글을 사용해 본 적이 있다고 대답했다. 22%가 야후를, 10%가 MSN의 검색기능을 사용해 보았다고 대답한 사실을 밝혔다. 만약 인터넷을 하게 된다면 당신은 구글을 사용하게 될 수도 있다. 만약 구글을 사용하게 된다면 당신은 오래된 친구와 지인 소식이 끊어진 학교 동창 혹은 행방이 묘연한 채무자, 메신저를 통해 잠깐 사귄 친구, 옛 남자친구, 새로운 고객, 뉴스, 음악, 섹시이미지 등을 찾을 수 있다.

인생 백과사전

인터넷 공간에서는 매일 세계 각지의 2억여 명이 100여 종의 언어

(〈스타트랙〉 속의 클링곤(Klingon) 언어, 만화 속의 엘머 퍼드(Elmer Fudd) 언어 포함)로 정보를 검색한다.

사람들은 구글의 새로운 이용법을 발굴해 낸다. 예를 들면 일자리를 찾고자 하는 사람이 구글을 이용하면 고용주의 정보를 찾고 그곳의 기업문화와 환경을 심도 있게 검색한다. 고용주는 지원자의 배경자료를 검색하고 '맹목적인 약속'을 정하기 전에 상대방의 자세한 정보를 구글하게 된다. 가정주부는 요리를 하기 전에 식단을 검색한다. 소비자는 구매 전에 상품의 종류와 가격을 검색하게 된다. 학생은 최후의 순간에 구글을 사용하여 화성 탐사임무, 화성캔디의 기원 등 다양한 정보를 검색하여 과제를 제출하거나 기말 레포트를 긁어붙여 제출하기도 한다. 이들은 대학교수들이 '모래주머니 복제법'이라고 부르는 행위로 한편에서는 이들의 표절 왜곡행위를 막기 위해 많은 대학 차원에서 턴잇인(Turn itin.com)이라는 사이트를 통해 표절 여부를 감식하도록 권장하고 있기도 하다. 이 사이트는 구글과 비슷해서 교수들이 학생이 작성한 부분이나 전체 논문 내용을 입력하면 표절했는지의 여부를 대조해 볼 수 있는 곳이다.

나르시즘에 빠진 개인도 자신을 검색한다. 전문 작가 역시 집필한 서적과 문장 내용이 어디에 인용되었는지 어떻게 해석이 되었는지 검색해 봐야 할 책임이 있다. 구글리즘(googlism.com)이라는 사이트는 당신의 성명을 입력하면 당신에게 '구글이 당신을 이런 사람으로 인식하고 있습니다'라고 알려주거나 혹은 당신이 수년간 알리고 싶지 않았던 비밀스러운 이야기들을 속속 화면에 띄운다. 그러나 본서 작자의 영문이름을 입력하면 얻을 수 있는 결과는 '죄송합니다. 구글은 '앤드류 로(Andrew lo)'에 대해 알고 있지 않습니다'일 뿐이다.

구글리즘은 2002년 말 개설된 이래 큰 사랑을 받아왔다. 그러나 그의 사이트는 2004년 1월 구글이 구글리즘닷컴에서 구글의 서버를 검색해서 새로운 구글리즘들을 찾아내는 행위를 저지했다고 밝혔다. 구글리즘닷컴은 이로 인해 불평하지 않았는데 이로써 그의 인기가 증명되었기 때문이다. 하루 평균 구글(Google)을 검색하는 횟수가 1.5만 회었던 반면 구글리즘(Googlisms)을 검색하는 횟수는 총 170만 회(중복수 제외)에 달했다. 사이트 개설 후 총 1,600만 회, 하루 평균 3.5만 회의 검색서비스를 제공했다.

어떤 사람은 구글을 이용하여 나쁜 짓을 하고 법을 어기기도 한다. 예를 들면 '구글 해커(Google Hacker)'는 구글의 침투능력을 이용하여 은행기록과 사회보장번호(Social Security Number)를 해킹하기도 한다. 몇 번의 클릭으로도 돈을 지불할 필요도 없고 어떤 사람도 수십억 페이지의 사이트를 검색할 수 있으며 거의 모든 것, 심지어 당신의 신용카드 번호도 검색해 낼 수 있다. CNET News.com은 일찍이 구글을 이용해서 불법적인 패거리들이 붙여놓은 카드소지자 성명, 주소, 전화번호 등이 포함된 수백 개 신용카드 계좌번호가 있는 사이트를 열 수도 있다고 보도했다.

구글을 통해 사용자가 숫자를 입력하면 UPS와 페덱스(FedEx)의 운송품 위치, 차량엔진번호, 일반제품번호(UPC), 특허번호, 심지어 전기제품 인증번호를 검색하는 등 상당히 상세한 검색을 할 수가 있게 되었다. 따라서 총명한 사람들이 이러한 강력한 기술을 이용해 단순하고 무지한 사람의 정보를 어렵지 않게 취득하게 되었다.

구글이 최근에 발전시킨 새로운 능력은 바로 범죄행위에 일격을 가하는 일이다. 이에 관해 보도에서는 1993년 2월 1일 '존 도우(John Doe)'가 워싱턴 중부 인적이 드문 도로상에서 당한 차사고를 소개했다. 구글은 그로부터 11년 후인 2004년 10월 8일 법 집행자들과 그들의 컴퓨터 설비들이 하지 못했던 일을 해냈다. 구글에 의해 사망자는 텍사스주 애머릴로(Amarillo)에 살았던 변호사이자 전직 판사인 데이비드 글렌 루이스(David Glen Lewis)임이 드러났다.

워싱턴주 경찰대의 탐정인 팻 디터(Pat Ditter)는 2004년 2월부터 본 실종사안 업무를 승계했는데 진전이 없었다. 후에 그는 기지를 발휘하여 굳이 전통적인 수사방식을 벗어나지 못하는 것을 불만스러워하며 구글을 이용해서 한번 해볼까 하는 생각에 사망자의 신장과 체중 등 자세한 자료를 입력하고 일부 실종자 추적사이트에도 자료를 등록했다.

약 1주일이 지난 후 디터는 경찰의 비싼 데이터베이스를 이용하여도 다년간 찾지 못했던 자료를 찾게 되었다. 그것은 피해자 리스트였다. 협조를 받아 신분 식별이 가능하게 된 국제사이트상에서 루이스의 사진이 올라와 있는 것을 발견할 수 있었다. 디터는 그 사진이 워싱턴주 애머릴로 사고현장에서 찍은 시체 안면과 매우 유사한 것을 알았다. 무엇보다 사망자가 사진에서처럼 특별한 안경을 쓰고 있었기 때문이다.

디터는 범죄현장의 물품리스트를 확인했다. 그 안에는 과연 안경이 포함되어 있었는데 실종자 사진에서 쓰고 있던 안경과 똑같다는 사실을 확인했다. 이것이 우연일까? 그는 다시 사망자의 양말과 1993년 이래로 보관해 왔던 조직 샘플에 대한 DNA 분석을 의뢰했다. 루이스 어머니의 DNA 샘플과 비교 분석해 본 결과 그 사망자가 루이스임이 밝혀지게 되었다.

루이스의 가족은 다시는 잠 못 이루는 밤을 보내지 않아도 되었다. 그동안 그가 아직 살아서 언젠가는 돌아올 것이고 전화를 할 것이라는 생각에 잠을 이루지 못했기 때문이다. 그러나 그는 왜 실종되었고 어떻게 실종되었는가? 왜 시체는 1,600마일이나 떨어진 곳에서 발견되었을까? 뺑소니 차량의 운전자는 누구인가? 상황은 여전히 미궁에 빠져 있었지만 어쩌면 구글이 이번에도 도움을 줄지도 모를 일이었다. 범죄를 해결하고 범인을 잡는 것이 구글의 새로운 기능이 아닌지 모르겠다.

또 다른 예가 있다. 수사망을 피해 숨어 다니던 한 지명수배자가 있었는데 이는 참으로 구글의 손아귀를 벗어날 수 없었던 예라고 하겠다. 지명수배자가 뉴욕시에서 중요한 실수를 범했기 때문에 그의 범죄는 수면 위로 드러나게 되었다. 그는 구글을 어떻게 사용하는지 알았던 한 여성과 사귀고 싶어했다.

뉴스종합사이트인 WCPO.com이 독점 보도를 통해 이 사건을 다루었다. 하루는 이 여성이 컴퓨터를 하고 있을 때 라쇼운 피터스 브라운(LaShawn Pettus-Brown)이 AOL의 실시간 정보를 알려줬고 두 사람은 이를 계기로 인터넷상에서 알게 되었다. 그는 자신이 로스엔젤러스에 살고 있으며 오하이오주 벅키즈(Buckeyes)팀에서 활동을 했고 뉴욕에 와서는 전미농구협회(NBA) 선발전에 참가하고 있다고 했다.

약속을 잡고 만나기 전 안전을 위해 그녀는 우선 그에 대해 알아보기로 했다. 그녀가 인터넷에서 피터스 브라운의 성명을 입력하고 얼마 지나지 않아 그가 원래 오하이오 주립대학 농구팀에 있지도 않았다는 사실을 알게 되었다. 몇 번 마우스를 더 클릭을 하니 갑자기 그가 사기죄 혐의로 현재 연방조사국에 의해 지명수배되어 있다는 정보가 검색이 되는 것이었다. 그녀는 이 사람이 혹시 이메일로 만난 그 사람인가 의심했다. 그래서 그녀는 WCPO.com 사이트에서 답을 찾았다. 피터스 브라운이 이메일로 그녀에게 보낸 사진을 지명수배된 사진과 대조해 보니 동일 인물임을 최종적으로 확인할 수 있었다.

눈치가 빠른 그 여성은 연방조사국에 전화를 걸어 수사에 협조하겠다고 동의했다. 이렇게 해서 피터스 브라운의 도망행각은 종지부를 찍게 되었다. 그는 구글 검색엔진상에 자신의 정보가 검색되고 국제적으로 뉴스화되어 싱가포르에서부터 런던까지 곳곳에서 확인할 수 있게 되리라고는 상상도 못했다.

인명구조

적지 않은 사람들이 병원에 가기 전에 먼저 병의 원인을 검색한다. 어떤 사람은 구글은 신이라고 말한다. 창립자인 브린이 한 실화를 이야기했다. 어떤 사용자가 구글을 이용해서 한 가족이 심각한 심장병을 앓고 있는 것을 알게 되었고 필요한 조치와 관련된 정보를 알아낸 후 신속하게 환자를 병원으로 이송하고 혈관 수술을 받아 소중한 생명을 살렸다는 내용이었다. 브린은 "그것은 참으로 의미가 있는 큰 사건이었습니다" 라고 했다.

한 기자는 구글이 자신의 생명을 구해주게 될지 정말 생각지도 못했다고 했다. 당신은 구글을 통해 대학동창을 찾을 수도 있고 용량 큰 이메일 계정을 얻을 수도 있을 뿐 아니라 사람의 생명까지 구할 수 있게 되었다. 어떤 사람은 그러면 구글이 못하는 것이 무엇이냐고 물을 수 있다.

2004년 10월 16일 오스트레일리아의 저널리스트 존 마틴쿠스(John Martinkus)는 SBS 방송국의 '데이트라인(Dateline)'이라는 프로그램에 보낼 보도내용을 카메라로 찍고 있던 도중 자신의 머리에 총을 겨누는 한 이라크 민족주의자에 의해 납치되었다.

이는 미국의 이라크 공습 후 오스트레일리아인이 최초로 인질로 끌려간 사건이었다. 마틴쿠스는 오스트레일리아 방송국에 자신이 바그다드 오스트레일리아 대사관 부근의 호텔 외곽에 납치되어 왔으며 장소를 말하면 죽이겠다고 했다고 밝혔다.

다행히 이번 납치극은 비극으로 끝나지는 않았다. 납치 후 테러리스트들은 구글을 이용해 그의 신분을 검색했고 인터넷에서 그의 신분을 증명할 수 있었다. 검색 도중 그들은 마틴쿠스가 최근 작성한 기사들을 보게 되었고 그를 풀어 주어 계속 글을 쓰게 하는 것도 가치 있는 일일 것이라고 여겼다.

전신을 무장한 테러리스트들은 납치 초기에는 마틴쿠스가 미국 중앙정보국(CIA)의 정보요원이거나 미국의 업무를 대신하는 직원일 것이라고 여겼다. 그의 이름을 인터넷에서 검색하고 그가 한 말을 대조해 보니 모든 것이 사실이었고 그와 미국이라는 나라는 조금의 연관성도 갖지 않는다는 것을 깨닫게 된 후에야 그를 풀어주었다. 풀려나

기까지 약 24시간이 흘렀다.

SBS 방송국 사이트의 집행제작자인 마이크 케어리(Mike Carey)는 미국의 AP 통신에 "그들은 그를 구글(google)해서 그가 누구인지 알아내었습니다. 아마도 마틴쿠스의 홈페이지거나 혹은 그의 서적 출판업체의 사이트이겠지요. 저는 이것이 그를 살리는 데 큰 도움이 되었거나 혹은 그들의 결정을 바꾸는 데 큰 영향을 미쳤다고 생각합니다"라고 했다.

인터넷은 이라크와 같은 분쟁지역 내 테러 단체가 즐겨 사용하는 도구로 이를 이용해 전세계에 이념을 선전하고 가끔 인질 참수식 등 사람들을 오싹하게 하는 화면을 방영하기도 한다. 최근 몇 개월간에는 신문매체와 세계 각지의 조직들이 이슬람교도들이 개설하는 사이트를 요의 주시하고 있는데 그들이 또 인질을 납치하지는 않았는지 조속히 알아내기 위해서이다.

리서치회사인 워스리스 폴스(Worthless PollsInc.)는 1,000명의 테러리스트들에게 물었다. 그들이 가장 좋아하는 검색엔진이 무엇인지 말이다. 80% 이상이 구글이 야후를 초월할 것이라고 대답했는데 그 이유는 '새로운 목표를 찾기가 비교적 용이하고 또한 빠르기 때문'이라고 했다.

마틴쿠스는 "이 일은 제가 100% 증명합니다. 구글 때문에 저는 안전하게 풀려날 수 있었던 것입니다. 그는 제 생명을 구했습니다. 그들은 야후로 저를 검색해 보았으나 어떠한 정보도 얻어낼 수 없어 저를 죽이려고 했습니다. 그런데 어떤 사람이 아랍어로 "구글(Google), 구글(Google)!"이라고 외쳤는데 저는 그 말이 무슨 말인지 몰랐습니다. 나중에야 알게 되었는데 테러리스트의 수령이 저를 죽이려고 준비하는 사람에게 야후 말고 구글을 사용해 보라고 한 말이었던 것이었습니다. 그는 구글이 테러리스트들이 활동하는 데 가장 유용한 검색엔진이라고 말했습니다"라고 했다.

신분을 밝히지 않은 한 테러리스트는 "구글은 속도가 매우 빠른 제국주의 검색엔진입니다. 우리는 미국을 증오합니다. 우리는 야후를 증오합니다. 그러나 구글을 사랑합니다! 구글은 검색속도가 빠르고 화면은 너무나 심플합니다. 우리는 쉽게 테러리스트의 공격목표를 검색해 낼 수 있고 심지어 곧바로 인터넷에서 지시를 얻어내기도 합니다"라고 밝혔다.

구글의 무등을 타고

인터넷이 있어서 사람과 사람 간 시공의 차이는 점차 줄어들었다. 당신은 당신에게 가장 중요한 사람과 가깝게 기댈 수 있고 또한 가장 빠르게 모일 수가 있게 되었다.

전세계 약 4억 명의 인구가 인터넷을 사용하는 지금 만약 당신이 홈페이지를 가지고 있지 않다면 당신은 이러한 거대한 소비자들 혹은 사용자들에게 자신을 드러낼 수 없게 된다. 이는 참으로 '젖과 꿀이 흐르는 땅'을 스스로 거절하는 행위와도 같다. 여타의 매체들처럼 인터넷에서 홈페이지 등의 형식으로 자신을 부각시키는 일은 일종의 유행이 되었다.

그러나 1990년대 초 인터넷이 등장한 이래 수백만의 사용자들은 한두 개의 홈페이지만을 가지고서는 자연스레 새로운 친구들을 얻거나 그들에게 큰 영향력을 행사할 수 없다는 사실을 알게 되었다.

인터넷상의 웹사이트 수량은 이미 전세계 인구 수를 초월했으며 새로운 사이트가 매일 3만여 개의 속도로 증대되고 있다. 당신의 사이트가 사람들에게 알려지게 하기 위해서는 당초 힘들게 웹사이트를 구축하는데 쏟았던 노력보다 더 큰 힘을 쏟아야 한다.

혼란스러운 인터넷 환경 가운데서 어떤 질서의 요소를 끌어내려 노력한 검색엔진들은 수없이 많았다. 그러나 구글은 그 중에서 가장 뛰어났다. 그가 운용하는 계산법은 검색자가 가장 원하는 정보를 최전선에 배치하고 '연관성'의 순서대로 이를 배열해 냈다. '연관성'은 또한 기타 사이트가 또 다른 사이트로 링크시킨 횟수에 따라서 그 정도가 결정된다. 이렇게 하여 실용적이어도 세상에 알려지지 않은 사이트는 종종 검색결과의 뒷부분에 나타나게 된다.

가상공간, 입지를 선점하라!

이전에는 홈페이지를 가진 회사들의 수가 그리 많지 않았다. 그래서 검색결과 상의 위치는 그리 중요한 요소가 아니었다. 대부분의 검색어를 통한 검색결과들이 고작 몇 페이지 분량에 불과했기 때문이다. 굳이 홍보를 하지 않아도 웹사이트를 개설할라치면 어쩌면 고객이 소문을 듣고 방문을 하게 될 수도 있었다.

그러나 지금은 이런 식의 막연한 기대만을 갖고 안일하게 지낼 수 없는 시대이다. 셀 수 없이 많은 업체들이 좋은 입지를 선점한 후 화려한 효과를 동원하여 각종 제품과 서비스를 판매한다. 검색엔진은 더욱 복잡한 시스템으로 무장하여 어떤 사이트를 검색결과 페이지의 상단에 올릴지를 결정하기만 하면 되었다. 그래서 웹사이트는 아무리 화려한 개막식을 갖고 시작하여도 그것이 '오대양 육대주'를 누릴 정도로 성한 사업이 될지의 여부는 검색결과 페이지에서의 위치가 어디인가에 따라 결정된다고 할 수 있겠다. 상업적 입지가 중요한 실생활에서처럼 말이다.

그 이유는 간단하다. 정보를 찾고 싶을 때 대부분의 사람들은 직접 검색엔진을 띄운다. 그들이 찾고자 하는 내용의 검색어를 입력하고 검색결과의 1페이지와 2페이지의 내용만을 검색한다. 자신이 찾던 정보를 찾지 못하면 계속 검색하면 된다. 이러한 과정은 웹사이트 배열 순위가 사업의 성패와 직결되는 중요한 문제로 떠오르게 하였을 뿐 아니라 검색엔진 사용자의 업체에 대한 인식을 고정시키는 요소로 작용하게 하였다.

예를 들면 미국 버팔로시에 위치한 앤티끄&컬렉터블오터스(Antiques and Collectibles Autos)와 같은 구형차 재현 생산업체에게는 한 글자 혹은 심지어 그 속에 포함된 알파벳 하나하나가 업체 전체를 대표하기도 한다.

구형차에 관심이 많은 사람이 구글 검색창에 '유리섬유 레플리카스(Fiberglass Replicas)'라는 단어를 입력하면 돌가(Dole Street)에 위치한 구형차를 수집 및 재현하는 업체의 사이트가 최상단에 위치하거나 보통 상위 5개 항목 내에 위치하게 된다. 그러나 만일 레플리카스(replicas)에서 's'를 빼고 입력하면 골동품 수집가게는 첫 번째 페이지에서 찾을 수도 없게 될 것이 분명하다.

구형차를 수집하기를 좋아하는 사람은 아마도 영원히 그간의 차이에 주의하지 못할 것이다. 앤티끄&컬렉터블오터스의 사장은 〈버팔로(The Buffalo News)〉지와의 인터뷰에서 "이 업종을 경영하기 위해서는 검색 결과에서 최상단 혹은 두 번째 위치를 점해야 하는데 그렇게 되지 못하면 사람들의 주의를 끌지 못하게 되고 결국 거액의 돈을 지불하는 수집가들은 다른 곳에 돈을 사용할 것이기 때문입니다. 만약 당신의 회사가 인터넷 쇼핑족, 방을 구하는 사람, 차를 사길 원하는 사람에게 구글(google)되지 못한다면 첫째 페이지 이후의 수십 페이지 가운데 묻히게 되는데 그렇게 되면 유령회사와 다를 바 없게 될 것입니다. 바꿔 말하면 검색결과 페이지에서 유리한 위치를 점하는 것은 매우 중요한 일이라는 말이지요"라고 밝혔다.

주요 검색엔진에서 좋은 위치를 선점하는 것은 오늘날 온라인 세계에서 반드시 장악해야 할 가장 유효한 영업 수단 중의 하나이다. 구글과 기타 검색엔진상의 '황금입지'를 차지하면 그 효과는 가장 번화한 거리 양쪽에 자리한 상점들에 비할 바가 아니며, 오히려 지나쳤으면 지나쳤지 못하지 않을 정도이다.

검색결과 페이지의 상단에 위치할 수 있는 방법은 작은 문자식 검색광고를 구입하여 확실한 위치를 정하면 된다. 갈수록 많은 기업들이 기꺼이 돈을 지불해 가며 검색사이트의 광고란을 구입한다. 세계는 이미 변했다. 분명한 사실은 돈을 들여 좋은 위치를 선점하는 것이 앞으로는 지극히 일반적인 일이 될 것이라는 점이다.

구글의 IPO가 성공한 후 수많은 소규모 업체들이 매일 구글의 검색페이지 우측 스폰서링크에 광고를 게재한 후 신규 고객을 유치하는 데 성공하였다. 소규모 입체들이 구글을 통해 실제적으로 성공하였다는 것은 그가 가치를 창조하고 그들로 하여금 빠르게 돈을 벌 수 있는 길을 제시했기 때문이다.

실로 '구글현상'의 최대 수익자는 아마도 이러한 소규모 업체들이 아닐까? 그들은 칡덩굴이 나무에 의지하여 달려 있는 것처럼 구글의 저렴한 광고도구를 통해 이러한 성공을 거둘 수 있었다. 이러한 사례는 셀 수 없이 무수하다.

2003년 코러게이티드 메털스(Corrugated Metals)의 실적이 급락했는데 이에 회사의 사장은 인터넷 순위 1위인 검색사이트 구글에게로 생각이 미쳤다.

검색사이트와 이 회사와의 업무 사이에는 무슨 관계가 있는 것일까? 원래 그들은 매달 200달러를 들여 사람들이 '롤 성형(roll forming)'이라는 단어를 검색할 때마다 자사의 광고가 최상단에 검색되도록 했다. 며칠 내로 이 광고는 직원이 26명뿐인 이 회사 매출을 35%나 성장시켰다.

또 다른 예로는 지레이나 화포우라는 이탈리안 양복을 파는 가게의 여주인이었다. 원래는 경매사이트 이베이(eBay)를 통해 판매하였으나 후에 친구의 건의로 구글을 이용하기 시작했다. 하루가 지난 다음 날 아침 주문이 밀려들기 시작했다. 구글 사용자가 '이탈리안 양복

(Italian Suit)'이라는 단어를 입력할 때마다 그녀가 개설한 사이트 www.vavraltaly.com의 광고가 우측 스폰서링크 상단에 뜨게 되었다. 매출액은 두 배 가까이 올랐고 그녀는 번 돈으로 또 다른 가게를 열었다. 3명의 직원을 두고 하루에 25~30벌의 양복을 판매했다.

보스톤의 마크 지니는 소형 호화 승용차 렌트 회사를 운영하고 있었는데 80%의 예산이 구글과 기타 검색사이트에 광고 게재비용으로 지불되고 있다. 그는 "우리는 바로 이런 식으로 불경기에도 견뎌냈습니다"라고 했다.

이러한 사람들의 실제 경험들은 구글이 고객과 광고주들을 성공으로 견인하는 강력한 역량을 가지고 있음을 보여주었다. 모든 회사의 생사여부가 검색엔진에게 달려 있다는 사실을 통해 우리는 구글의 경영이 얼마나 성공하였는가 그리고 그 영향력이 얼마나 큰가를 알 수 있다.

소프트뱅크 캐피털 파트너스(Softbank Capital Partners)의 집행파트너 빌 번햄(Bill Burnham)은 "구글은 미국 회사로서 미국이 전세계 인터넷 업계에서 갖는 우위적 지위를 견고하게 하는 데 도움을 주었다. 구글 등 인터넷 사이트는 수많은 국내 고기술 IT업계의 취업기회를 창출해 내어 해외 OEM 생산으로 인한 적자를 충분히 상쇄시킬 만큼 성장의 견인차 역할을 하였을 뿐 아니라 성장세가 완만한 산업에서부터 고성장 신흥산업 영역에 이르기까지 미국산업의 기초를 공고히 하는 데 공헌했다. 구글은 자사만의 자유분방하고 창조적이고 개방적인 문화와 강력한 기술을 가지고 있었기에 해외로부터의 경쟁의 도전 속에서도 미국산업이 여전히 성장하고 번영할 수 있도록 하고 있다"라고 했다.

어떠한 사람이든 또 어떠한 기업이든 신용카드 한 장과 웹사이트 하나만 가지고 있으면 '애드워즈(AdWords)' 방식으로 구글 검색결과 페이지에 등재될 '유료 검색' 광고란을 구입할 수 있다.

우선 광고주는 검색어를 선택하여 이를 키워드로 삼는 데 어떤 이들은 이를 재미있게도 '개 목걸이'라고 칭하기도 한다. 그 후 사용자들이 이 단어를 키워드로 삼아 검색을 할 때면 온라인 '스폰서광고'가 일반 검색결과 페이지의 우측 스폰서링크에 나타나게 된다. 사용자들이 만약 이에 관심을 가지고 있어 링크된 광고를 클릭하게 되면 자동으로 해당 광고주의 사이트로 연결된다.

핵심어를 선택하는 목적은 잠재 고객이 자사의 사이트를 방문하도록 유도하기 위해서이다. 해당 핵심어를 사용하여 검색하는 고객은 광고주 입장에서는 일단 '1차 고객 심사를 통과한 잠재고객'이 되는 셈이다. 이는 맹목적으로 손 닿는 대로 서핑을 하는 인터넷족과는 다른 성질의 고객층이다.

사용자는 이미 핵심어를 입력, 검색함과 동시에 자신들이 어떤 것에 관심이 있는지 '선포'한 것이나 다름없다. 구글은 그들이 원하는 광고를 연결해 주기만 하면 되는 데 이러한 광고는 광고주를 그들의 제품에 대해 관심을 가진 사용자들을 이어주는 교량역할을 한다. 통계에 따르면 35%에 달하는 검색이 제품이나 서비스 정보를 알아보고 구입하기 위한 목적으로 수행되는 것이라고 한다.

구글의 검색광고 파트의 주임인 데이비드 피셔(David Fischer)는 검색어 광고의 효과는 이미 다른 사이트에서 한참 진행 중인 배너형 광고의 5배에 이른다고 했다. 그 이유는 그들이 제품이나 정보를 이미 적극적으로 검색하고자 하는 의지를 가진 고객으로서 훨씬 높은 구매 잠재력을 가진 대상과 대면하기 때문이라고 했다. 일반적인 특정 대상이 설정되어 있지 않은 여타의 인터넷 광고와 비교해 보았을 때 검색결과 페이지 우측에 나타나는 광고는 그것이 전달하는 정보가 사람들이 찾고 싶어하는 정보와 연관성이 높아 자연히 클릭할 가능성도 높아질 수밖에 없다고 한다.

구글은 사람들이 광고에 노출되는 것을 특별히 싫어하지는 않으나 불필요한 광고에 의해 간섭받는 것을 좋아하지 않는다는 사실을 믿었다. 예를 들면 만약 당신이 검색하는 핵심어가 '이동전화'라고 한다면 검색결과 페이지 우측 '스폰서링크'라고 되어 있는 문자식 휴대전화 광고가 눈에 띌 것이지만 이동식 컴퓨터의 광고는 검색되지 않는다.

애드워즈 애드버타이징닷컴(Adwords Advertising.com)의 독립 컨설턴트 회사 책임자인 페리 마셜(Perry Marshall)은 "저희 고객 중에 '데스티네이션 웨딩스닷컴(Destination Wddings.com)'이라는 곳이 있는데 평소에 젊은 배우자들의 결혼사업을 주선해 주는 곳이었습니다. 그런데 고객들마다 다른 각양각색의 이상형에 맞출 방법이 없어요. 결국 구글의 광고를 이용하기로 했지요. 현재 구글의 '검색어 광고'는 피드백이 즉각적이고 빨라서 고객 유치 방면에 있어서 광고주가 광고 문안을 빠르게 조정할 수 있었고 그래서 우리는 고객의 유동량을 제어할 수 있습니다."

'검색어 광고'의 우수성 가운데 하나는 전통적인 홍보활동과 비교해 봤을 때 상당히 용이할 뿐 아니라 광고가 신청과 거의 동시에 바로 게재된다는 점이었다. 데스티네이션 웨딩 트레블(Destination Wedding Travel)사의 CEO인 제프 듀얼소(Jeff D' Urso)는 회사가 구글의 검색어 광고를 이용한 후에는 남자 배우자 수요를 정확하게 파악하여 그가 전달하는 소식을 즉각적으로 조정할 수 있게 되었다고 했다.

당신은 심지어 구글을 이용해 광고를 미국 전체 중 어느 지역에 배포시킬 것인가 하는 것을 대략 결정할 수 있는데 그것은 구글이 인터넷 사용자들의 'IP' 주소에 따라 그들이 소재하는 지역을 판별할 수 있었기 때문이다.

구글의 대부분의 고객은 소형기업이었지만 갈수록 대형 업체들이 속속 구글과 광고계약을 체결했다. 이들 중에는 게이트웨이(Gate-way), 메리어트(Marriot) 및 최대 경매사이트인 이베이(eBay)도 포함되어 있었다. 이렇게 '검색 영업'은 광고계의 양상을 바꿔놓고 있었다.

구글의 전세계 영업파트 부사장인 오미드 코데스타니(Omid Kordestani)는 "TV나 잡지 광고는 고객에게 있어서 일종의 방해요인으로 작용할 수 있지만 인터넷상에서 구글은 절대로 고객을 훼방하지 않습니다. 여러분이 정보를 찾은 이상 구글은 해답을 제공하는 것에 불과하니까요"라고 했다.

적지 않은 소비자들이 이러한 상업광고가 자신이 찾던 자료와 연관성이 있기 때문에 그들을 애용하며 마치 행정 등기된 명부를 열람이라도 하듯 광고 리스트를 열람하기를 즐긴다. 인터넷 사용자는 스폰서링크상의 문자식 광고들을 갈수록 더 많이 받아들이는 데 이는 당연히 광고주에게 무한한 희망을 안겨주는 사건이 되었다.

구글로 인한 성공스토리는 소비자를 향한 기업의 사례에 국한되지 않는다. 일리노이주 오타와에 있는 B&B 일렉트로닉스(B&B Electronics)는 산업네트워크화 설비를 공장 엔지니어에게 판매하는 회사이다. 애드워즈 애드버타이징닷컴(Adwords Advertising.com)의 마셜은 "B&B는 1년에 백만 부 이상의 제품카다로그를 배포하고 있지만 그보다 오히려 온라인 시장에서의 매출액이 전체의 20%로 더 큰 비중을 차지합니다. 그들은 광고 배열순위가 1위인 인터넷 판매루트를 갖고 있는데 그것은 바로 구글의 '검색어 광고'에서 최다 클릭수 업체가 되었기 때문입니다. 매달 수천 명의 고객 문의가 줄을 잇는다고 하니 기업간 전자상거래인 B2B 업체에게 있어서 '검색어 광고'는 가히 '앉아서 금을 캐는' 격이 아닐 수 없습니다"라고 했다.

그는 또한 "수백 명에 이르는 전년도(2003년) 당사 고객 중에는 구글의 '검색어 광고'를 통해 신규로 접수된 경우가 대부분이었습니다. 결국 구글을 통해 우리는 무에서 유를 창조해 내었고 지금은 실적이 크게 향상된 상황입니다"라고 했다.

소자본으로 대업을……

관련 검색결과 페이지 우측 스폰서링크에 간결한 문자식 광고가 배열되는 이른바 '검색 영업'은 상당히 편리할 뿐 아니라 원가 대비 효과가 높은 수단이며 특히 광고예산이 높지 않은 경우에 적절하다.

'키워드광고'가 출시된 지 2년 만에 15만 명에 달하는 고객층을 형성할 수 있었던 유래 없는 호황은 그냥 저절로 이루어진 것이 아니다. 소형 기업은 '키워드광고'를 이용하여 현지 TV광고나 간판 광고에 소요되는 거액의 광고비보다 훨씬 저렴한 비용으로 전국 혹은 전세계적인 광고효과를 누릴 수 있게 되었기 때문이다. 이전에 그들에게 이러한 기회는 전혀 없었다.

유료식 검색어 광고의 또 다른 장점은 '클릭 횟수에 근거해 광고비를 책정'하는 계산법이라고 할 수 있다. 소비자가 검색엔진상의 광고 링크를 클릭하여 광고주의 사이트에 접속한 후에야 광고주는 비용을 지불하는데 한번 클릭할 때마다 5센트에서 100달러에 이르는 등 그 가격대가 다양하다. 구글은 이를 CPC(Cost-per-click)계산모델이라고 칭한다.

광고주들은 이러한 방식을 환영하는데 그 이유는 하루에 몇 달러를 지불하거나 한 달에 수천 달러를 지불하더라도 광고비용은 모두 흥미를 가진 구매자를 겨냥해 지불되는 것이기 때문이다. 광고주들은 공연히 피땀어린 돈을 관심 없는 소비자에게 낭비하는 것은 허공에 총을 난사하여 겨우 참새 한 마리 포획하는 어리석은 행위와 마찬가지라고 여겼다. 이 외에도 구글은 클릭 횟수당 지불하는 광고비용의 상한선과 하루에 지출할 광고비의 상한선을 지정할 수 있다.

광고주 역시 광고의 효과를 쉽게 추적하여 광고가 총 몇 회나 열람이 되었는지 링크를 통해 접속한 방문객들이 최종적으로 물건을 구매한 횟수는 얼마나 되는지 1회 클릭당 매출액은 얼마인지 어떠한 검색어의 효과가 가장 큰지 등을 알 수 있다. 이와 같은 방법으로 그들은 투자회수율을 계산하여 모 광고 키워드를 얼마에 구입하는 것이 적당한지 알게 된다.

피셔는 "광고업계에서 이는 혁명적인 대안으로 떠올랐습니다. 우리는 게재된 광고에 근거해 비용을 받는 것이 아니라 실제 링크된 광고주의 웹사이트를 방문한 고객 유동량에 근거해 광고비용을 받습니다"라고 했다.

이러한 방법은 소형 기업이 어떻게 계산을 하든 경제적인 결과를 얻을 수 있다. 제프 올러리는 캘리포니아 라구나(Laguna)에 한 출판사를 차렸다. HTML 작성에서부터 주의력결핍증 예방법에 관한 서적까지를 망라하여 서적 종류가 실로 다양했다. 올러리는 90% 이상의 고객이 구글의 '검색어 광고'를 통해 연결된다고 했다. 그는 CPC식 광고비 지불에 크게 주의하지 않았는데 그것은 구글에 1원을 지불하면 2~4원을 벌어들일 수 있기 때문이었다.

페이처 부부는 아드리안(Adrian) 부근의 번화가 대로변에 한 모텔을 경영하고 있었는데 숙박객은 모두 인터넷을 통해 찾아온 경우이다. 구글상에 2개의 광고를 게재한 이 부부는 1회 클릭시마다 약 17센트를 지불하며 한 달에 총 30달러 정도를 지불한다. 그들은 고객 유치수가 1명뿐이라 하더라도 이 광고비용은 가히 경제적이라 할 수 있을 것이라고 했다. 페이처씨는 "인터넷이 아니라면 우리는 생존할 수 없을 것입니다. 일반적인 광고 선전물만을 통해서는 우리 모텔은 사람들의 관심을 끌 수 없을 것입니다"라고 말했다.

켄 칼튼은 1년에 4만 달러를 들여 10만 부의 발행부수를 자랑하는 토마스 비즈니스 명부(Thomas Resister)에 코러게이티드 메털스(Corrugated Metals)의 광고를 게재하여 약 5명의 신규 고객을 유치했다. 그러나 구글을 이용하면서부터 그는 2,400달러만을 들여서 한 달에 16~20명의 신규 고객을 유치할 수 있게 되었다.

게리 레지시는 미시건주 노바이시(Novi City)에 부동산 중개회사를 개업하고 '검색어 광고'로 매일 십여 차례의 중개 건을 유도해 내었고 그 중 성사된 것은 매달 30%에 달했다. 사람들이 '주택(homes)'이나

‘부동산(Real Estate)’라는 단어를 비롯하여 레지시가 소속된 관할 구역 내 10개 도시의 이름을 입력하면 검색 화면에서 그의 광고를 볼 수 있게 된다. 그는 이로써 매달 1,000달러 정도를 광고비로 지불한다.

레지시는 구글에 광고를 게재하지 않았다면 자신의 회사가 사람들에게 알려질 수 없었을 것이라고 했다. 왜냐하면 웬만한 부동산업체는 모두 자체 홈페이시를 갖고 있었기 때문에 구글의 검색을 통해서만은 자신의 사이트가 여타의 수많은 부동산 관련 사이트에 가려져 버렸을 것이기 때문이다.

마치 페이쉐는 보카 레이튼(Boca Raton)에 한 홍보대행사(PR Agency)를 경영하고 있다. 매달 구글에 400~500달러를 지불하여 구글의 검색결과 페이지의 스폰서링크상에 광고를 게재한다. 사람들이 검색창에 ‘홍보(Publicity)’라는 단어를 입력할 때마다 이 회사의 링크가 뜨게 된다.

이러한 광고비용은 소형업체에게 결코 낮은 액수라고 할 수 없지만 페이쉐는 지불할 만한 가치가 있다고 하는데 이는 9개월 동안 구글이 그녀에게 10여 명의 신규 고객을 유치해 주었다며 “최소한 구글의 광고는 맞춤형 광고라고 이름 붙일 수 있을 것입니다”라고 했다. 그러나 페이쉐는 광고 키워드를 선택함에 있어서는 신중했는데 처음에 그가 선택한 키워드는 ‘홍보(public relations)’였으나 후에 ‘무료 홍보(free publicity)’로 바뀌었고 또다시 ‘무료 피알(free PR)’ 그리고 최종적으로는 ‘홍보(publicity)’로 임시 확정되었다.

구글의 글로벌 영업 부사장 샌드버그가 한 말처럼 누구나 웹사이트를 개설할 수 있고 또 그 후에 구글에 광고를 게재해서 클릭 횟수당 5센트만 지불하면 사업을 입체감 있게 경영할 수 있게 된다고 한다.

배열 순위의 관계

검색엔진은 현재 링크의 바이어 측과 셀러 측이 모두 중시하는 도구가 되었다. 어떤 회사는 이미 대부분의 영업 예산을 '스폰서링크' 리스트 배열순위를 높이는 데 사용하고 있는데 그것은 배열순위의 높고 낮음이 광고를 클릭하는 횟수에 절대적인 영향을 미치기 때문이다.

구글은 철저한 자동화된 방식을 채택하여 광고주 예산의 크기, 제품의 성질, 광고, 클릭 횟수 등에 근거해 광고가 링크될 위치와 비용을 결정한다. 동일한 광고 키워드는 한 사람 혹은 한 개 회사가 가격 입찰을 통해 그 귀속여부를 결정한다. 입찰가가 최고인 사람이 스폰서링크 공간의 최상단에 위치하게 된다. 입찰 경쟁이 치열해지면 그 비용 역시 조정될 수 있다.

검색어 광고는 광고주에 의한 셀프등록방식이 적용된다. 키워드의 가격은 예를 들면 '배관공(plumbers)'은 그 수요의 고저에 따라 결정된다. '자동차(cars)'류의 일반적인 명칭은 그 가격이 '포카텔로 자동차 판매상(Pocatello car dealer)' 보다 비싸다. 일부 핵심어는 매우 인기가 있어 심지어 가격 경쟁이 유발되기도 한다. 이 외에 광고주는 반드시 5달러(혹은 등가의 현지 화폐)를 계정에 가입비로 입금시켜야 한다.

광고가 게재되는 위치는 매우 중요하다. 검색엔진(구글뿐 아니라 야후나 기타 검색엔진 포함)의 사이트상에서 확실한 위치를 확보하는 일은 수많은 기업의 영업전략에 있어서 그 중요도가 갈수록 증대되고 있어 그들의 영업예산에서도 상당한 비중을 차지한다. 그 이유는 광고가 게재되는 위치가 그들의 지명도 순위와 수입의 정도를 결정짓기 때문이다.

미국의 인터액티브 광고회사(Interantive Advertising Bureau; IAB)는 니엘슨 인터넷 등급평가회사(Nielsen //NetRatings)에 위탁하여 의료보건, 자동차, 음료, 전자, 소매, 금융 등 6개 업계에 대해서 10,500명이 작성한 대규모 온라인 연구보고서를 조사하게 하여 다음 내용을 증명하게 했다.

연구를 통해 광고 순위는 매우 핵심적인 요소임을 밝혀 내었는데 곧 검색결과 페이지의 최상단에 위치하는 광고는 기존에 알려지지 않은 브랜드일 경우 그 지명도를 27% 높여주는 효과가 있으며 또한 방문자에게 모 브랜드가 인식될 확률은 검색결과 페이지의 최상단 첫 번째에 위치할 경우 평균 27% 증대된다는 결과가 나왔다.

검색결과 페이지의 첫 번째 위치에 게재된 광고는 6개 업계의 모든 브랜드가 식별될 가능성이 평균 14% 증대되었다. 광고 게재 순위가 낮아지면 그 효과도 급속히 하락한다. 예를 들면 다섯 번째 위치에 있는 광고가 브랜드 지명도에 미치는 영향은 매우 미미하다고 할 수 있다.

또한 IAB의 연구는 비 검색사이트에 게재된 문자식 광고는 브랜드 지명도를 23% 높여주는 효과가 있다고 밝혀내었다. 따라서 이를 통해 얻은 결론은 바로 문자식 광고가 브랜드 지명도를 높여줄 수 있다는 점이다. 이는 업계 내 일반적인 관념과는 정반대이다.

광고기술 공급업체인 아틀라스 디엠티(Atlas DMT)가 발표한 지표 보고에서는 수많은 검색엔진 광고주들이 기존에 알고 있던 사실을 한 층 강조했는데 유료 검색어 광고의 상대적인 위치(혹은 광고 배열 순위)

는 그 영향력이 실로 거대하다고 했다.

그 연구는 첫 번째에서 열 번째 순위 내에 배열된 광고는 그 잠재 영향력 차이가 최고 10배까지 차이가 난다고 지적했다. 예를 들면 구글에서 첫 번째에 위치한 광고는 순위가 두 번째인 광고에 비해 방문객 유동량이 40% 이상 차이가 난다. 그래서 해당 회사들은 구글에서는 가장 높은 광고위치를 확보하는 것이 가장 현명한 선택이라고 결론짓는다.

구글의 검색결과 페이지의 우측 상단은 현재 디지털 공간에서는 가장 귀중한 지면으로 만약 비즈니스 사이트가 잠재 고객을 유치한다고 할 경우에는 더욱 그러하다. 왜 그럴까?

첫째 구글은 인기 있는 5대 검색사이트 중 하나이기 때문이다. 둘째 그는 영국, 독일, 프랑스, 이탈리아, 네덜란드, 스페인, 스위스, 오스트레일리아에서 최고의 명성을 가지는 검색엔진(니엘슨 인터넷등급 평가회사의 자료에 따르면)이기 때문이다. 셋째 그는 중복되는 경우를 제외하고도 한 달 방문객 수가 8,190만 명(출처는 상동)에 이르기 때문이다. 넷째 그가 제공하는 백여 종에 달하는 검색언어 화면과 35개 종류에 달하는 언어로 검색결과를 제공하기 때문이다. 다섯째 구글은 실로 세계화된 웹사이트이며 50% 이상의 고객이 미국 이외의 지역에 분포되어 있기 때문이다.

고지를 점령하라

구글의 '광고 키워드' 방식을 채택한 광고주는 15만 명이 넘는다. 그들은 쉬운 길을 택했다. 수백만 명에 달하는 사람들이 구글의 검색결과 페이지에서 높은 배열 위치를 차지하려고 시도했으나 돈은 지불하고 싶어하지 않았다. 그들은 구글이 검색결과 순서를 배열하기 위한 페이지랭크 기술을 가동할 때에 자연스럽게 그들이 최상단에 배열될 수 있도록 사이트를 조작했다. 그들은 구글의 선호도를 연구하고 은밀히 실마리를 추적하는 것처럼 자신이 사용하는 사이트의 설계방식을 조작했다.

미국 콜로라도주에 있는 자전거 어드벤처 회사인 '체험 플러스 특색 있는 여행(ExperiencePlus Specialty Tours)'의 창립자인 릭 브라이스는 "우리는 돈 한 푼 안 들이고 구글을 통해 확보하는 매달 방문객 수가 3,000명에 달합니다"라고 자랑스레 말했다.

브라이스는 적지 않은 영업시간을 사이트 내용을 갱신하는데 소비하는데 이로써 구글 검색결과 페이지상의 배열순위를 끌어올린다고 한다. 그는 여타의 사이트가 자신의 사이트를 링크할 수 있도록 해서 누리꾼들을 자신의 사이트로 유인한다. 구글은 만약 여타의 수준 높은 사이트가 모 사이트를 링크한다면 후자의 중요도가 동시에 상승하여 검색결과 리스트에서도 높은 위치를 점하게 되는 원리를 검색기술에 적용하고 있다. 브라이스는 "우리는 혼신의 힘을 다해 온갖 수단을 동원하여 구글이 우리를 좋아하도록 했습니다"라고 했다.

포트 로더데일(Fort Lauderdale)의 베커 법률사무소(Becker &

Poliakoff)의 시스템 자원관리원과 디지털 매체 전문가인 피터 눌런에게 주어진 임무는 돈 한 푼 안 들이고 회사의 사이트가 구글의 검색결과 페이지에서 경쟁력 있는 위치에 오를 수 있도록 하는 것이었다.

그는 거의 매일 회사의 사이트상에 내용을 집어 넣어서 검색결과 페이지상에 회사의 사이트 링크가 출력될 확률을 높였다. 예를 들면 모 사용자가 구글의 검색창에 '플로리다 변호사(Florida layer)'를 입력하게 되면 베커사무소의 웹사이트 링크는 플로리다주 기타 법률 사무소보다 검색결과 페이지의 상단에 위치할 수 있게 만들었다. 2004년 4월 베커사무소 사이트를 링크시킨 검색엔진 중에 방문유동량의 92%가 구글로부터 유인되었다.

구글 검색결과 배열 순위의 중요성이 크게 증대되었고 더욱이 검색엔진이 유치하는 고객 유동량에 의존하는 회사가 증대됨에 따라 일명 검색엔진 활용 극대화 서비스를 제공하는 컨설팅업체(search-engine optimisers)가 연달아 생겨났다.

비용을 지불하면 그들은 당신의 사이트가 구글을 비롯한 기타 검색엔진의 검색결과에서 어떠한 순위 배열 위치를 점하고 있는지 테스트한 후 검색엔진의 복잡한 순위배열방식을 이용해서 사이트의 배열순위를 높일 수 있는 대안을 제시해 준다. 예를 들면 일종의 '가이드' 역할을 하는 유령 사이트를 제작해서 모 사이트의 방문 횟수가 실제보다 높게 책정되도록 하는 방법이다. 수많은 사이트 경영자나 기업이 일년에 수백 달러 혹은 수천 달러를 지불해서 그들의 사이트가 독립적인 검색결과 페이지상에서 배열순위가 높아지도록 조작하고 있다.

허드슨(Hudson)의 스낵아일닷컴(SnackAisle.com) 사장인 크리스 마우어는 한 회사에 간식과 관련된 검색결과 페이지상에서 좋은 위치를 점할 수 있게 해달라고 위탁한 후 그 배열순위의 상승 정도를 자세하게 감독했다.

위탁 후 오래지 않아 스낵아일닷컴의 배열순위는 반등했고 매출액이 상승하기 시작했다. 이 회사는 3년 전 설립된 이래 연 매출액이 1배 이상 증대되어 10만 달러에도 달하지 못했던 것이 현재는 25만 달러에 육박하게 되었다. 마우어는 이 결과가 인터넷상에서 자사의 홈페이지가 용이하게 검색되어 시용자에게 쉽게 노출될 수 있게 한 노력의 결과라고 생각했다.

갈수록 많은 기업들이 검색엔진의 검색결과 리스트에서의 자사 사이트 링크의 배열순위에 관심을 가지게 되었고 심지어 영업예산에서 큰 비율을 배정해 자사의 이름이 검색결과의 첫 번째 페이지의 상단측에 링크될 수 있도록 하는 데 사용했다.

구글은 그의 '페이지랭크(Page Rank)' 계산법을 부단히 조정하여 독립 검색결과가 '검색엔진 활용극대화 컨설팅'류에 의해 조종되지 않도록 하기 위해 노력한다. 매번 조정 때마다 배열순위는 크게 변동되는데 그렇게 되면 인터넷을 통한 고객유치에 큰 비중을 두고 있는 소형업체들이 입게 될 타격이 커진다.

〈USA 투데이〉의 2004년도 2월 초 보도에 따르면 구글은 얼마 전 색인 내 각 사이트의 배열방식을 조정하였는데 오리건주 포틀랜드의 러네이 두안이 경영하는 '잊지 못할 신혼여행(Unforgettable Honeymoon Web)' 사이트는 '하룻밤 사이에 사라지고 말았다.' 그녀는 "항상 차별적으로 상단에 위치했던 우리의 사이트가 갑자기 흔적도 없이 사라지고 말았더군요"라고 했다. 그녀의 업무는 신혼여행에 필요한 상품을 제공하는 것이었는데 이번 조정으로 인해 적지 않은 충격을 받았다. 그녀는 "이전에는 매일 구글을 통해 고객들이 이메일이나 전화를 통해 문의를 해왔습니다. 그런데 지금은 그러한 주문들이 완전히 끊기고 말았습니다"라고 했다.

'같은 피해를 입은' 업체들이 적지 않았다. 〈서치엔진워치〉의 편집장인 데니 설리번(Danny Sullivan)이 "우리는 그렇게 많은 사람들이 강력하게 항의하는 것을 본 적이 없습니다"라고 했을 정도였다.

구글은 페이지랭크 조작방식을 어떻게 조정했는지는 밝히지 않았다. 검색 품질파트의 주임인 피터 노빅(Peter Norbig)도 단지 "우리는 계속해서 조정할 것입니다. 구글이 한동안 검색결과 배열순위 조정을 하지 않았기에 사람들은 현 상황에 안주하여 자사는 안전할 것이라고 오해를 하고 있을 것입니다. 우리는 검색결과 순위 배열방식을 바꾸었습니다. 방식을 변경한 후 몇몇 결과의 순위가 상승할 것이고 또한 몇몇은 하락할 것입니다"라고 발표했을 뿐이다.

구글이 전세계 검색엔진 시장에서 차지하는 독점적인 위치는 갈수록 강력해져 갔고 이로 인해 각 웹사이트의 성패에 미치는 영향 또한 동일하게 커져갔다.

구글을 둘러싼 상권

구글은 이미 사람들의 생활과 기업의 영업전략상에서 없어서는 안 될 중요한 도구로 성장하였고 더 나아가 구글에 회사의 성패 여부가 달린 수많은 기업과 주변 관련 산업군이 형성되었다.

예를 들면 재택 컨설턴트가 여세를 몰아 빠른 속도로 증가하여 각

웹사이트 경영자들이 보다 나은 검색결과 배열순위를 얻을 수 있도록
돕고 있었는데 이들은 구글의 끊임없는 색인구조 변동으로 인해 웹사
이트 순위가 하락할 수 있는 리스크를 줄일 대안을 제공해 주기까지
했다.

뉴욕 10E20 사이트 설계회사(10E20 Web Design)의 크리스 원필드
는 "우리는 구글로 인해 탄생하였고 호흡하고 있으며 또 사망하게도
될 것입니다"라고 했다. 그는 1,500달러에서 5,000달러에 이르는 비
용을 받고 고객들의 사이트가 '구글과 친해질 수 있도록' 도우며 심
지어 구글에 43억 페이지에 달하는 웹페이지의 색인을 입력하기도
한다.

원필드와 유사한 종류의 '검색엔진 활용극대화' 컨설턴트는 홈페
이지를 대신 제작해 주고 문안을 선택해 주어 구글의 1만여 대에 달
하는 서버 컴퓨터가 찾는 각종 데이터, 예를 들면 키워드 기타 사이트
와의 링크 등의 데이터가 부합되게 돕는다.

심지어 어떻게 구글에 맞추어 사이트를 운영할 것인가에 관한 책도
속속 출판되었다. 〈USA 투데이〉는 〈반즈 앤 노블(Barnes & Noble)〉
의 사이트상에 20여 권의 책이 〈Google for Dummies〉, 〈How to
Do Everything with Google〉, 〈Thurow's Google Sense: Building
Your Buisness with Search〉 등을 포함하고 있다고 지적했다.

키워드의 선택 역시 일종의 학문이다. 많은 성공한 인터넷 업체들
이 '핵심어 영업전략'을 통해, 즉 구글의 CPC(Cost per Click)식 광고
를 통해 업종에 맞게 여과된 맞춤형 고객을 자신의 사이트로 유인할
수 있게 되었다.

그러나 자체적으로 조합한 키워드는 며칠이 지나지 않아 몇 시간

만에 효력을 상실하곤 했다. 시장에 새롭게 출시된 '키워드 텀블러(Keyword Tumbler)'라고 불리는 소프트웨어는 키워드를 입력하면 이를 기초로 각양각색의 키워드 조합을 형성하는 등 다양한 변형을 만들어 낸다. 이렇게 함으로써 몇 분 안에 아주 유용한 키워드 조합 리스트를 만들어 낸다. 그 목적은 기업주가 선택할 수 있는 키워드의 폭을 확대하고 키워드 영업전략에서 경쟁상대를 이길 수 있도록 하기 위해서이다.

구글의 에미트 싱할(Amit Singhal)은 구글이 매일 약 2억 회나 되는 검색건 중에 50% 이상의 검색어가 이전에 사용해 본 적이 없는 새로운 용어의 조합이라고 했다. 〈구글 애드워즈 결정적 가이드(The Definitive Guide to Google Adwords)〉의 페리 마셜(Perry Marshall)은 라스베가스의 한 토론회에서 "모든 키워드 조합을 도출해 내고 싶으면 구글에 입력해 보십시오. 그곳은 단어 조합의 시장입니다"라고 했다.

구글은 부단히 새로운 기능을 세상에 선보여 인터넷 생활의 중심적인 역할을 감당해 누리꾼들의 관심을 흡수했고 이미 기업이 크게 기대를 거는 인터넷 매출의 출처가 되었다. 지금은 홈페이지도 없는 소규모 업체조차도 동일한 기대를 가질 수 있도록 희망을 심어 주었다.

이렇게 홈페이지조차도 없던 소규모 업체, 즉 수도, 전기, 수리업체·세탁업체 및 기타 소규모 업체들도 지역 검색 결과 사이트에 광고를 게재할 수 있게 되었으며 전화번호를 무료로 올릴 수 있게 되어 잠재 고객이 이를 통해 주문을 할 수 있는 길이 마련되었다.

시장연구컨설팅회사인 켈시 그룹(Kelsey Group)과 가격비교서비스 쇼핑몰의 기업품평(BizRate.com) 사이트는 2004년 초 한 조사보고서를 통해 소규모 업체는 온라인 광고시장에서 무시할 수 없는 존재가 되었는데 이는 잠재 고객이 현재 인터넷상에서 그들을 찾고 있기 때문이라고 발표했다.

이 두 회사는 5,500여 사이트 구매자를 대상으로 조사를 한 결과 그들 중 25%가 거주지 혹은 근무지 주변의 업체를 찾는 경향을 보였다고 했다. 이러한 수치는 2003년도의 평가치보다 1배 이상 높은 수준이었다. 검색엔진과 행정 등록 명부를 알리는 사이트도 최근에 들어서 사용자가 거주지나 근무지 근처의 상가를 쉽게 찾을 수 있도록 서비스를 개편했다.

심지어 어떤 사이트는 상품을 보유하고 있지 않은 데도 돈을 벌어들였다. 그 운영방식은 이런 것이었다. 일종의 공식을 통해 사이트 검색자가 이러한 키워드 조합을 입력하면 그의 '유령사이트'가 눈에 잘 띄는 위치에 게재된다. 검색자가 이를 클릭하면 그의 사이트로 접속이 되는데 사이트상에는 수많은 사이트로 연결되는 링크가 표시되어 있다. 검색자가 링크 중 하나를 클릭하게 되면 그 유령사이트와 제휴를 맺은 소매상 사이트로 접속이 되는 원리이다. 검색자가 실제로 물품을 구입하기까지 하면 그 유령사이트는 소매업체로부터 수수료를 받게 된다. 수수료 액수는 크지 않지만 구글의 검색자가 많아지면 적은 수수료로 만만치 않은 수입을 올릴 수 있게 된다. 간단히 말해 이러한 유령사이트는 다른 사이트를 고객에게 소개하여 수수료를 챙기는 방식으로 거래 과정에서 완전히 음성적으로 운영되는 한 축을 형성하였다.

IPO 성공 후 구글이 높은 수익을 유지하고 월스트리트의 환심을 잃지 않음과 동시에 인류복지를 위한 사명을 계속 실현해 나갈 수 있을지의 여부는 앞으로 지켜봐야 할 것이라는 여론이 지배적이었다. 그러나 시간이 흐르면 흐를수록 강력해져만 가는 구글의 영향력은 아무도 부인할 수 없다.

주간지 〈이코노미스트〉가 '무한한 기회(Unlimited Opportunities)'라는 제목으로 실은 칼럼상에서는 '만약 창업을 하고자 원하는 사람이 있다면 원래 창업이 그다지 간단하고 쉽지만은 않은 일이었으며 IT업체에게 있어서는 더욱 그러했다는 것을 알 것이다. 그러나 인터넷의 발전으로 창업 원가는 빠르게 낮아졌다. 특히 고객과의 인터페이스 측면에서 말이다'라고 보도했다.

약 1,000달러로 컴퓨터를 한 대 장만할 수 있다. 초고속인터넷 서비스를 연결하면 매달 40달러 정도가 들게 된다. 영업원가에 대해서는 만약 당신이 판매할 물건이 가히 흥미로운 것일 경우에는 몇 센트만 들여 검색 키워드를 구입하기만 하면 된다.

만약 수수료를 지불할 의향이 있다면 이베이와 아마존 인터넷 서점 사이트가 당신의 제품을 대신 판매해 준다. 페이팔(Paypal)은 세심하게 신용카드 지불건을 처리해 주어 당신이 은행에 계좌를 개설해야 하는 번거로움을 덜어 준다. UPS 특급운송서비스 회사는 당신의 화물이 어느 지역을 가든 온라인 추적과 도착 알리미 서비스를 제공해 주고 있다.

〈이코노미스트〉는 또한 세계 모든 지역의 사람들이 모두 이러한 방식으로 창업을 한다고 했다. 더욱 묘한 일은 당신이 판매하려는 물건이 무엇이든 당신이 개설할 사이트가 지금보다 쉽게 광고의 혜택을 받게 되었다는 사실이라고 했다. 구글 등 온라인 회사는 사용자를 위해 광고를 검색해 주는 측면뿐 아니라 구글의 광고를 게재하는 사이트에 대하여 수익을 배분해 주는 서비스를 출시했다고 했다. 구글의 애드센스(Adsense)서비스는 그의 기술을 이용해 자동으로 사이트의 내용에 대한 적당한 문자광고를 해주어 사이트의 인기는 갈수록 높아지고 수입도 증대된다.

이는 검색 광고의 수요가 빠르게 증대되어 광고지면이 모자랄 지경에 이르렀을 뿐 아니라 키워드의 가격도 상승하기 시작했기 때문에 발생한 사태이다. 소위 공급대상이라는 것은 검색엔진상에서 광고를 수용할 수 있는 검색화면상의 광고지면을 가리키는 데 날로 증대되는 광고주의 수요에 비해 광고지면이 부족해진지 오래이다. 이에 대응하기 위해서 구글과 야후, MSN 등의 검색엔진들은 사람들이 더욱 많은 검색을 하도록 설득해야 하는 것 외에도 검색광고 사업을 외부 경영하는 방식으로 다각화하여 광고지면을 기타 사이트로 분산시켜야 할 필요가 있다.

구글과 야후(그의 자회사 '오버추어'를 통해)는 모두 일종의 대안을 내놓았는데 광고주의 광고가 자동으로 전문 사이트 혹은 인터넷 웹블로그(Weblogs)상에 게재될 수 있게 하였다. 이러한 방법은 문맥광고(contextual advertising)라고 불리는 것으로 다시 말해 운동용품 업체의 광고가 운동경기를 보도하는 문장 옆에 게재될 수 있다는 원리이다.

애드버타이징닷컴(Adwords Advertising.com)의 책임자 마셜은 "구글의 '애드워즈'는 당대 광고업계에서 가장 중요한 광고상의 혁신을 일으켰습니다. 일찍이 기업을 공개한 상장회사가 비상장된 소형 업체를 위해 그렇게 많은 일을 한 적이 없었습니다"라고 했다.

〈이코노미스트〉는 이베이가 한 조사를 통해 미국에서만 약 43만 명이 이베이에서의 거래활동을 전업으로 삼고 있으며 혹은 쏠쏠한 수입을 올릴 수 있는 제2의 직장으로 삼고 있다는 조사결과를 발표한 사실을 보도했다. 이베이의 상황이 이럴진대 구글이라는 전세계 최대의 검색엔진을 생업 수단으로 삼고 있는 사람도 적지 않을 것이라고 덧붙였다.

제6장

인재왕국을 꿈꾸다!
최고의 헤드헌터 구글

구글은 몇 초가 채 지나지 않아 인터넷상의 어떠한 정보라
도 찾아 낼 수 있다. 하지만 똑똑한 엔지니어를 찾아서 번개같이 빠른 검색
엔진을 만들라고 하는 것은 시간도 오래 걸리고 독창적이지도 않다.

—미국 AP 통신

인재에 갈급한 구글

9월 초 매사추세츠주 캠브리지시의 하버드스퀘어의 레드라인 지하철역도 마찬가지이다. 천장에서 아래를 향해 세로로 걸린 50피트의 칼라 광고 현수막에 같은 문구가 적혀 있어 사람들의 시선을 머물게 했다.

큼지막한 글자로 쓰여진 기괴한 광고문구는 끊임없이 왕래하는 운전자, 출퇴근 직원, 행인의 시선을 모으지 않을 수 없었다. 대부분의 사람들이 턱을 쓰다듬고 귀를 긁으며 고민하지만 그 문구가 무엇을 의미하는지 영문도 모르고 광고주가 누구인지에 대해서는 더더욱 실마리를 잡지 못한 채 궁금해하며 그 자리를 지나쳤다.

아마도 당신은 매사추세츠 공과대학의 학위를 가지고 있으나 졸업한 지 오래되어 'e'라는 자연대수가 무엇을 의미하는지 잊었을 수도 있다. 몇 초간 가물거리는 기억을 더듬어 그 모호한 개념을 떠올리는 데는 성공하겠지만 복잡한 수학식 제목이 무엇을 의미하는지는 여전히 아득하다. 어쩌면 하버드대학생이 'e'가 중요한 무리수라는 사실을 보스턴시의 보통 시민보다 더 잘 이해하고 있을지 모르겠다.

'e'의 정식 명칭은 자연로그의 밑(base)으로써 $\sqrt{2}$나 원주율 π의 근사값처럼 그 수치가 무한대여서 그 값이 약 2.718281828459045(소수로 연결된 숫자 조합이 무한대로 이어짐)에 달해 미적분과 기타 고등수학 계산식에서 응용된다.

광고의 난제를 해결한 사람은 자연대수 'e'의 소수점 이하 10개 자리 수에 '.com'을 연결시킨 주소를 웹브라우저 주소창에 입력하는 기지를 발휘할 것이다. www.7427466391.com로 지정된 한 사이트에 접속하면 홈페이지 첫 화면에는 우선 축하한다는 문구와 함께 해결해야 할 문제가 아직 더 남아 있음을 알려준다. 두 번째 단계에서는 골머리를 앓게 하는 또 다른 문제가 기다리고 있다. 이제 당신은 머리가 아플 지경이어서 이쯤에서 그만둘까 하는 유혹도 생긴다.

$f(1) = 7182818284$

$f(2) = 8182845904$

$f(3) = 8747135266$

$f(4) = 7427466391$

$f(5) =$

골치 아픈 문제가 또 생겼다. 그러나 여기까지 난관을 뚫고 진입한 '총명하기 그지없는' 사람들은 앞의 4개 등식의 각 10자리 숫자를 더하면 모두 49라는 수가 나온다는 것을 알게 된다. 그래서 그들은 다섯 번째 등식의 답이 '5966290435'라는 것을 찾아낸다. 사이트에서는 이 숫자를 패스워드 창에 입력하고 'Bobsyouruncle'이라는 명칭을 식별한 후 www.Linux.org 사이트에 접속하도록 유도한 후 이 시스템에 등록히라고 지시한다.

옵스큐어식 광고(Obscure advertising)

문제의 답이 밝혀지면 원래 당신이 접속했던 곳은 구글의 내부 사이트가 된다. 칼을 꺼냈으면 무라도 자르고 봐야 직성이 풀리는 성격의 사람이라 해도 혹은 어떠한 기지를 발휘해 내었던 사람이라 해도 이렇게 기상천외한 광고의 답을 단 한번에 추측해 내지는 못한다. 이것이 바로 구글이 우수한 엔지니어를 채용할 때 사용하는 계책 아닌 계책이다. 구글이 있기에 망망대해와 같은 정보의 바다 인터넷에서 손을 휘저어 적당한 정보를 낚아 올릴 수 있게 되었다. 그러나 구글은 오히려 사람의 바다에서 인재를 찾는 데 고심 중이다.

설사 당신이 문제 뒤의 '숨겨진 답'을 찾아내지 못했더라도 그는 무리 중에서 출중한 당신의 두뇌를 칭찬할 것이며 아낌없이 상을 베풀 것이다. 당신과 같은 드문 인재나 행운아에게 이력서를 요청하고 채용공고에 응모할 것을 청한다.

"잘 푸셨습니다. 축하드립니다. 당신은 이미 구글실험실(GoogleLabs)

에 들어오셨습니다. 환영합니다.

구글을 키워오면서 배운 점 한 가지는 우리가 찾고자 하는 상대가 반대편에서 우리를 찾고 있을 때 오히려 서로를 더 쉽게 발견할 수 있게 된다는 점입니다. 우리는 지금 세계 최고의 엔지니어를 찾고 있으며 당신은 여기에 와 있습니다.

짐작 하셨겠지만 구글은 하루에도 셀 수 없을 만큼 많은 분량의 이력서를 받기 때문에 부득불 이러한 절차를 이용해 신호대 잡음비를 높이는 방안을 강구하게 되었습니다. 이렇게 오랜 시간을 소비하게 해서 죄송합니다. 단지 당신이 구글에서 우리와 함께 일하는 것을 고려해 보도록 하기 위한 의도였습니다.

우리는 하루에도 수없이 심혈을 기울여서 해결 불가능한 시스템상의 도전들에 직면합니다. 만약 이를 해결해 내면 그들은 많은 사건들을 변화시킬 것입니다. 그러나 해결해 내지 못하면 음……, 이것도 시도해 보면 상당히 흥미로울 것 같군요. 당신의 명석한 두뇌를 구글에 빌려 주시어 해결할 수 있을지 없을지 모를 문제들을 해결할 수 있도록 도와주십시오."

구글은 줄곧 인재를 이용해 신기함과 비범함의 명성을 떨쳐왔다. 이전과는 전혀 다른 방식의 새로운 지평을 연 광고형식을 빌렸다. 고의로 가려진 전략을 써 관찰자의 관심을 교묘하게 이끌도록 한 '옵스큐어식 광고(obscure advertising)'는 구글의 명성을 광고전면에 드러내지는 않으면서도 숨은 엔지니어들의 관심과 집중을 유도해 내는 놀라운 효과를 발휘하였다.

구글과 같이 널리 알려진 대형회사는 어떻게든 입사하기를 바라는 지원자들로 문전성시를 이룬다. 구글은 친화적이고 개방적인 직원문화에 대해 자긍심을 가지고 있다. 무료로 최고급의 음식을 제공하는 것 외에도 스톡옵션이 부여된다는 점이 큰 매력이 되었다. 채용에 있어서 천군은 얻기 쉽지만 장군 한 사람은 구하기 힘들다는 말이 있듯이 대부분의 사람들이 입사자격이 부족하다는 사실과 자기를 정확히 아는 능력이 부족해 구글은 이들을 선별하는 데 많은 시간을 소요해야 했다. 구글의 직원수는 2002년 말 700명에 못 미치던 것이 현재는 2,700여 명으로 늘어났다.

IPO 성공 후 업무 확장 속도가 빨라짐에 따라 구글은 수백 명의 인재들을 필요로 하는 회사가 되었다. 이러한 사람들을 찾기 위해서 구글은 기발하고도 재치 있고 머리를 쓰게 만드는 수학난제를 제출해서 전역의 인재들의 흥미를 유발시키고 주의를 끌어야 했다. 새로이 고안된 간판, 현수막 광고는 구글이 신규직원 채용과정에서 일류 수준의 응시자를 여과해 내기 위한 새로운 도구 중 하나였다.

구글은 학문과 수학적 성과가 탁월한 인재를 매우 존중하고 오랫동안 대단한 엔지니어, 수학자, 컴퓨터공학가로 구성된 인재집단으로 주목을 받아왔다. 이들은 복잡한 사이트 검색알고리즘을 설계했다. 연구발전을 명맥으로 유지되는 회사가 실적을 향상시키기 위해서는 인재가 뛰어나야 했다. 구글이 직면한 가장 시급한 경쟁은 하루하루 극심해져 가는 우수인재 유치 경쟁에서 승자가 되는 것이었다.

구글의 엔지니어링 부문 부사장 웨인 로징(Wayne Rosing)은 로이터통신(Reuters)과의 인터뷰에서 "우리의 성장이 무한할 수 있느냐의 여부는 세계 일류의 인재를 유치해서 가장 곤란한 운전상의 문제를 해결할 수 있느냐의 여부에 달려 있다고 할 수 있다"고 했다.

구글은 설립 초기부터 채용방식이 깐깐하기로 유명했으며 이 채용

기준을 엄격히 준수해 왔다. 구글의 사무실이 팔로알토 차고였던 초창기에 입사한 한 직원은 면접을 볼 때 브린과 페이지의 책상 위에는 최소한 8권 정도의 채용관련 서적이 쌓여 있었다고 했다. 구글 직원들은 수많은 면접단계를 거쳤으며 종종 수학이나 사업전략에 대한 테스트도 요구받았다고 한다.

그러한 사람들 중 천리마를 발굴해 내기 위해 일찍이 왕연구소(Wang Laboratories)와 IBM사의 전성기에 대형 IT회사들은 자주 대중매체를 통해 슈퍼급 천재들만이 이해할 수 있는 구인정보를 흘렸다. 다른 사람이 이해할 수 없는 '수수께끼'를 이해할 수 있는 천재들은 이로 인해 의기양양할 것이다.

이렇듯 유난히 총명한 엔지니어들은 평소 연구나 일에만 몰두하느라 채용광고를 눈여겨 보지 않는다. 그러나 이러한 난제들을 보면 두 눈을 반짝거리며 마음속은 이를 해결하고 싶어 어쩔 줄 몰라 한다. 어쩌면 이러한 과정에서 광고주들이 원했던 것처럼 '좋은 새가 좋은 나무에 깃든다'라는 생각이 천재들을 자극했을지도 모른다. 구글이 인재를 모으는 새로운 방법은 '수학자는 커피를 정리(定理, theorem)로 바꾸는 기계다'라는 폴 에르도쉬(Paul Erdos)의 명언을 떠올리게 한다.

〈뉴욕타임즈〉는 보스톤의 광고회사인 힐 할러데이(Hill Holiday)의 부사장 프리츠 쿤(Fritz Kuhn)의 말을 인용해 다음과 같이 보도했다.

'구글은 거시적, 미시적인 관점에서 봤을 때 모두 효과적인 광고방법을 사용하고 있다. 이들의 광고를 보는 사람들은 모두 이렇게 말할 것이다. '저건 내 말인데……', '저거 마음에 와 닿는다'라고 말이다. 우리 같은 사람들의 눈에는 구글의 이미지가 더욱 빛나게 보인다. 비록 내가 구글에서의 근무를 절실히 바랄 필요가 있는 상황은 아니지

만 와…… 그 사람들은 더 말할 필요가 없이 똑똑하다.'

수십 년간 광고업계에는 '광고에 쏟은 비용의 반은 버리는 셈 쳐야 한다'라는 말이 은연중 인정되어 왔다. 그런데 문제는 비용의 반을 낭비하게 된다는 사실이 아니라 도대체 어느 쪽 반을 버리는지 모른다는 점이다. 광고를 적재적소에 노출되도록 하는 것은 모든 광고주들의 희망이다. 거액의 자금을 투입해서 총을 난사하고 우연히도 그중한 발에 의해 새가 명중되기를 바라는 광고주는 없다. 명중시키기에가장 가능성이 높은 목표 대상물을 골라 집중적으로 발사해야 한다. 즉 유사한 흥미를 가진 사람에게 정보를 건네주어 광고목적을 효율적으로 달성하는 게 최우선이다.

약간의 총명함을 지닌 사람이라면 흥미가 생길지도 모른다. 구글이 제출한 수학문제를 보면 어떤 사람은 바로 검색엔진 구글에서 답을 찾는 방법을 생각해낼 수 있다. 예를 들면 하버드대학의 대기화학 연구원인 로즈마리 예비츠(Rosemaire Yevich)는 구글의 현수막 광고에 큰 호기심과 관심을 가지고 하버드대학교 응용수학과 2학년에 재학중인 여학생에게 그것이 무슨 뜻이냐고 물을 준비를 하고 있었다. 그렇지 않으면 어디에서 답을 찾아야 하는지 그는 알고 있었다. 바로구글에서 구글링하는 방법이다. 그러나 구글은 구글의 데이터베이스에 근거하지 않고도 답을 찾을 수 있는 수학 고수를 원한다. 지극히똑똑한 수학가들을 발굴하면 그들은 똑똑한 방식으로 업무를 진행할것이기 때문이다.

최신 간판, 현수막 광고는 구글의 전국적인 광고활동의 일부이다. 구글은 지능지수가 높은 독자들에게 애독되는 잡지 〈멘사 불레틴 (Mensa Bulletin)과 MIT의 〈테크놀로지 리뷰(Technology Review)〉 등 출판물에도 광고를 게재했다.

광고의 효과는 어떠한가? 〈머큐리〉지의 2004년 7월 10일 발표에 따르면 구글은 아직도 이 옵스큐어식 광고에 대한 반응에 대해 발표하지 않았다고 한다. 도리어 언론에서는 이보다 하루 전인 9일 오전에 광고간판 부근 도상에서 자동차 사고가 한 건 있었다는 보도를 할 뿐이었다. 〈머큐리〉지는 농담삼아 어떤 운전자가 구글의 엔지니어가 되는 것을 따져보다가 방심하여 생긴 사고라고 보도하기도 했다.

코드잼(Code Jam)

— '당신은 프로그래밍에 도전하는 것을 좋아합니까? 다른 사람과 경쟁하는 것은 요? 또 돈을 좋아하십니까?' 이 세 가지 질문 중 2개 이상의 질문에 '네'라고 대답하는 분은 구글이 1년에 한 차례 개최하는 컴퓨터 과학예술제인 '코드잼 (Code Jam)'에서 챔피언이 될 잠재력을 지닌 사람입니다. 매년 여름 수많은 컴퓨터 프로그래머들이 구글의 코드잼에 참여합니다. 그들은 구글 엔지니어들이 제출하는 문제 해결에 도전해 다른 참가자들과 경쟁을 합니다. 수차례에 걸친 경합 끝에 오십여 명이 최종 고수가 되어 마운틴뷰시티의 구글플랙스 (Googleplex)에 모여 최종 경기를 펼치지요. 여행비는 구글이 부담하며 5만 달러의 상금까지 기다리고 있습니다.

'당신은 고수입니까? 정말로 그러하다면 한번 겨루어 봅시다. 어쩌면 당신은 큰 돈을 벌게 될지도 모릅니다. 어쩌면 당신은 구글맨이 되어 마운틴뷰로 출퇴근을 할 수도 있고 먼 훗날 이 세계를 변화시킬 주역이 될 수도 있습니다(그렇습니다. 코드잼머(code jammer)의 이력은 우리가 관심 있어 하는 채용조건 중 하나이기도 하지요). 그러나 중요한 것은 당신의 능력을 테스트하기 위해서는 세계 최고의 프로그래머들과 대결을 해 보아야 한다는 것입니다. 당신은 하늘이 내린 천재입니까? 여기 '2004년 코드잼(Code Jam)'의 무사가 되어 보십시오.'

구글 소프트웨어 엔지니어 데이비드 제스크(David Jeske)
구글 블로그에서 발췌

— '당신은 프로그래밍 기술이 뛰어납니까? 간략하고도 명료한 몇 개의 명령어만 가지고도 컴퓨터를 실리콘 장난감처럼 마음대로 주무를 수 있나요? 또한 당신은 다른 사람이 강제로 당신의 프로그래밍 작업을 통제하고 또한 당신이 작성한 프로그래밍 코드를 싸잡아 평가하는 일 앞에서 태연할 수 있습니까? 보수가 적지 않으면서 첨단 컴퓨터업계의 혜택을 누릴 수 있을 뿐 아니라 자신의 능력을 마음껏 발휘할 수 있는 기회가 찾아왔습니다.

구글은 지금 프로그래밍 기술이 뛰어나고 전세계 정보기초시설을 바꿀 수 있는 혁신적인 엔지니어를 찾고 있습니다. '2004년 구글 코드잼(Code Jam)'을 기대해 봅니다. 우리는 프로그래머에게 회사의 편의대로 프로그래밍 기한을 강요하거나 업무를 완수하도록 독촉하지 않으며 어떠한 프로그래밍 코드 실행이라도 우수하다면 그것을 매우 존중합니다. 또한 프로그래밍에 필요한 모든 절차 및 순서를 충분히 감상할 준비가 되어 있습니다. 사실 그 작성 과정이 명확하기만 하다면 어떠한 형식이든 관계 없습니다. 수수께끼 대결의 고수에서부터 체스 경기의 챔피언에 이르기까지 구글에게는 극찬의 대상이 될 수 있습니다(실제로 구글의 인턴 중에는 '국제 체스대회'의 우승자도 있습니다).'

구글 코드잼 2004

구글은 항상 천부적인 재능을 타고난 천재들에게 관심이 있었다. 구글은 우수한 인재를 유치하기 위한 노력의 끈을 놓치지 않았다. 2002년부터 초가을 무렵이면 구글은 항상 신중하게 무대를 설치하고 초대장을 배포해 널리 프로그래밍 세계의 영웅호걸들을 한 곳에 모아

놓고 경쟁을 통해 패왕을 가리게 했다.

당신에게는 구글이 개최하는 경기에 참가해 실리콘밸리의 '천재'가 될 기회가 있다. 규정된 시간 내에 각지에서 모여든 대단한 프로그래 머들을 격파하고 프로그래밍상의 문제를 해결하기만 하면 된다. 공식 상품은 현금이며 비공식적인 상품의 가치는 이를 초월한다고 한다.

구글이 찾고자 하는 프로그래머는 그 세계 최고의 고수이다. 심지어 구글의 블로그에서는 구글이 프로그래밍 고수의 이력에 큰 흥미를 갖는다고 공개적으로 선포했다. 코드잼(Code Jam)의 목표가 인재 발굴에 있다는 사실도 숨기지 않았다. 더욱 놀라운 것은 수많은 IT회사 (구글의 최대 경쟁사인 야후와 MS도 포함)로부터 대단한 고수들을 스카우트해 올 수도 있다는 가능성을 배제하지 않았다.

2002년 우승자인 덴 에그노어(Dan Egnor)는 3,000여 명의 경쟁상대를 물리치고 1위에 등극했고 구글에 고용되어 뉴욕지점 엔지니어의 일원이 되었다. 에그노어는 뉴욕의 프로그래머로 경기중 2개월 동안 주말을 이용해 프로그래밍 작업을 했다. 이로써 그는 기존에 발표된 지역번호와 주소정보를 바탕으로 인터넷에서 식별할 수 있는 상표를 이용해 지역검색을 실행했다.

폭넓게 인재를 구하는 이러한 채용방식은 전 엔지니어링부문 부사장이자 지금은 운영부사장이 된 얼스 호엘즈(Urs Hoezle)가 고안해 내었다. 1년 간의 코드잼 경기에서 구글은 소위 응용프로그래밍에서는 그의 거대한 데이터베이스를 사용할 수 있도록 허락했으며 그들도 자체적으로 구상을 제출토록 했다.

사후 검사에 대해서 호엘즈는 이 방법이 경기참여자의 시간을 많이 빼앗아 참여자들이 평상시에도 수행해야 할 업무들에 집중할 수 없게 한다고 했다. 따라서 2003년 구글은 구체적이고도 명확한 프로그래 밍 문제를 출제하여 참가자들이 기한 내에 피차 경쟁하게 했다. 이로 써 일부러 시험삼아 한번 참여해 보려했던 사람들도 쉽게 참가할 수 있게 되었다. 경기는 4회로 이루어졌고 난이도는 갈수록 높아졌다. 결선에 진출한 25명의 선수들은 11월 14일 우승을 가리게 되었다.

그들은 구글 본사의 컴퓨터 단말기로 가득찬 작고도 붐비는 방에 들어섰다. 우승을 하고 싶으면 긱 사람은 혼신의 힘을 다해 단시간 내 에 무수하고 복잡한 컴퓨터 코드문제를 해결해야 했다. 이번 해에는 유럽인이 실리콘밸리 최고의 고수자리를 차지했다.

마지막 결승전에서 그들은 2시간 동안 경합했다. 사람들은 모두 천 재중의 천재가 되고 싶어했다. 그러나 스웨덴 스톡홀름에서 온 25세 의 지미 마델(Jimmy Mardell)만이 5천여 명의 참가자를 물리치고 구 글의 제2회 코드잼의 최고수가 되었다.

〈머큐리〉지는 마델이 민첩한 사고의 소유자였으며 얼굴 전체에 미 소가 환한 이미지였다고 표현했다. 또한 그는 우뢰와 같은 박수소리 속에서 장난꾸러기 보디빌더마냥 팔을 굽혀 보였는데 그의 근육이 보 통사람에 비해 발달되어 있었다. 그는 구글의 프로세스연구시스템 실험실의 부사장인 앨런 유스테이스(Alan Eustace)로부터 백색의 봉 투를 건네받았다. 〈머큐리〉지는 그 안에 1만 달러의 상금이나 혹은 취업승인서가 들어 있을 것이라고 추측했다.

마델은 봉투를 열어보지 않고 지금 근무중인 스웨덴의 정보검색 회 사 일럭서던(Elucidon)이 만족스럽다면서 다음과 같이 말했다.

"말하자면 구글 역시 우리 회사의 경쟁업체인 셈이네요."

어떤 사람이 그에게 샴페인 한 잔을 건넸다. 그러나 환희의 순간도

길지 않았다. 오래지 않아 구경하기 좋은 자리를 차지하기 위한 사람들이 그 주변을 둘러섰고 컴퓨터 화면상에서 그가 마지막 문제를 어떻게 해결하는지 지켜 보았다. 결국 이 문제는 아무도 풀지 못했다.

2위의 영광은 27세의 캐나다인 크리스토퍼 핸드리(Christopher Hendrie)가 차지했다. 그는 컴퓨터공학가로 바이오인포메틱스 솔루션스(Bioinformatics Solutions)사에서 근무 중이며 5,000달러의 상금으로 KLR650형 오토바이의 부품을 살 것이라고 밝혔다.

3위는 유진 베실첸코(Eugene Vasilchenko)로 모스코물리과학연구소(Moscow Institute of Physics and Technology)에서 컴퓨터공학 석사를 받았으며 상금으로 3,000달러를 받았다. 4위는 폴란드 바르샤바에서 온 토마즈 크자즈카(Tomasz Cazjka)였다. 5위는 미국 캘리포니아 주 포톨라 밸리(Portola Valley)의 스티브 뉴맨(Steve Newman)이었다.

2004년도의 우승자는 부에노스아이레스대학의 컴퓨터공학과 학생인 세르지오 산쵸(Sergio Sancho)로 1만 달러의 주인이 되었으며 듀플로(Duplo)로 된 아름다운 우승컵도 받았다. 30세의 산쵸는 아르헨티나에서 이미 프로그래밍 업무를 해 왔지만 구글에 입사하는 것을 고려해 볼 수 있다고 했다. 구글의 대변인 데이비드 크레인(David Crane)은 신규로 영입한 프로그래머의 대우에 대해서는 밝힐 수 없다고 했다.

참가자 수는 해가 다르게 늘어갔고 2004년에는 100여 개 국가와 지역에서 총 7,500명의 프로그래밍 고수들이 참가했다. 1차 자격 검증과 2회에 걸친 재택 인터넷 대회를 통해 예선을 치른 후 선발된 50명의 선수가 결선에 진출하게 된다. 이들은 각각 미국과 기타 16개 국가와 지역, 즉 북유럽, 중부유럽, 중국, 홍콩, 한국, 이탈리아, 뉴질랜드 등 각지에 소속되어 있었다.

어떤 이는 이미 취업을 하기도 했거나 아직 재학중인 경우도 있었다. 50명의 비행기 비용과 숙박비는 모두 구글이 제공해 주었다. 이는 마치 디지털 세계의 총격전과도 같았다. 그들은 천장이 높은 대회의실에 앉아 눈 앞에 열로 늘어선 델(Dell) 컴퓨터들을 바라보았다. 약 1/4의 선수들이 자신이 가져온 자판기를 사용했다. 어떤 사람은 장난감, 동물 등 길함을 상징하는 동물모양 상징들을 가지고 와 화면 주변에 놓기도 했다.

이번에 그들은 1시간에 달하는 시간 동안 3가지의 갈수록 어려워지는 프로그래밍 문제를 해결해 갔다. 그 중 첫 번째 문제는 정보를 잘 정리하여 사용자들이 용이하게 그것들을 취할 수 있게 하는 것이며 두 번째 문제는 프로그래머들이 행렬 내의 원소를 순열하도록 하는 것이었다. 세 번째는 게임이 포함되었는데 반드시 하나의 프로그램을 만들어서 일련의 동작을 실행시킨 후 목판 위에 1개의 못만 남게 하는 것이었다.

1위는 브룩클린에서 온 19세의 허버트 황(Hubert Hwang)으로 그는 〈머큐리〉지의 기자에게 다음과 같이 말했다.

"앞서 2개 문제는 의외로 간단했는데 세 번째 문제가 정말 어려웠어요."

이러한 프로그래머들을 비교하는 기준은 속도와 정확성이었다. 또한 그들은 반드시 도전을 통해야 했는데 다른 사람이 그들의 프로그래밍 성과에 도전하는 것을 받아들여야 했다.

2위는 캘리포니아주 공과대학(Caltech)의 수학과 학생이었던 폴루로(Po-Ru Loh)로 7,000달러를 챙겨갔다. 3위는 MIT 공과대학에서 수

학을 전공한 레이드 바튼(Reid Barton)으로 상금은 5,000달러였다. 4
위는 퍼듀대학교(Purdue University)의 박사반 학생 머쉬 츠칼(2003년
에도 4위에 낙점)로 3,000달러의 주인공이 되었다.

경기에 참가했던 프로그래머들은 배경이 다 달라 포부도 각각 달랐
다. 어떤 사람은 6세 때부터 맥킨토시 플러스(Macintosh Plus) 컴퓨터
로 처음 프로그램을 작성해 본 사람이 있는가 하면 또 한편으로는 채
용관계자의 주목을 끌기 위해 구글의 코드잼에 참가하는 사람도 있었
다. 그러나 그들은 모두 동일하게 초청을 받았고 프로그래밍 코드를
아름답고 실용적으로 작성했다.

〈머큐리〉지는 구글의 '코드잼' 경기의 긴박한 현장을 보도했다. 어
떤 사람은 경기 당일의 피곤함을 농구나 골프를 치면서 잊어버린다고
도 한 반면 폴란드 바르샤바에서 온 23세의 대학생 몰렉 스주츠키
(Bolek Szewcyzk)는 컴퓨터로 한 줄, 한 줄 프로그래밍 코드를 작성해
나가면서 복잡한 문제를 해결하거나 스스로 예술을 창작하는 것을 통
해 스트레스를 푼다고 했다. 그는 "그것은 정말이지 흥미진진한 오락
처럼 한번 시작하면 끝을 보지 않고서는 그만 둘 수가 없어요"라고
했다.

이 같은 천재 프로그래머들은 모두 남자들이었다. 3년 동안 경기에
서는 여자를 찾아볼 수 없었다. 그러나 구글은 2002년에 이미 인기
있는 탑 코더(Top Corder) 사이트에서 발표한 리스트에서 상위에 위
치했던 2명의 최고 프로그래머들을 고용한 바 있다. 마델 역시 탑 코
더의 리스트에서 5위를 차지했는데 2003년 구글잼에서 우승을 한 이
후 여성프로그래머들에 대한 관심도 고조되었다. 왜냐하면 그녀들
역시 탑 코더 리스트 1위에 오른 프로그래머 고수를 비롯한 기타 고수

들을 수차례 격파한 적이 있기 때문이다. 그녀와 그들은 인터넷상에서만 대화를 했을 뿐이며 서로 안면은 없었다.

구글은 이러한 고수들 간의 실력을 겨룰 수 있는 장을 마련해 주었는데 이 경기는 구글의 '천재선호도'를 충족시킬 수 있는 더욱 큰 역할을 감당했다. 사태를 정확히 보는 사람들은 구글이 각 사람의 마음속에 신선한 이미지를 심어주게 된 데에는 이러한 경기의 공을 무시할 수 없다고 여겼다. 왜냐하면 이 경기가 개최됨으로써 세계 각지의 프로그래머와 사용자들에게 구글이 우수한 프로그래밍 코드 작성 기술을 중시한다는 것을 알릴 수 있으며 또한 이를 통해 구글은 미래의 직원들을 수면 위로 부각시킬 수 있기 때문이다.

인재 채용의 도구로써의 역할 외에도 '코드잼' 대회가 가장 중시하는 의도는 더욱 많은 프로그래머를 양성하는 일이다. 앞으로 구글이 지속적으로 성장하는 길에서 이 프로그래머들의 지혜가 더욱 절실하게 필요할 것으로 생각한다.

유스테이스는 "구글의 코드잼 대회는 구글이 세계 각지의 엔지니어링, 프로그래밍 컴퓨터공학도들을 장려하고 지원하기 위한 일종의 방편이 될 것입니다. 우리는 새로운 기회를 놓치지 않고 문제해결에 탁월한 인재들과 접촉할 것입니다. 이는 그 중 약간의 인재를 찾고 장려하고 어쩌면 고용할 수도 있는 흥미로운 방법이라고 할 수 있죠"라고 했다.

구글과 2004년 코드잼을 공동 개최했던 탑 코더(Top Coder)의 사장 랍 휴즈(Rob Hughes)는 다음과 같이 말했다.

"이러한 사람들은 보통 자화자찬하는 것에 익숙하지 않아서 정식으로 채용공고에 지원하여 면접을 보는 것을 부담스럽게 생각하기도 합니다. 만약 이러한 사람들이 코드잼과 같은 경기에서 능력을 제대로 발휘하기만 한다면 사람들이 요구하는 틀에 맞춰 자신을 바꾸지 않아도 되고 심지어 자기도 모르는 사이에 명성이 널리 퍼지게 될 것입니다."

그는 이어 말했다.

"결국 세계적으로 가장 뛰어난 50명의 컴퓨터공학가들이 한 자리에 모이면 당연히 그 가운데 일부를 고용할 수 있는 기회가 있겠지요. 우리는 일찍이 이러한 경기를 통해 직원을 고용해 왔습니다. 그러나 우리는 그것이 가장 최선의 방책이라고 보지는 않습니다. 우리는 대안을 세워 문제 해결권에 대해 정보를 제공하는데 이 범주를 적극적으로 지원하면 할수록 그는 더욱 활기차게 변할 것이고 당신이 원하는 인재를 고용할 수 있는 기회가 더욱 많아질 것입니다."

2003년 14위를 차지했던 바돌로뮤 퍼로우(Bartholomew Furrow)는 여름방학을 통해 구글에서 인턴활동을 하면서 프로그래밍을 통해 검색서적 내용에 사용될 기술을 개선하는 일을 도왔다. 20세인 퍼로우는 후에 캐나다 브리티쉬 컬럼비아대학에 돌아와 물리학 박사학위를 얻었다. 구글에서 보냈던 기간 전에 그는 이 학위가 컴퓨터 프로그래밍에 사용될 수 있으리라고 생각지도 못했다며 다음과 같이 밝혔다. "나는 줄곧 대학교수가 되고 싶었습니다. 그러나 구글은 나에게 다른 가능성을 보여주었습니다."

연일 불경기로 치닫던 상황 속에서 구글이 개최한 활동들은 실리콘밸리에는 좋은 영향을 끼쳤다. '코드잼'과 같은 대회들은 실리콘밸리에서 이미 흔치 않은 대회가 되어 닷컴기업의 거품이 사라진 이후 시대가 얼마나 변했는지 증명해 보였다. 1999년과 2000년은 수많은 회사들이 BMW자동차나 50,000달러에 달하는 거액을 상금으로 삼아야만 했다. 그러나 지금은 소소하게 10,000달러의 상금에도 수천 명에 달하는 도전자들의 참여를 유도해 낼 수 있게 되었다.

키워드검색 구인광고

구글의 또 다른 재치 있는 구인광고의 한 방법은 자체의 검색결과 페이지상에 구글의 키워드검색 구인광고를 링크시키는 것이었다. 예를 들면 그가 우디 만버(Udi Manber)를 검색하면 나타나는 링크광고는 바로 고양이가 쥐를 좇는 재미있는 게임이었다.

2003년 가을 온라인 서적과 음악파일 거래 사이트인 아마존닷컴은 쇼핑검색 영역에의 진출을 시도하며 독립된 검색기술 회사를 설립하였는데 에이나인닷컴(A9.com)으로 불리는 이 회사는 쇼핑 검색 도구를 개발하여 회사 내부 및 기타 회사에 공급하도록 하는 중대한 임무를 맡았다.

아마존은 평소 널리 이름이 알려졌던 야후의 고위 직원이었던 만버를 스카우트해서 사장에 임명하고 이어 기술진을 모집하기 시작하였다. 실리콘밸리에서 엔지니어들을 면담하기 시작해 10월까지 30명으로 구성된 업무팀을 만들 준비를 하고 있었다. 만버는 컴퓨터공학가이자 검색기술 영역의 선각자였다. 원래는 아리조나대학의 컴퓨터학과 교수였으나 후일 야후에 들어가 기술구축 업무의 수석 엔지니어가 되었고, 그러던 참에 아마존에 영입되었다.

본사가 시애틀에 있는 아마존은 구글의 처마 밑에서 구인영역의 자존심을 빼앗겼다. 대략 같은 시점에 구글은 구글 검색창에 '우디 만버(Udi Manber)'를 입력하면 출력되는 검색결과 페이지에 구글의 '스폰서링크' 구인광고가 뜨도록 설정해 놓았다.

CNET News.com의 보도에 따르면 2003년 9월 25일 아마존도 이에 대응, 구글의 셀프 광고법인 '애드워즈'를 통해 스스로 만버의 이름을 키워드로 하여 자사의 검색전문가 구인광고를 링크했다고 한다. 그러나 구글의 광고가 여전히 아마존 광고의 상단에 위치했다.

이 사건이 발생하기 5개월 전 아마존은 막 구글과 계약을 체결하고 앞으로 2년은 더 쇼핑검색 기술을 구글에 의존할 것이라고 약정했다. 그러나 업계 분석가는 A9이 조만간 아마존과 구글 그리고 기타 대형 검색서비스 제공업체와 정면으로 충돌하게 될 것이라고 했다.

본 서적의 원고가 마무리될 무렵 우디 만버의 키워드광고는 구글의 '구글과 함께 일해요'라는 광고문구만을 남기게 되었다. 아마존은 2004년 9월 14일 자체적인 검색엔진을 출시하면서 강력한 기세로 밀고 나와 구글이 독점적으로 장악하고 있는 검색시장을 전복시키려 하였다.

사용자가 '우디 만버(Udi Manber)'를 입력할 때마다 구글은 '구글에서 일해요(Work at Google)'의 스폰서 광고가 나타나도록 광고를 등록했다.

우선은 소양 테스트

강력한 브랜드, 세상을 떠들썩하게 했던 IPO, 독특한 엔지니어링 문화는 '검색광고 회사'인 구글이 가장 취직하고 싶은 직장 순위 1위로 등극하도록 했다. 이에 지원자는 쇄도했고 이들을 선별하기 위해 구글은 소양테스트를 실시했다.

2004년 9월 30일 엔지니어링 연구계통 실험실 부사장인 유스테이스는 최고급 '최고의 괴짜' 선발을 위한 구글연구소 직무적성 테스트(Google Labs Aptitude Test; GLAT)를 발표했고 이는 모두 21개 문항으로 되어 있으며 사람들로 미리를 짜내게 하는 엔지니어링 문제라고 했다.

'양수 n에 대해서 1과 n 사이에 1이 나오는 횟수를 나타내는 함수를 f(n)이라고 한다. 예를 들어 f(13)=6이다. f(n)=n이 되는 첫 번째 양수는 1이다. 두 번째 양수는 무엇인가?'

'당신이 작성했던 해킹 프로그램 중 가장 대단했던 것은 무엇인가?'

'유닉스와 함께 무엇이 깨졌나? 어떻게 고치겠는가?'

'검색 트래픽의 계절성을 예측할 만한 방안을 간단하게 적어보시오.'

'세상에서 제일 아름다운 수학 방정식은 무엇이라고 생각하는가?'

'3개의 색상으로 20면 체를 채울 수 있는 방법의 수는?'

'여기는 일부러 공백으로 남겨놓았습니다. 여백을 멋지게 채워주세요.'

'당신은 이리저리 꼬인 좁은 길의 미로에 있다. 그곳엔 먼지 쌓인 노트북이 있고 약하지만 무선 접속이 가능하다. 또한 멍청하고 생기 없는 귀신들이 어슬렁거리고 있다. 어찌하시겠소?(5개 답안 중 택1)'

이러한 소양 테스트에서 알 수 있듯이 당신이 만약 구글과 한솥밥을 먹고 싶다면 자신이 좋아하는 수학 공식 하나 정도는 알고 있어야 하고 또한 상식을 뒤집는 일을 즐겨야 한다.

유스테이스는 회사 웹사이트상에 다음의 문구를 남겼다. '어려운 시스템 운영상의 문제를 해결하는 것에 매력을 느끼며 우리와 같이 일할 비슷한 사람들을 찾는 것을 좋아합니다.'

이는 당연히 구글이 처음 괴짜같은 행동을 드러낸 사례가 아니었다. 창의적인 대안을 인재모집에 적용하는 것에 있어서 '검색'은 가장 우수하고 가장 총명한 엔지니어이다. 구글 대변인 에일린 로드리게즈는 다음과 같이 말했다. "우리는 창의적 인재를 찾는 방법에 관심이 있습니다. 그래서 줄곧 새로운 방법으로 그들을 찾곤 했지요."

그러나 로드리게즈는 소양테스트만 가지고 점수를 측정하지는 않는다고 했다. 그녀는 "이는 우리가 서로 다른 유형의 인재를 흡수하도록 돕는 도구에 불과합니다. 또 어떤 사람은 테스트를 더하면 구글에 오기를 꺼려하기도 합니다." 이 소양테스트는 큰 반향을 불러일으켜서 답안을 제출하는 사람은 경제학자, 교수, 기타 지식인들로 그들은 지적인 도전에 대해 매우 큰 흥미를 가지고 있는데 이것이 채용으로 연결되기도 한다.

구글은 입사할 의향이 있는 사람들에게 구글연구소 직무적성 테스트(GLAT)를 출력해서 답안을 작성한 후 이력서를 동봉하여 구글 주소지로 보내라고 한다. 백지상에 녹색 글씨로 작성된 GLAT의 표지에는 '점수가 높으면 가능성도 높게 됩니다. 저희가 연락을 드리겠습니다. 유스테이스에게는 전화하지 마세요. 그가 당신에게 전화할 것입니다'라고 쓰여 있다.

더욱 많은 프로그래밍 영웅들과 접촉하기 위해 구글은 또한 그 테스트문항을 MIT대학의 〈테크놀로지 리뷰(Technology Review)〉, 〈리눅스 저널(The Linux Journal)〉, 〈맨사 불레틴(Mensa Bulletin)〉, 〈닥터 답스(Dr. Dobbs)〉, 〈피직스 투데이(Physics Today)〉 등의 잡지에 게재했다.

이 외에도 구글연구소는 2004년 7월호 〈맨사 불레틴〉에도 흥미롭고 기발한 채용공고를 게재했는데 본 간행물의 발행대상이 미국멘사학회(American Mensa)의 회원으로 IQ가 전체 미국인의 상위 2% 안에 드는 사람들인 점을 감안할 때 구글의 인재정책을 다시 한번 엿볼 수 있다.

'자동판매기가 있다. 기계는 20여 종의 간식거리를 판매한다. 각각의 간식 아래에는 숫자가 표시되어 있는데 그것은 가격이 아니다. 우측에는 21개의 서로 다른 숫자로 된 버튼이 있다. 당신은 광고에서 주어지는 수학공식에 따라 정확한 순서대로 5개의 버튼을 눌러야 모든 간식을 선택할 수 있다. 또한 어떤 간식을 선택할 수 없는지도 찾아내어야 한다.'

광고문안에는 다음과 같이 쓰여 있다.

'당신은 끈기있고 대단한 문제 해결자입니까? 만약 그렇다면 우리 구글연구소의 대열에 참여하셔야 합니다. 여기 도전을 좋아하는 사람들이 모여 있습니다. 그들은 정보를 조직, 정리하는 방식을 열심히 바꾸려고 노력하고 있습니다. 이는 매우 큰 일입니다. 우리는 당신 같은 뛰어난 브레인의 도움이 필요합니다.'

〈샌프란시스코 크로니클(San Francisco Chronicle)〉지는 구글이 구글이 된 것은 바로 여기에 그 이유가 있다며 다음과 같이 밝혔다.

"이는 정말 똑똑한 광고입니다. 특별히 똑똑한 독자, 청취자를 겨냥해 제작했기 때문에 구직에 조금도 조급해하지 않는 사람들과 접촉할 수 있는 기회를 만들었습니다. 그들이 좋은 직원이라고 장담할 수는 없지만 그들과의 담을 허물기 위한 첫 시도임에는 분명합니다."

스카우트 전쟁

썬 마이크로시스템즈의 죠수아 블로치(Joshua Bloch), BEA의 애덤 보스워스(Adam Bosworth), 그리고 죠 베다(Joe Beda)를 포함하는 MS의 인터넷익스플로러 개발자 3명……. 이들의 공통점은 무엇일까? 정답은 최근 그들 모두 다니던 회사에 사직서를 제출하고 구글에 합류한 사람들이라는 점이다.

이러한 인재들이 한꺼번에 한 회사에서 다른 회사로 이적한 경우는 한동안 실리콘밸리에서 볼 수 없는 일이었다. 구글은 IPO 성공 후 수억 달러의 자금을 들여 헤드헌팅에 착수했다. 강적인 MS와 기타 IT 거물의 근거지 담벼락 밑에서 도면을 찾아내는 행위도 서슴지 않았다. 그것은 바로 자바스크립트(Javascript)와 웹브라우저 영역의 최고급 고수들을 스카우트해 오는 일이었다.

2004년 7월 초 블로치는 썬 마이크로시스템즈의 '최고의 엔지니어'로 선정된 지 얼마 후에 이적소식을 알렸다. 수상 후 오래지 않아 실리콘밸리의 구글을 향해 전향한 것에 대해 사람들은 의외라고 여겼다. 그는 인터넷 프로그램 언어인 자바의 선구적 개발자 중 하나로 그의 설계 하에 자바 프로그래밍 언어와 응용소프트웨어 인터페이스(APIs)를 대폭으로 개선할 수 있었다. 그가 저술한 〈자바 유창하게 말하기(Effective Java Programming Language Guide)〉라는 책은 큰 호평을 얻은 바 있다.

2004년 7월 30일 48세의 보스워스는 웹 애플리케이션 서버업체이자 자바 소프트웨어 회사인 BEA 시스템즈에서 마지막 근무를 하였다. 그는 BEA의 수석 공정사이자 기술개발 컨설턴트 부사장의 직책을 사임하기로 결정했다. 보스워스는 소프트웨어업계에서 존경받는 과학기술 고위급 인사이자 BEA의 과학기술의 기둥이었다. 동시에 그는 인터넷 관련 솔루션업계의 최고의 전문가 중 하나로 추앙받고 있었다.

보스워스는 일찍이 MS에서 수년을 근무하면서 수많은 프로젝트를 성공시켰다. 인터넷 익스플로러(Intermet Explorer; IE)의 조기 개발업무에 참여하였을 뿐 아니라 데이터베이스 관리 프로그램인 엑세스(Access)의 막후 엔지니어이기도 했다. 1990년 말 IE는 웹브라우저의 개척자이자 선봉이었던 넷스케이프를 추월하게 되었다. 시장의 눈과 귀를 잡고 있던 넷스케이프 웹브라우저는 현재 극소수의 인터넷 사용자에 의해서만 사용되고 있다.

후에 그는 크로스게인(Crossgain)을 공동으로 창설했으나 BEA가 2001년 이를 인수했다. 보스워스가 BEA에서 일하던 때에는 MS에서와 마찬가지로 모두 어려운 프로그래밍 작업을 간단하게 만드는 것이 주업무였다. 그가 BEA를 도와 설계했던 웹로직 워크샵 자바(Web-Logic Workshop Java) 개발 도구는 이러한 업무의 정점에 서 있는 작품이다.

최근 BEA의 연구프로젝트는 알케미(Alchemy)라고 불린다. 이는 소프트웨어 회사가 웹 애플리케이션을 연구 개발하는 도면이라고 할 수 있다. 치열한 경쟁에서 도전의 압력에 직면한 BEA에게 있어서 보스워스의 이탈은 설상가상 격이었다. 그러나 구글에게는 보스워스가 고위급 엔지니어 직책을 맡는 것이 구글의 실력을 높여 MS와의 대결에서 경쟁력을 갖도록 하는 등 큰 이점이 있었다.

2004년 9월 구글은 MS의 차세대 그래픽 엔진인 아발론(Avalon) 개발의 주역이자 MS에서 7년간 일했던 조 베다(Joe Beda)를 스카우트했다. 코드명이 '아발론'인 새로운 프리젠테이션 서브시스템은 MS가 롱혼(Longhorn)이라고 부르는 차세대 윈도우 운영시스템의 일부이다.

베다는 심지어 인터넷 일기를 통해 '누글러(Noogler; 'New'와 'Googler'의 합성어로 구글의 신입사원이라는 의미)'로서의 일상을 기록했다. 그는 누글러들이 프로펠러가 달린 모자를 쓰고 다니는 구글플렉스의 풍경을 쓰기도 했다. 또한 자신이 무슨 프로젝트를 맡았는지 밝힐 수 없다며 '내가 지금 하는 유일한 일은 프로그래밍 코드를 작성하는 것과 제품을 발송하는 것이다. 내가 할 수 있는 말은 이런 것들 뿐이다…'고만 일기에 언급했다.

썬 마이크로시스템즈에서 자바 성능을 연구했던 데이비드(David Stoutamire)와 동일한 회사에서 자바 번역기와 언어도구(javac, javadoc, javah, javap)를 개발하고 지원했던 닐 게프터(Neal Gafter)가 연속으로 구글에 합류했다. 원래 콜랩넷(CollabNet)에서 엔지니어링 부문 주임을 맡았던 그렉 스테인(Greg Stein)도 구글에서 엔지니어링 관리자를 맡아 블로그 소프트웨어팀의 연구개발 업무에 참여했다. 일찍이 벨연구소(Bell Laboratories)에서 유닉스(Unix)팀의 구성원이자 플랜나인(Plan9)과 인퍼노(Inferno), 운영시스템 개발에 참여했던 랍 파이크(Rob Pike) 역시 구글에 합류했다.

구글은 계속해서 자체적인 과학기술의 기초를 견고히 해 나갔다.

그는 마치 자석처럼 재능이 넘쳐나는 과학기술 인재들을 한 곳에 모았다. 이렇게 많은 인재들은 그들이 하고 싶어하는 거의 모든 일들을 할 수 있다. 사실 그들은 지금도 그렇게 하고 있는지 모른다.

새로운 인재를 모집하는 것에 대해 구글이 밝히는 입장은 '가장 뛰어나고 가장 똑똑한 인재를 찾아 구글에 참여하도록 하는 것'이라고 했다. 그러나 최근 자바(Java)의 인재가 부단히 구글에 합류하는 상황은 우연이 아니며 어떠한 중대한 사건이 머지않아 발생할 것임을 알려주는 신호이다. 구글의 수많은 신입사원들은 웹브라우저 및 웹 개발 경력을 가지고 있으며 웹서비스 및 애플리케이션 도구 개발 등 영역에서도 견고한 기초를 다져 놓은 사람들이다.

구글은 분명히 또 다른 영역의 큰 사업에 진출하여 실력을 뽐낼 준비를 하려는 듯했다. IPO의 성공 및 그 후에 이어진 신규 인재 영입 등을 통해 구글 내부에서는 이미 결정이 되었지만 외부인들은 알지 못하는 모종의 계획에 따라 질서정연하게 군사력을 증강하고 있는 것 같았다. 업계는 이러한 신규 인재 증강이 'X 계획'의 일환으로 MS의 인터넷익스플로러를 겨냥한 것이며 MS의 패왕적 지위에 도전하려는 움직임이라고 억측했다. 구글이 모집한 우수한 인재들은 MS의 처마 밑에서 갈고 닦았던 실력으로 구글의 웹브라우저와 기타 소프트웨어 제품을 발전시켜 MS의 아성에 도전하는 데 일조할 것으로 추측된다.

'박사급' 회사

— 5개의 별개 건물로 이뤄진 '구글플렉스(Googleplex)'가 따스하게 퍼지는 봄 햇

살에 고르게 비춰졌다. 지구상에서 가장 크게 조명받는 인터넷 검색엔진 구글의 존재가 실감나는 순간이다. 점심 시간 수백 명의 엔지니어들이 그레이트풀 데드(Grateful Dead)에게 음식을 만들어 주었던 그 주방장의 요리를 맛보고자 무료 식당으로 몰려든다. 그들은 거기에서 편하기만 할까? 그렇지만은 않다. 오히려 주유소에서 기름을 채워 넣는 쪽에 가까울 것이다. 그들이 앞에 차려진 음식을 만끽하는 이 시간에는 회사 창립자 페이지가 인라인 스케이트를 타고 복도를 빠져나가는 것에도 방해받지 않는다. 어두움이 깔리기 시작하면 이 괴짜 천재들은 삼삼오오 사무실에 둘러 모이거나 조용히 회의를 열기도 하고 혹은 눈 하나 깜박이지 않은 채 온 정신을 집중하여 다다닥 자판을 두드리기에 여념이 없기도 하다. 농구화를 신어도 인라인 스케이트를 타도 사방에 지혜의 광선을 발하는 구글러들은 주변인들로 하여금 절박감조차 느끼게 한다.

〈비즈니스 위크(Business Week)〉지

구글플렉스는 50만 평방피트에 걸친 부지상에 건설되어 있으며 직원들은 스스로를 '구글러(Googlers)'라고 칭한다. 구글은 독특한 검색기술 및 무수한 박사급 직원 그리고 세계적으로 최대 규모를 자랑하는 특색있는 연구단을 보유하고 있다. 그들은 검색 알고리즘 연구에 몰두하여 검색엔진계의 선두적 지위를 유지하기 위해 노력한다. 이러한 사람들은 구글의 경쟁적 우위를 형성했던 주역들이다.

2004년 6월 30일 구글의 전체 직원은 2,292명에 달했다. 이 외에도 또 다른 '적지 않은' 임시직 직원들이 있었다. 대부분의 직원들이 업무 및 영업을 담당했으며 또 다른 많은 사람들이 연구 발전에 전념했다.

이러한 과학기술 인재의 요충지가 모집한 인재들은 대부분 컴퓨터 공학의 학문적 배경을 지니고 있을 것이라는 것은 말하지 않아도 가히 짐작할 수 있다. 많은 컴퓨터공학도들이 페이지와 브린의 모교인 스탠포드대학 컴퓨터공학과로부터 왔다. 그러나 구글에는 로켓 과학 자도 한 명 있으며 뇌 전문 외과의사도 있다.

거의 박사학위를 얻을 뻔했던 두 창립자는 회사 곳곳에 박사급 직원들을 배치하는 데 전력했다. 2001년에는 약 200명의 직원 중에 20% 이상이 자연과학영역 박사학위를 가진 사람들이었다. 2003년 초에는 박사 학위를 가진 직원이 70명이 넘었다. 최근 2년간 구글은 박사급 직원에 관한 자료를 발표하지 않았으나 과거의 기록에 근거해 보면 현재 이미 그 수가 100명을 넘어섰을 것으로 추측이 된다.

〈뉴스위크〉지는 구글이 박사를 중심으로 하는 문화가 성숙해 있으며 구글이 MS를 이어 IT업계에서 서로 다른 세속문화를 가진 인력자원조합을 구축했다고 밝혔다. 컴퓨터공학 학사 혹은 석사학력을 갖추길 요구하나 '박사급을 우선한다'는 문구를 강조하고 있는 구글만의 전형적인 구인광고는 다른 회사들의 구인광고에서는 보기 힘든 점이다. 어쨌든 구글이 연구 햇수가 오랜 사람을 선호하며 자체적으로 연구프로젝트를 계획해 본 경험을 가진 대학 인재들을 더 선호하는 것은 분명하다.

첨단의 컴퓨터공학과 학생에게 있어서 구글의 캠퍼스는 거절할 수 없는 흡인력을 발휘한다. 예를 들면 스탠포드대학의 컴퓨터공학과 교수인 라지브 모트와니(Rajeev Motwani)는 구글은 스탠포드 캠퍼스에서 컴퓨터공학과 박사들을 모집하는 데 있어서 '다른 회사보다 성공'했다고 했으며 그 원인은 구글에 먼저 진출해 있는 스탠포드 출신 직원의 영향이 큰 것으로 보고 있다.

워싱턴대학 컴퓨터공학과 교수인 에드 라조우스카(Ed Lazowska)

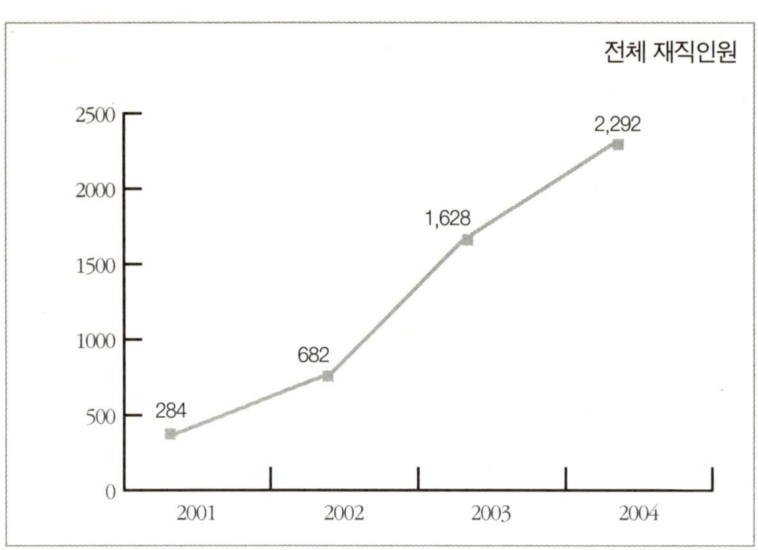

* 주: 2004년 6월 30일 기준

역시 〈뉴욕타임즈〉에서 구글이 직원에게 일주일 중 하루 정도의 시간을 배당해 이를 자신만의 프로젝트를 진행하는 데 사용할 수 있도록 배려한 점은 '구직자들에게 매우 큰 흡인력 있는 요소'로 작용하고 있다고 밝혔다. 전체적인 회사 규모는 MS가 구글을 훨씬 능가하지만 구글이 워싱턴대학에서 고용한 박사의 인원수는 MS와 비슷하다.

직원수가 56,000명에 달하는 MS는 700명의 인원으로 구성된 연구기관을 별도로 설립했다. 구글은 2,000여 명의 직원뿐이며 별도의 연구기관도 설립하고 있지 않다. 박사급 직원도 각 기관에 흩어져 있는 상황이다.

이 때문에 모든 직원이 실제적으로 모두 중책의 임무를 맡고 있는 셈이며 그들에게 '이전의 사람들이 밟아보지 않았던 영역을 담대하게 밟기'를 바라고 있다.

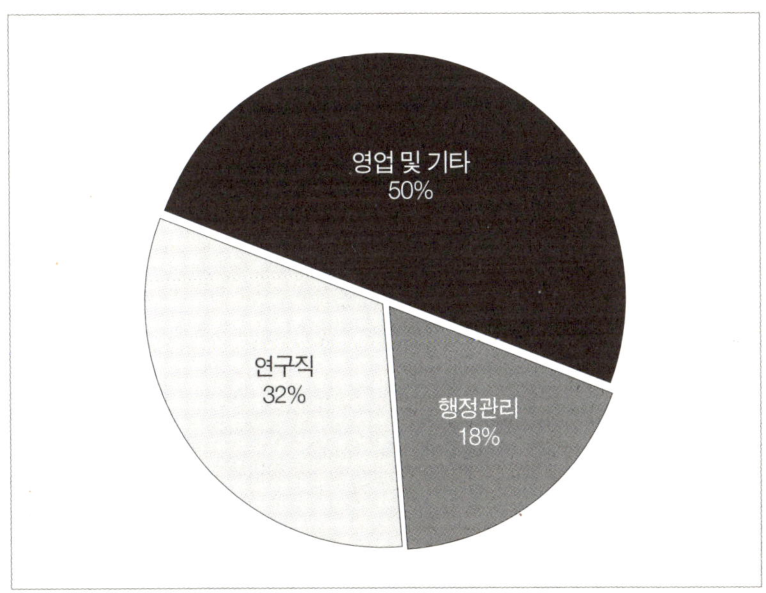

* 주: 2004년 3월 31일 기준

　창립자인 브린은 "우리의 모든 직원은 완벽한 검색엔진을 만들기 위해 노력하고 있으며 그 목표를 위해 불철주야 애쓰고 있습니다"라며 총 직원수 측면에서 구글은 MS의 1/30 수준에 불과하지만 연구 발전 측면에서 볼 때 구글은 많은 영역에서 우위점을 가지고 있다고 했다.

　〈뉴욕타임즈〉는 구글이 유리한 또 다른 영역으로 새로 영입하여 전공영역에 바로 투입할 수 있는 박사군단을 조직하였다고 했다. 구글은 첨단 인재들이 스스로 관심 있는 문제를 선택하도록 허락했고 또한 기타 첨단 인재들과 함께 팀을 이루어 활동하는 것을 즐겨 했다.

통제 속의 혼돈

페이지와 브린의 남다른 경영철학과 오랫동안 견지해 온 세상과 다른 직장문화는 스탠포드대학 컴퓨터공학과 프로젝트 실험실에서 얻은 경험에서 유래했다. 창사 이래 엔지니어는 줄곧 '통제 속의 혼돈' 상에서 일을 해 왔다.

여기서는 중간관리층이 거의 없다시피한 상태이다. 페이지는 구글 IPO 전에 〈플레이보이〉지와의 인터뷰에서 구글은 관리층 규모를 최대한 줄여서 다른 사람을 관리하는 데 소요되는 시간을 줄일 것이라고 밝힌 바 있다.

구글의 관리자는 엔지니어에게 어떤 사안의 일 처리에 착수해야 하는지의 최소한의 지시를 할 뿐이며 이것들은 그들이 스스로 결정한다면서 페이지는 다음과 같이 말했다.

"우리는 일종의 제도를 가지고 있습니다. 엔지니어는 생각을 바꾸어서 또 다른 프로젝트에 임할 수도 있습니다. 다른 사람들은 아마도 이렇게 말할 수도 있을 것입니다.

'세상에나, 나는 내 직원들이 절대 그렇게 하게 둘 수 없어'라구요. 그렇습니다. 당신에게는 두 가지의 선택 사항이 주어져 있습니다. 제어하는 사람이 될 것이냐 아니면 현황과 부합되는 제도를 구축할 것이냐 하는 것이지요."

고위관리층의 손 안에는 '100대' 우선순위 리스트(〈비즈니스위크〉지는 이 리스트가 2004년 5월 기준이며 이미 240개 항목으로 늘어났다고 함) 만 있는데 엔지니어가 본 후 자신이 관심 있는 항목을 선택하여 진행하면 된다. 이로써 유동성 있는 업무 팀을 조직할 수 있으며 이 상태로 수주 혹은 수개월 지속할 수 있다.

페이지는 회사의 모든 사람은 반드시 1주에 1차례 이메일을 보내어 자신이 지난주에 무슨 일을 했는지 보고하도록 규정함으로써 어떠한 혼선도 빚어지지 않게 했다.

휴렛팩커드(Hewlett-Packard Co.)가 운영상의 어려움에 직면해 비즈니스화 연구 발전에 주력한다고 발표했을 때에도 구글은 여전히 예전과 동일하게 모든 직원이 연구원으로서 1주일 중 일부 시간을 내어서 자신이 좋아하는 프로젝트를 연구하여 차세대 첨단 혁신을 일으킬 만한 임무를 완수하길 바랐다. 그들의 생각이 기괴하고 터무니없이 황당해도 모두 허용되었다.

회사는 그러한 괴짜 같은 연구행동이라도 이해할 뿐 아니라 그들을 적극적으로 격려하기까지 했다. 구글뉴스(Google News)가 미네소타 채광 제조회사(Minnesota Mining & Manufacturing)인 3M의 혁신사례처럼 유명하게 된 것은 구글의 엔지니어가 소위 '20%의 시간'을 이용해 연구에 몰두할 수 있는 환경이 조성되었기 때문이었다.

엔지니어링 부문 부사장인 웨인 로징(Wayne Rosing)은 "우리는 창조혁신을 추구하며 혼돈을 용인합니다"라고 했다. 이에 대해 〈비지니스위크〉지는 그 결과 구글은 엔지니어의 천국이 되었지만 투자자들에게는 지옥이 되었다고 비평했다.

자유와 규율의 기로에서

다년간 브린과 페이지는 줄곧 '검색' 자유와 규율간의 적당한 조합을 이뤄왔다. 2001년 슈미트를 발굴하여 이사장 겸 CEO를 담당하게 한 것은 이 방면의 노력을 보여준 일부의 사례였다. 2002년에 구글의 직원 총수는 500명을 돌파했고 고위관리층은 '방만해진 조직의 허술한 경영구조를 어떻게 빠르게 성장시킬 수 있는가에 대한 방안을 놓고 고심하기 시작했다.

예를 들면 구글의 IT부문 책임자인 크레이그 실버스타인(Craig Silverstein)은 구글의 IT부문 책임자로서 무한한 미래의 꿈들과 정보검색제품들을 개선시켜야 하는 실질적인 문제 가운데서 평형이 이뤄지도록 노력해야 했다.

최근 이 방면의 도전이 이전보다 더욱 심각해졌는데 이는 구글의 성장 속도가 이전의 어떠한 시기보다도 빨라졌기 때문이다. 2004년 8월 중순에 구글의 직원수는 하루 평균 3.6명씩 증가하여 2002년 하루 평균 1.1명이었던 속도를 초과했다.

현재 구글의 직원수가 3,000명을 향해 돌진하고 있는 시점에서 구글이 어떻게 민첩하고 창의적이고 효율적으로 회사를 경영해 나갈 것인가 하는 것이 시급한 과제로 떠오르고 있다. 페이지와 브린은 이전에 이러한 단계에 있는 회사를 경영해본 경험이 없었다. 그러나 〈비지니스위크〉지는 그들이 경영활동에 관한 권리를 비교적 경험이 풍부한 고수에게 넘겨주지 않고 있다고 지적했다.

〈비즈니스위크〉지는 구글의 이러한 경영전략이 관리층의 노하우

부족을 드러내고 있다고 지적했다. 2004년 3월 31일 이메일서비스인 지메일(Gmail) 출시를 선포했던 시기가 잘못되었던 것도 그러한 예이다.

구글은 신제품을 출시할 때 보통 베타 테스트 단계를 거친 후에야 대외적으로 발표를 했다. 그러나 지메일은 이러한 과정을 거치지 않은 채 발표부터 서둘렀다. 이처럼 거대한 서비스는 외부에서 수천 명의 고객을 대상으로 테스트를 진행해야 하기에 비밀이 지켜질 수 없게 되어 신문매체에 소식을 발표할 수밖에 없었던 때문이기도 했다. 지메일은 예사 서비스 제품이 아니었다. 반드시 웹메일 시장 판도를 다시 쓰게 될 큰 제품이었기에 권위있는 전문가, 신문기자들이 앞다투어 출시소식을 보도할 수밖에 없었다.

문제는 지메일이 근본적으로 상업화할 수 있는 목표에는 근처에도 가지 못했다는 점이다. 발표 후 긴 시간 동안 야후와 MS는 역시나 삼삼오오 대안을 강구했고 그들의 이메일서비스 내용을 대폭 조정해 구글의 적지 않은 우위점을 상쇄하려 애썼다.

결국 모든 사람에게 그 천하무적 메일서비스가 개방된다고 가정했을 때 주요 잠재소비자집단은 이미 수천 수백만의 이메일 사용자를 붙잡아두려는 경쟁업체에 의해 거의 반은 와해되어 있을 것이다. 〈비즈니스위크〉지는 구글의 한 투자자의 말을 인용하였다.

"제품 출시 전에 그들은 저장용량이 1GB에 달한다는 정보를 공개하지 말았어야 했어요. 이는 전략적인 착오였습니다."

〈비즈니스위크〉지는 구글의 관리층 직원이 그러한 지혜가 있는지 없는지 그리고 기업공개를 한 상장회사를 경영할 수 있는 역량이 있는지의 여부에 대해 의구심을 품었으며 구글이 관리층의 경험부족 문제를 반드시 처리해야 할 것이라고 했다. 〈비즈니스위크〉지는 또한 일부 투자자들과 분석가들이 구글 지도자층의 능력을 걱정하고 있으며 동시에 IPO에 참여하지 않은 한 투자은행의 입장을 인용해서 다음과 같이 보도했다.

"이 젊은이들은 도발적인 것을 좋아하며 다루기가 참으로 어렵다. 시장에서 붕괴되지 않을 가능성을 아무도 보장할 수 없는 상황에서 참으로 오만방자하고 안하무인이다."

사실 구글의 고위층 관리인들의 눈에는 자유방임의 엔지니어링 문화가 책임이 아니라 자산으로 보였다. MS와 야후의 거대한 규모의 회사에 맞설 실력이 많이 부족한 구글로써는 혁신적인 창조정신에 의거해서 '차세대 상품'을 출시해 승리를 쟁취해야 했다.

엔지니어가 자유분방할수록 창의력을 발휘했기에 더욱 많은 신규 서비스, 즉 이메일, 구글뉴스, 오르컷이 닳지 않고 용솟음칠 수 있었으며 경쟁업체로 하여금 바쁘게 대응하도록 만들었다. 슈미트는 "우리가 정작 마음에 두고 있는 것은 어떻게 하면 이러한 창조적 문화를 더욱 흡수하고 육성하느냐는 것입니다. 창조는 발명에서 옵니다. 이러한 것들은 시간표를 만들 수 없습니다"라고 했다.

자세히 관찰해 보면 이 회사는 비록 도처에서 상식과 전통, 규칙을 깨고 있는 것처럼 보이지만 그 안에는 여전히 보수적이고 재무적인 책임을 중시하는 전통적인 회사의 면모를 가지고 있다.

구글의 이사회와 고위관리단은 구 학파의 배경을 반영하고 있다. 인텔 지넨테크(Genentech), 벤처캐피털 회사인 클라이너 퍼킨스 및 세쿼이아 캐피털의 고위책임자, 그리고 스탠포드대학의 총장 존 헤네시(John Hennessy) 등 9명의 이사가 도합 200여 년의 IT업계 경험을 가지고 있다. 하물며 그들은 썬 마이크로시스템즈, 애플컴퓨터, 아마존닷컴의 이사이기도 하다. 구글의 고위관리층 인원들은 다 합치면 130년을 넘는 관리경험을 가지고 있는데 이는 HP, 선(Sun), 애플, 노벨(Novell), 넷스케이프 등 대형 회사를 넘는 수준이다.

삼두정치의 관리구조

브린은 30세의 나이로 구글에서 가장 어린 고위층 책임자 및 이사가 되었다. 또한 공동창립자인 페이지보다도 조금 어리다. 두 사람은 경험이 풍부한 전문경영인을 세워 구글을 다음 단계의 발전으로 이끌어가야 한다는 주변의 시급한 요구에 공감했다.

그들은 노벨(Novell Inc.)사의 전 CEO였던 슈미트를 눈여겨 보았는데 목적은 '노련한 감독'을 구하는 것으로 이러한 경험들을 구글의 고위관리층에 도입하자는 생각이었다.

슈미트는 우선 브린의 이사장 직책을 이어 받았고 페이지의 CEO 직책을 넘겨 받았다. 브린과 페이지는 각각 기술부문 사장과 제품부문 사장 직책을 맡게 되었다. 이렇게 되어도 브린과 페이지는 계속해서 '섭정'을 통해 전체적인 '삼두마차'의 구조를 형성했다.

표면적으로는 브린과 페이지, 슈미트가 '삼두정치' 구조를 형성하게 되었다지만 사실 절대적으로 이와 같지는 않았다. 〈비즈니스위크〉지는 구글은 창립자가 주도하는 회사로써 회사의 모든 중요한 정책은 브린과 페이지가 그 결정권을 장악하고 있다고 했다.

CEO인 슈미트 등 경험이 풍부한 고위 책임자를 비롯해서 클라이너 퍼킨스의 존 도어(John Doerr)와 세쿼이야 캐피털의 마이클 모리스 등의 이사는 마치 별들이 달을 에워싸는 것처럼 두 명의 젊은이 근처를 둘러싼 보좌관의 역할을 감당했다.

'삼두정치' 구조에 따라 한 명의 고위책임자가 통제권을 일방적으로 장악하는 경우는 없었다. 현재 49세인 슈미트는 자신의 직책은 최고경영자(Chief Executive Officer)가 아니라 비교적 최고경영관리자(chief operating officer; COO)에 가깝다고 했다. 정책은 3명이 의논한 후 결정한다. 창립자는 구글이 걸어야 할 길을 결정하며 전략과 기술 행동상에서 행동결정권을 갖는다.

슈미트는 이러한 '합의제' 관리구조가 가끔은 혼란스럽기는 하지만 운영상에서는 더욱 효과적이라고 했다. 이러한 방식은 페이지와 브린의 IT분야의 창조적인 특기를 비롯해 자체의 운영노하우를 결합시킬 수 있는 장점이 있다는 주장이다. 그는 〈비즈니스위크〉지에 "우리는 일체화 운영을 시도하고 있는데 협력을 하면 더욱 좋은 결정을 얻을 수 있기 때문입니다. 만약 당신 혼자서 어려운 정책결정을 해야 하는 구조가 된다면 그것은 매우 고독한 일이 아닐 수 없습니다"라고 밝혔다.

그는 구글과 야후 인터넷 경매사이트 이베이(eBay)가 모두 창립자 위주의 전략구상과 CEO의 직무를 괘념치 않는다는 점에서 비슷하다고 하면서 "저는 주어진 임무에 최선을 다하고 구글이 창립자가 지도자가 된 회사가 될 수 있도록 도울 것입니다. 기타의 대부분의 과학기술 회사들도 모두 이렇게 하고 있습니다"라고 했다.

일반적으로 슈미트는 걸출한 구상가는 아니라고 하지만 이 영역에 있어서 페이지와 브린은 굳이 도움이 필요하지 않았으며 그들에게 필요한 것은 오히려 노련한 경영인이었다. 전문경영인은 구글을 돈 잘 버는 회사로 만들어 주면 되었는데 이는 마치 야후의 전 이사장이자 CEO였던 팀 쿠글(Tim Koogle)과 젊은 창업주 수중에서 경영의 중임을 짊어지고 갔던 그런 구조였다.

슈미트는 부임 후 3년 동안 줄곧 경영구조를 원래의 상태로 유지시켜 왔으며 두 창립자는 기존의 세력를 조금도 무시하지 않은 채 지속적으로 영향력을 행사하고 있었다. 페이지와 브린은 '창업주 지침서'상에서 구글이 계속해서 두 창업주와 CEO 슈미트로 구성된 '삼두정치' 운영방식을 견지할 것이라고 했다.

〈비즈니스위크〉는 이는 매우 일반적이지 않은 구조이며 일부 경영전문가들의 의견에는 직원수가 2,000명이 넘는 대형 회사가 과단성 있는 행동을 취하는 데 방해가 될 수 있는 구조라고 지적했다. 그렇게 여기지 않았던 두 창업주는 '창업주 서신'상에서 '우리는 3명이 공동으로 판단한 것을 바탕으로 심혈을 기울여서 구글이 이익을 거둘 수 있도록 할 것이다'라고 언급했다.

아이들을 돌보는(?) 수입이 슈미트만큼 높았던 적은 없었다. 2002년 구글은 주당 30센트의 행사가격으로 하는 스톡옵션을 슈미트에게 부여했다. 2004년 8월 구글은 IPO 처리 과정에서 슈미트는 85달러로 보유주식의 2.5%를 매각했고 이로써 31,362,025달러의 수입을 올렸는데 그 후에도 여전히 1,223,118,975달러의 주식이 남아 있었다.

2003년 두 창립자의 연봉은 15만 달러였고 보너스가 206,556달러였다. 슈미트의 연봉은 25만 달러였고 보너스가 301,556달러였다. 이 외에 〈포브스(Forbes)〉지가 2004년 9월 말 발표한 미국 내 400대 부호 리스트에 따르면 창립자가 각각 40억 달러의 재력으로 43위(본

서의 맺음말 참조)를 공동으로 차지했으며 슈미트는 165위에 낙점되었
는데 그 재산가치가 15억 달러로 추측된다고 했다.

두터운 복지혜택

창조문화를 정착시키기 위해 구글플렉스에는 테마공원이 조성되
어 있었고 그 가운데 프로펠러가 달린 모자를 쓴 신입 구글러들이 돌
아다닌다. 단가가 4,000달러에 달하는 세그웨이(Segway) 스쿠터가
캠퍼스 도처에 비치되어 있어서 직원들이 언제든지 대여하여 각 건물
을 오갈 때 사용할 수 있다. 엔지니어는 사무실에서 소형 비행정을 원
격조정하거나 주차장에서 인라인스케이트를 타고 하키볼을 통해 몸
과 마음의 긴장을 풀 수도 있다.

구글의 이러한 친화적인 직원 문화는 더욱 유명해져 실리콘밸리의
전설이 되었다. 창사 이래 구글은 줄곧 자본주의에 대항하는 닷컴기
업의 문화를 유지해 왔다. 특히 기업이 부당이익을 취득하는 왜곡된
풍조가 횡행하는 이 시기에 그들은 직원에게 가장 두터운 복지혜택을
제공해 주기로 결정했다.

짐볼(gymball)과 탁구대가 사무실 귀퉁이에 놓여 있다. 아이스크림
은 무한대로 제공된다. 마사지를 받고 싶다면 마사지 치료사의 서비
스를 받을 수도 있다. 모든 컴퓨터에는 두 대의 평판 디스플레이 모니
터가 설치되어 있다. 몇몇 화장실은 열선이 들어간 시트와 800달러에
달하는 비데가 설치되어 있지만 대부분의 화장실과 소변기는 에너지
절약형으로 설계되었으며 최소의 물을 사용한다.

일찍이 1960년대의 펑크록 그룹인 '그레이트풀데드(Grateful Dead)'를 위해 일했던 주방장 찰리 아이어스(Charlie Ayers)가 구글에 들어온 이후 가끔 필레(filet) 스테이크와 사슴고기, 제비 가슴살요리 등이 등장했다. 그런데 대부분의 점심, 저녁메뉴는 그의 대표요리를 내어 놓았다. 그는 심지어 직원들에게 음식을 집으로 가져가거나 혹은 가족을 불러와 같이 먹도록 했다.

구글의 첫 번째 직원이었던 크레이그 실버스타인은 CNET News.com과의 인터뷰에서 회사의 규모가 너무 커지다 보니 이전에는 회사 내 거의 모든 사람을 알고 지냈던 반면 지금은 그렇게 하지 못하게 되었는데 그 점이 아쉽다고 했다. 그는 한 가지 변하지 않은 사실은 '우리에게 여전히 즐거움으로 가득 찬 업무환경'이라고 밝혔다.

구글의 창립자는 투자자의 환심을 사기 위해 직원의 복지정책을 바꿀 수는 없다고 했다. 따라서 회사는 주방장 초빙, 자체 세탁소 구비 등 직원을 위한 복지조치를 남겨두었다. 그는 "우리의 복지는 갈수록 증강되면 증강되었지 줄지는 않을 것입니다. 우리는 기업이 작은 이익 때문에 큰 것을 쉽게 잃을 수 있다는 생각을 믿습니다. 이러한 복지는 직원의 많은 시간을 절감해 줄 것이며 그들의 건강과 생산력을 향상시켜줄 것입니다"라고 했다.

IT회사에게 이미지 컨설팅서비스를 제공하는 회사인 스테픈슨 그룹(Stephenson Group)의 CEO인 맨 스테픈슨(Ann Stephenson)은 구글의 우수점 중의 하나는 마치 물과 젖처럼 잘 융화가 되는 회사와 직원 간의 화합이라고 했다. 이 자산은 월스트리트의 수많은 첨단 기업이 부러워해 마지않는 것인데 그것은 그들이 수천 수백만 달러를 투자한 만큼 충성도를 뽑아 내야 하기 때문이다.

그러나 구글러들에게 있어서 흔들리지 않는 충성도를 보장하는 최대의 복지는 단연 수중에 쥐어준 스톡옵션이 아닐까?

신부호 등극

구글의 직원들은 지금 행복한 고민에 빠졌다. 그것은 대부분의 직원이 바라고 바라던 일이 현실화되었기 때문이다. 큰 부자가 되었음을 알게 되었고 수중의 거액을 어떻게 처리해야 할지 알지 못할 정도이다. 짐작하건대 그들의 은행 계좌에는 6자리 혹은 7자리 수에 달하는 예금이 예치되어 있을 것이며 비서부터 고위직원에 이르기까지 자기가 이전에 가져보지 못한 부를 소유하고 있다는 사실을 모두 깨닫게 되었으리라.

구글은 초연하고 고고한 창조혁신을 주장하는 기업에서부터 월스트리트의 유명기업을 비롯하여 그의 직원, 그리고 그들의 벤처투자가에 이르기까지 모두를 부자로 만들어 주었다. 이들 행운의 주인공들이 수중에 쥐고 있는 구글 주식이나 스톡옵션 가치는 그 규모가 작지 않았다. IT기업 서비스영역에 합류하고 IPO가 성공한 후 몸값이 하루 아침에 폭등하는 아름다운 꿈이 현실화되었다.

브린과 페이지는 물론 회사의 고위관리와 초기직원들이 모두 백만장자 클럽에 합류하게 되었다. 많은 직원들이 보수의 일부인 스톡옵션을 행사하고 주식을 팔기만 하면 100만 달러 이상의 부호로 새로이 등극하곤 했으니 말이다.

구글의 주식이 나스닥(Nasdaq) 주식시장에서 거래되던 첫날 발행가격은 85달러에서 18% 오른 100.34달러를 종가로 거래를 마무리지었다. 샐러리닷컴(Salary.com)의 컨설팅 부사장이자 기업보수 전문연구원인 빌 코울먼(Bill Coleman)은 구글 등급 규모의 IT회사의 모델로 봤을 때, 기존의 스톡옵션의 급여화 지불 계획 그리고 구글이 증권거래위원회에 제출한 자료에 근거해 1,000여 명의 직원이 서류상으로 백만장자가 되었을 것이라고 추측했다.

투자자들이 구글의 전망을 밝게 보았기 때문에 상장 이후 주가는 지속적으로 치솟았고 10월 초에는 130달러에 이르게 되었다. 코울먼은 3월 말 기준 1,900명의 직원 중 약 60%가 보유하고 있는 스톡옵션의 가치가 최소한 각각 100만 달러를 넘어설 것이라고 추측했다. 또한 근속연수가 비교적 긴 400에서 500명의 직원의 스톡옵션 가치는 500만 달러 이상도 넘을 것이라 했다.

클라크 컨설팅(Clark Consulting)의 부사장인 조 리치(Joe Rich)는 구글의 직원이 보유하고 있는 시가 약 50억 달러에 달하는 주식에서 상위 5명의 고위직원의 것을 빼면 1인당 평균 220만 달러를 가지는 셈이 된다고 했다. 비록 선임 직원들이 비교적 큰 부분을 차지하고 있기는 하지만 어쨌든 IPO가 수백 명의 백만장자 신부호들을 만들어 낸 것임에는 분명하다.

구글이 2004년 7월 말 증권거래위원회에 제출한 자료에 따르면 총 2,070만 주에 달하는 스톡옵션을 2,292명의 직원 중 거의 모든 직원에게 발행하였다고 한다. 일부 스톡옵션의 행사가격은 49센트보다 낮았다.

또 다른 자료에 따르면 2001년 9월에서 2004년 6월까지의 기간 중 구글은 현직 및 이직 직원에게 2,320만 주의 주식을 매각했다. 평균 주당 2.86달러였다. 수많은 고위직원과 주요직원의 스톡옵션은 이미 수령이 완료됐다. 바꿔 말하면 그들은 임의의 시간에 주식을 매각해 구글을 떠났다는 말이다. 주식을 매각하면 부가 발생한다. 이러한 생각을 가지고 있는 사람이 적지 않았다.

비록 일부 직원의 행사 가격이 1달러 미만이었지만 일부 가격은 85달러에 가까웠다. 주가가 행사가격 이하로 하락하면 스톡옵션은 한 푼의 가치도 없어진다. 코울먼은 "만약 당신이 25센트로 주식을 매입했고 현재 주가가 100달러를 넘는다면 버는 돈이 적지 않겠죠. 주당 50달러씩만 계산해도 굉장한 부자가 될 것입니다" 라고 했다. 그러나 주당 80달러씩 계산하게 되면 이익폭은 크게 감소되고 심지어 매각할 가치도 없어지게 된다.

대부분의 주식보유 직원은 IPO시에 주식을 매각했다. 그 중 일부는 15일에서 180일의 매각금지 기간을 거쳐야 공개시장에서 보유주식 매각을 신청하거나 스톡옵션을 행사할 수 있다. 이는 사람들로 하여금 1990년대 말 닷컴기업이 큰 부를 창조해 내고 MS 직원들이 전설적인 백만장자 부호 반열에 척척 들어섰던 당시 상황을 떠올리게 했다.

구글 글로벌 영업부 부사장인 오미드 코데스타니(Omid Kordestani)는 주식이 손이 델 만큼 뜨거운 인기를 몰고 있는 젊은 IT회사에 머무는 것이 어떠한 느낌인지 분명히 알게 되었다고 했다. 구글에 합류하기 전 그는 웹브라우저 영역 개척의 선봉이었던 넷스케이프사의 고위 책임자였다. 코데스타니는 구글의 주식 상장시에 5%의 주식을 매각했고 20,444,710달러를 벌어들였을 뿐 아니라 388,449,490달러 가치의 주식을 더 보유하고 있었다. 이 외에도 엔지니어링 부사장인 웨인 로징과 법률자문인 데이비드 드러몬드(David Drummond) 역시

5%의 보유주식을 매각했다.

일부 직원들은 학교로 돌아가 공부를 계속하고 신 회사를 창립하거나 IT업계를 일찍 떠난 은퇴족의 대열에 합류하기도 했다. 그러나 실리콘밸리의 부동산 가격이 폭등하고 있는 이 시점에서 지금의 100만 달러는 이전의 100만 달러의 가치와는 비교할 수 없게 되었다. 코울먼은 로이터 통신(Reuters)과의 인터뷰에서 다음과 같이 밝혔다.

"만약 어떤 사람이 캘리포니아주 마운틴뷰에 살고 있는 당신에게 100만 달러를 주었다고 하면 그것으로 대출금 정도는 갚을 수 있을 것입니다. 그런데 그것만 믿고 산 속으로 은퇴하기는 힘들지요."

비교적 높은 수익을 거뒀다고 하면 스톡옵션 가치가 500만 달러 이상인 직원들이었다. 구글은 방법이 없었다. 각종 복지, 무료 식사, 어린이집, 보건소 등은 직원들의 요구를 상당부분 충족시켜 주었지만 직원 한 명 한 명에게 일종의 지속적인 사명감을 불어넣어 주지 못하는 상황이 닥친 셈이다. 이에 대해 경영전략 전문가이자 작가인 빈스 포센트(Vince Poscente)는 "좋은 직원이 남아 있어주길 바란다는 것은 어찌 쉬운 일일까?" 라고 말했다.

직원의 이직 사태는 갈수록 눈덩이처럼 규모가 커질 상황이었다. 포센트는 "만약 창업에의 웅대한 꿈을 품어왔던 직원이 놀라운 구상을 하게 되고 지금 있는 회사에 더 이상 머무는 것에 만족하지 못한 채, 창업을 한다면 그 다음에는 그는 누구를 찾겠는가? 당연히 같이 코를 맞대고 지냈던 동료가 아니겠는가?" 라고 했다.

그러나 아틀라스 벤쳐(Atlas Venture)의 수석 파트너인 장 프랑소와 포멜라(Jean-Francois Formela)는 백만부호가 된 구글의 수많은 직원들이 회사를 떠나 신회사를 창립하게 되어도 만약 회사가 그들의 사업 경력 목표를 만족시켜 준다면 적지 않은 직원들이 떠나지 않고 머무르게 될 것이라고 했다.

그는 씨비에스 마켓워치(CBS. Market Watch)에서 다음과 같이 밝혔다.

"이는 복권 당첨과는 차원이 다릅니다. 금액이 어쩌면 비슷할지 모르겠지만 이러한 회사의 직원에게 있어서는 생활풍격이라든가 무게중심의 변화 측면에서 모두 다 다릅니다. 그들은 일을 열심히 했고 모든 집중과 정신력을 투입했습니다."

그는 "일부는 삶의 속도와 패턴을 늦추고 여유 있는 생활로 돌아갈 것이고 또 어떤 이는 포도주를 양조하기로 전향한다든가 또는 배를 타고 유람한다든가 세계일주를 한다든가 공익사업에 투자한다든가 하는 결정을 내릴 수도 있을 것입니다"라고 했다.

최소한 2명의 구글러는 구글의 '악해지지 말자'라는 신념을 준수하기로 결정하여 돈을 기부하기도 했다. 이 두 명의 구글러(아마도 새로 출현한 구글의 백만 달러 부호)는 최근 IT기부단체인 SV2에 회원으로 가입하였다. SV2는 비영리단체인 실리콘밸리 기금회(Community Foundation Silicon Valley)와 관계가 있어 회원은 가입 후 2년 내에 최소한 5,000달러를 기부하기로 약속한다. 기부된 돈은 지방 비영리단체를 지원하는데 사용된다.

부호가 된 직원이 주식을 현금화한 후 자리를 털고 떠나는 것을 어떻게 붙잡고 머무르게 하느냐 하는 것이 구글이 직면한 새로운 도전 중의 하나였다. 주식 상장 후 직원이 떠난 사례는 셀 수 없이 많았다.

구 직원이 부를 쌓을 수 있게 했던 높은 주가는 아마도 구글이 새로운 직원을 모집했을 때 장애요소로 작용할 수 있다. 신규 직원은 근속

연수가 오랜 직원들을 따라잡기 위해 더욱 많은 주식을 요구할 것이기 때문이다. 실리콘밸리의 적지 않은 기업 직원들이 회사 상장 후 조기 은퇴하는 사례가 적지 않다. 신규 직원은 입사 시기가 적절하지 못하여 구글의 초기 직원통근차에 올라 저렴한 주식을 매입하지 못한 것에 대해 한탄하기만 할 것이다.

구글은 그의 IPO 신청서에서 다음과 같이 밝혔다.

"직원의 최초 스톡옵션 수령이 완전히 마무리된 후에는 아마도 우리를 떠날 사람들이 많이 발생할 것입니다. 더욱이 스톡옵션 행사가격보다 주가가 크게 상승하였을 때는 더욱 그러하겠죠."

그러나 이 검색회사는 직원을 매우 중시하고 있으며 직원들을 머무르게 하는 방법을 강구할 것이라고 했다. 구글은 IPO 신청서상에 다음과 같이 밝혔다.

"구글에게 그들은 전부입니다. 우리는 그들을 격려하고 잘 대해 줄 것입니다."

새로운 상권, 구글 특수

구글의 직원이 얻게 된 이 새로운 부는 이미 보편적인 일이 되었고 이들을 위해 주변 상권은 많은 상품들을 준비해 놓고 돈 보따리를 풀기만을 기다렸다. 그들은 부근의 상점으로 몰려들어 스톡옵션을 통해 얻게 될 부로 물건들을 구입하기 위한 쇼핑에 나섰다. BMW 빅토리라는 오토바이 상점은 출하된 지 얼마 안 된 듯한 번쩍이는 광택의 오토바이에 판매가가 25,000달러임을 표시해 놓고 있었다. 로이터 통신은 이 가게 직원의 말을 인용해 이렇게 보도했다.

"최근 몇 주 사이에 일부 구글 직원들이 위풍당당하게 와서는 '장난감 구경 좀 합시다'라고 했다."

또 다른 BMW 판매업체는 구글 직원이 와서는 요즘 유행하는 신형 차종을 찾았다고 했다. 직원은 "그들은 계속 찾아왔습니다. 극도로 흥분해서 말이죠"라고 했다. 그러나 IPO 후 상장 첫날 구글플렉스의 주차장에는 여전히 혼다(Honda)와 수바루(Subaru) 류의 자동차가 주류를 이루었다.

그러나 CNET News.com은 구글을 잘 아는 한 인사의 보도자료에 따르면 최소한 한 명 이상의 구글 직원이 실리콘밸리 내 자동차판매상으로부터 9만 달러에 달하는 차를 구입했을 것이라고 보도했다. 그는 또한 다른 직원 한 명이 양조장을 개업하고 싶어하며 어떤 직원 하나는 예술품 수집에 관심이 있다고 했다. 각종 기구의 기금관리자 역시 소문을 듣고 몰려들어 구글의 구 직원들에게 자신들에게 기부하기를 요청했고 가끔은 하루에 3, 4통의 전화를 해 댔다.

구글 직원이 사고 싶어하는 최대의 상품은 당연히 집이었다. CNET News.com은 한 부동산 중개인의 말을 인용하여 다음과 같이 보도했다.

"마운틴뷰의 일부 고객은 구글의 직원들입니다. 그들은 줄곧 집을 사고 싶어했는데 지금은 마침내 소원성취를 한 듯 적극적으로 도처를 물색하면서 부동산을 매수할 준비를 하고 있습니다."

수백 심지어 수천 명에 달하는 구글의 신부호들이 쏟아놓는 기대심리로 실리콘밸리의 부동산시장이 활기를 띠기 시작했다. 〈머큐리〉지는 구글의 IPO 전에 한 주택 구입자가 52.5만 달러에 달하는 먼로파크의 집을 급하게 사들였다고 보도했다. 그녀는 이율 상승과 부동산 매물 부족현상 외에도 수중에 많은 현금을 가지고 있는 구글이 주택 가격 상승에 일조했다고 보도했다.

당시 실리콘밸리는 바이어(buyer)가 조급함을 가지는 반면 상대적으로 셀러(seller)는 서두르지 않고 여유가 있는 풍조였다. 이는 파는 것을 아깝게 여기는 심리 때문이었다. 부동산 중개인이 450만 달러로 출발하면 고객이 400만 달리를 제시하여도 바이어의 입장에서 한 푼도 양보하지 않았는데 그것은 구글의 주식이 곧 발행되기 때문에 잠재고객은 많다는 간접적 의사표현이었던 셈이다.

구글의 첫 번째 직원이었던 실버스타인은 하늘에서 뚝 떨어진 거액의 돈이 평상심을 잃게 할 지경이었다고 했다. 2003년 겨울 회사의 기업 공개 후에 본인은 어떻게 할 것이냐는 질문에 그는 다음과 같이 대답했다.

"저는 복권에 당첨된 사람에 관해 서술해 놓은 책을 봤는데 거기에서는 일단 돈을 얻은 후에 무엇을 하고 무엇을 하지 말아야 하는지 적어놓은 리스트가 있었습니다. 첫 번째로 해야 하는 일에는 나가서 멋들어진 저녁식사를 한다는 것이었습니다. 10위는 보트는 사지 않는다는 것이었죠. 저는 이 두 가지 해야 할 일과 하지 말아야 할 일은 꼭 지켜 행할 것입니다."

31세가 된 실버스타인은 1998년 스탠포드대학교 박사반 공부를 포기하고 브린과 페이지의 팀에 합류해 지금까지 최선을 다해 구글과 함께 해 왔다. 그는 구글의 전형적인 직원이자 이 검색회사의 '악해지지 말자' 라는 신념을 충실하게 지키는 사람이었다. 지금 돌아보면 학업을 포기한 것이 참 지혜로운 선택이었다는 것을 실감한다고 했다.

제7장

악하지 않아도 돈은 벌 수 있다!

　　　54세의 파일리 트라우트는 마치 다이빙 점프대 위에 서 있는 것 같은 느낌 때문에 마음이 초조했다. 그녀는 스스로에게 수없이 파이팅을 외치며 뛰어내릴 준비를 하고 있었다. 전 주에 그녀는 직감에 의지해 구글의 주식에 투자하라고 스스로를 열심히 설득했다. 트라우트 여사는 켄터키주의 시골지역에 살면서 한 의료보건외과 회사에서 사장직을 맡고 있었지만 평생 주식이라는 것을 거래해 본 적이 없었다. 인터넷업계에서 가장 사랑받는 검색엔진 구글에 투자하는 것은 자칭 주식 문외한인 그녀에게 한편으로 설레기도 하면서 다른 한편으로는 손해에 대한 걱정이 큰 그야말로 모험과도 같은 일이었다.

　　　구글의 두 창립자는 이미 TV를 통해 보도되기도 했고 그들의 '악해지지 말자'는 기업이념에 대해서도 잘 알려진 바여서 트라우트에게 구글은 좋은 인상으로만 남아 있었다. 그녀는 고위책임자들의 적지 않은 수가 부정직한 일들을 저지르고 있다고 믿고 있었다. 그러기에 그녀는 만약 자신이 월스트리트에 첫발을 내딛게 된다면 첫 투자대상은 구글이 되어야 한다고 늘상 생각해 왔던 터였다.

―〈뉴욕타임즈〉

　구글은 그의 '세상에 대한 책임을 다 하자', '구글을 세계에서 가장 아름다운 회사로 만들자'라는 구호를 선포했고 기업 윤리성명에서는 '악해지지 말자'의 목표와 사명을 제정했다. 이는 구글의 경영에 있어서 흥미롭고 특색있는 한 부분이라고 할 수 있다.

　그의 영문 사이트상에는 '회사정보'라는 코너에 구글의 10대 신조가 올라와 있다. 그 중 여섯 번째 신조가 '악해지지 않아도 돈은 벌 수 있다(You can make money without doing evil)'이다.

황금보기를 돌같이 하면 돈은 굴러온다

　구글은 스스로를 한 기업이자 돈을 버는 회사라고 칭한다. 그러나 인터넷 검색서비스를 모든 사람에게 무료로 제공하는 구글에게 어마어마한 수익의 출처는 과연 어디일까? 그것은 바로 광고수입이다. 곧 사용자가 정보검색시에 사용하는 검색키워드를 광고주에게 판매하는 데 있다. 예를 들면 최고가격으로 '디지털카메라'라는 키워드를 구입한 광고주는 사용자가 '디지털카메라' 정보를 검색할 때마다 검색결과 페이지 스폰서링크(sponsored link)의 최상단에 자신의 홈페이지를 링크시킬 수 있게 된다.

그러나 당신은 구글에서 이러한 광고를 보지 못할 수도 있다. 당신이 찾고자 하는 정보와 관련이 있는 광고만이 비로소 페이지에 게재되기 때문이다.

구글은 또한 우리에게 광고가 굳이 배너형의 형태를 가질 필요가 없다는 점을 보여준다. 기존의 문자광고는 시시때때로 튕겨 나오고 끊임없이 번쩍이는 팝업 광고나 배너형 광고보다 효과가 더 높다. 구글은 또한 광고주와 협력하여 광고 게재기간 내 클릭률 책정 시스템을 개선하였다. 클릭률은 고객의 관심도를 반영하기에 세심하게 다뤄져야 할 부분이다.

또한 구글은 내용과 광고를 분리하여 광고영역을 명확하게 구분지었고 두 영역이 섞이지 않게 했다. 독립된 검색이 수행될 때마다 출현하는 유료 광고는 검색결과와 분리되어 '스폰서링크'라는 문구와 함께 게재된다. 광고주는 돈을 지불하고 광고를 게재하며 구글은 검색결과 항목 사이에 광고를 삽입하는 방식으로 사용자의 혼돈을 가중시키지 않는다.

구글이 견지하는 핵심 가치관은 검색결과의 공정성을 유지하고 타협을 용납하지 않는 것이다. 독립적이고 객관적이며 공정하게 해 사익을 개입시키지 않는다. 모든 사용자가 공평하다는 원칙하에 키워드로 정보를 검색하는 사용자들에게 효율높은 서비스를 제공한다. 이들을 발전시키기 위해 구글은 '페이지랭크(Page Rank)' 알고리즘을 개발해 내었다.

이 알고리즘은 인터넷이 스스로 각 사이트의 실용성을 판단해 그 중요도와 배열순위를 정하는 계산법이다. 이에 대해 구글은 페이지랭크 기술을 조작해 보다 높은 배열순위를 얻어내려는 시도는 불가능하다고 밝혔다. 페이지랭크가 사이트 순위를 배열하는데 기준이 되는 요소는 바로 사이트의 인기도와 검색어와의 연관성이다. 그래서 연관성이 낮은 사이트들이 온갖 수단으로 검색결과 페이지의 최상단을 차지하기 위해 사용하는 각종 조작들을 막아내는 것이 페이지랭크가 직면한 중요한 과제 중 하나이다.

이처럼 검색 패러다임이 개방식 출처와 민주적 가치를 표방한다는 점에서 구글은 인터넷상에서 가장 투명하고 막강한 검색엔진이다. 구글은 절대 인위적으로 검색결과 순위를 조작하지 않으며 합작 파트너라고 해서 높은 순위를 부여하는 등의 행동은 하지 않는다. 왜냐하면 페이지랭크 기술 자체가 복잡하고 자동화된 알고리즘이 적용되었기 에 인위적으로 결과를 조작하는 것은 실제로 어려운 일이기 때문이다. 또한 구글은 간단하고 성실하며 객관적인 방식으로 사용자가 수준 높은 사이트를 찾을 수 있도록 도우며 이러한 사이트들은 검색 제품, 서비스 혹은 주제와 높은 연관성을 갖게 한다.

구글의 성공요인 중의 하나는 고객이 그의 객관성과 공정성을 신임한다는 사실이다. 1998년 창사 이래 구글은 줄곧 '악해지지 말자'를 회사의 경영원칙으로 삼아왔고 그래서 그토록 아름답고 흔들리지 않는 이미지를 유지해 올 수 있었다(사람들은 주요 검색사이트 중 구글의 정보가 편파성이 가장 낮다고 인정한다). 검색은 이메일보다 중요하지 않은 영역이며 언제나 두 번째에 해당하는 중요도를 지닌 것으로 인식되어 왔던 지난날을 돌아볼 때 이는 실로 큰 수확이 아닐 수 없다.

구글은 단기 이익을 위해 사용자의 신뢰를 져버리지 않겠다고 선포했다. 얼마전에는 '유태인(Jew)'이라는 키워드를 검색창에 입력할 때마다 급진적 반 유태인 사이트가 검색결과의 최상단에 게재되곤 해서 강력한 항의와 원성이 이어진 적이 있었다. 처음에 구글은 인위적으로 프로그램을 조작하기 원치 않아 사이트 순위를 변동없이 두었다. 공정성을 잃고 싶지 않아서였지만 결국 공정성 이외의 기타 중요한 가치관이 있음을 인정하고 입장을 완화하는 방향으로 조정했다.

구글에게는 검색이라는 것이 정보뿐 아니라 가치를 찾는 수단이 되었다. 검색엔진에게 가치란 무엇보다 정보수집의 공정성을 가리킨다. 이 가치는 몇 년 전 구글과 야후의 경쟁 과정에서 이미 증명되었다.

구글과 마찬가지로 야후는 적극적으로 검색영역의 매출을 일궈내려 하였다. 그러나 구글이 공정성 실현에 매진하는 것과 달리 야후는 '페이드 인클루전(paid inclusion)'이라는 일종의 유료 정보게재 서비스를 출시할 것이라고 발표했다. 광고형식을 채택해 자사의 사이트 색인에서 링크 공간을 확실히 보장해 주는 대신 웹사이트들로부터 수수료를 받는 식이다. 기업이나 사이트 경영자로부터 비용을 받고 그들의 사이트가 관련 검색결과의 모 위치에 올 수 있도록 보장한다는 이야기인데 그것이 광고의 형식인지 아닌지의 여부를 명확히 밝히지 않고 있다.

야후가 페이드 인클루전 서비스를 보급할 시장은 규모가 작지 않다. 파이퍼 제프레이(Piper Jaffray)는 그 규모가 2003년의 2억 달러에서 2007년 말 6억 달러로 성장할 것이라고 예측했다. 그러나 야후와는 달리 구글은 이 영역에서 한 푼도 벌지 않았으며 앞으로도 그럴 계획이다. 그것은 페이드 인클루전 서비스가 검색결과의 신뢰성을 깨뜨릴 수 있다고 여겼기 때문이다. 야후의 매출액은 수백만 달러에 달하게 되겠지만 고객의 신뢰를 잃고 참혹한 대가를 치러야 할지도 모른다. 구글은 기술을 이용해서 정보제공의 공정성이라는 '선행적'가치관을 고수하기 위해 많은 이익을 포기해야 했으나 이는 도리어 구글에게 강력한 경쟁력으로 보상되었으며 앞으로도 그러할 것이다.

MS는 IT업체이지만 미디어회사는 아니었나 보다. 얼마전 MSN 검색사이트 개편을 알림과 동시에 MS는 페이드 인클루젼 링크방식을 사용하지 않을 것이라고 발표했기 때문이다. MS는 이번 선택이 상업과 비상업화 검색결과 간의 경계선을 명확히 구분하기 위해서라고 했다. MSN은 야후의 기술에 의존해서 검색사업을 진행할 것이지만 야후가 제공하는 페이드 인클루젼식 링크 검색결과를 걸러낼 것이라고 결정했다.

광고가 회사의 명맥을 이어주는 중요한 요소이지만 구글은 명확한 기준없이 무조건적으로 수용하는 스타일은 아니다. 〈플레이보이〉지와의 인터뷰에서 페이지는 상장 후에도 회사는 여전히 '악해지지 말자'는 신념을 견지해 나갈 것이라고 밝혔다. 구글은 매년 10억 달러의 현금매출을 창출해 내는 인터넷 검색엔진에게 스스로 '도덕'이라는 인장을 찍어 행동기준의 명확한 흔적을 남기려 했다. 이의 연장선상에서 브린과 페이지는 자사 사이트에 포도주 광고는 용납하지만 독한 술 광고와 무기류 광고는 금한다고 규정지었다.

페이지와 브린의 주도 하에서 구글은 모든 활동을 유도하는 동기가 '돈'이 되도록 방관하지 않는다. 그들은 제품의 힘을 신뢰한다. 거의 종교적인 신앙만큼이나 제품의 중요성을 강조한다.

또한 어떤 사람들은 비즈니스상 필수적일 수밖에 없다고 여기는 행동들도 구글은 '악'으로 여긴다.

IT 분석가 빌 톰슨(Bill Thomson)은 2000년 〈인터넷 매거진(Internet Magazine)〉을 통해 브린과 인터뷰를 통해 다음을 발견했다고 했다.

"브린은 매력이 많고 유머스러우며 어떻게 하면 더욱 나은 검색엔진을 만들 수 있을까 하는 생각이 머리를 가득 메우고 있는 것처럼 보였습니다. 그들의 생각이 결코 개인의 부를 축적하는 데 포커스가 맞춰지지 않았다는 점을 발견하게 되었지요."

페이지와 브린은 IPO 당시의 '창업주 서신' 상에서 그들의 입장을 총결해 놓았다.

"구글의 사용자가 우리의 시스템을 신뢰하면 우리는 그들이 의료, 재무, 기타 수많은 영역에서 중대한 정책결정을 하는 것을 도울 수 있습니다. 우리의 검색결과는 우리가 최대의 노력을 쏟아 생산해 낸 것입니다. 정보들은 편파적이지 않으며 객관적입니다. 우리는 돈으로 검색결과를 사는 행위나 광고를 검색결과에 끼워 파는 행위 그리고 너무나 자주 검색결과를 갱신하는 행위를 하지 않습니다."

"우리 역시 광고를 게재하나 검색결과와의 연관성을 최대한 고려하였고 광고영역을 명확하게 구분짓습니다. 이는 경영상태가 양호한 신문사의 신문지면과도 같은 것이어서 광고영역을 명확하게 구분하고 지면의 내용이 광고주의 비용 지불에 영향을 받지 않습니다. 우리는 모든 사람이 최상의 정보를 확보할 수 있게 될 것이라고 믿습니다. 이는 광고주가 돈을 지불한 후 당신에게 보도록 하는 광고류의 정보만을 포함하지는 않습니다."

월스트리트여, 악을 권하지 말라

기술적인 측면에서나 사회에 대한 정확한 행동기준을 고수하려고 시도하는 것이나 이 두 방면에서 살펴볼 때 구글이라는 검색엔진은 썩 괜찮은 존재이다. 일부 회사들은 경영상황이 좋아지고 규모가 커질수록 종종 고객이 사람이라는 사실과 존중받아야 할 대상임을 잊는다. 구글이라는 존재는 애써 이 점을 기억하고 '악해지지 말자'라는 도덕적 신념을 일상적인 기업 경영활동의 지침으로 삼고 있다.

그들은 매우 똑똑하다. 공평한 방식으로 IPO를 성사시키고 민주화 노선을 가려고 시도해 모든 사람에게 동등한 기회를 주었다. 나는 실로 이러한 방식을 좋아한다. 왜냐하면 나는 인터넷이 모든 사람에 의해 사용되어야 하며 현재의 상황을 바꿀 수 있어야 한다고 생각하기 때문이다. 어떤 때에는 신념대로 정확한 일을 하는 것이 참 어렵다. 그러나 나는 구글이 썩 괜찮은 모델이라고 생각한다.

크레이크리스트 창립자
크레이그 뉴마크(Craig Newmark)

구글이 네덜란드식 경매법을 채택하고 전통적인 IPO 방식을 따르지 않은 가장 중요한 이유는 바로 월스트리트의 투자은행들이 맡은 소위 중개자의 역할을 축소시키기 위해서였다. 이로써 약자의 위치에 있는 소액주주들이 공평한 가격에 근거해 직접 주식을 매매할 수 있게 되었다.

투자은행의 역량을 약화시키는 것은 IT회사의 IPO 게임규칙을 완전히 전환하는 과정과 같다고 할 수 있다. 비상장회사가 기업을 공개하기 위해 거치는 전통적인 방식은 그다지 효율적이지도 투명하지도 않다. 구글은 IPO 공개설명서상에서 명백히 밝혔다. 모든 계층의 대중들이 누구나 차별 없이 똑같이 구글의 주식을 살 수 있도록 기회를 부여받기 원했다. 크고 작은 투자자들을 아우르는 공개경매법은 어떠한 투자자에게도 다른 사람보다 우월한 특권 없이 동일하게 주식배당을 받을 수 있다는 것을 전제로 하였다.

일반적으로 기업이 IPO를 추진하기 위해서는 일련의 투자은행에게 주식판매와 상장사안의 처리를 위탁해야 한다. 이러한 은행들은 대부분 특수 투자기구와 모종의 관계를 가지고 있어서 일부 우량고객에게 편파적으로 주식을 배당하는 부정행위를 저지르기도 하는데 이 때문에 도처의 소액투자자들은 '나머지' 기회를 기다리면서 한탄하고 있을 수밖에 없게 된다.

게다가 투자은행은 소위 수요예측(book building)이라는 과정을 통해 주식의 발행가격을 정한다. 그러나 그 배후에는 터놓고 얘기할 수 없는 많은 비리들이 있어 왔다. 그들은 스피닝(spinning)이라고 불리는 행위, 즉 주식의 '도매'가격을 지나치게 낮춰 일부 우호적 투자자들에게 물량을 불법적으로 배정해 왔다. 사실 이것은 일종의 '수수료' 뇌물 형식으로 닷컴기업 열풍이 있던 1990년대 말에 주효했다. 그 결과 인기있는 IT회사의 신주상장에서는 대부분 법인기구나 기업 사장, 기업 고위직원, 자금이 풍부한 우호 투자자고객, 그들의 친구, 친지들에게만 매매의 기회가 주어졌다.

IPO 첫날 주가가 폭등하면 투자은행은 수백만 달러에 이르는 '큰 선물'을 (특수관계에 있는 우호고객에게) 보내는 것이나 다름없었다. 따라서 한 기업의 IPO 과정에서 유일하게 수익을 얻는 측은 IPO 주식배당에서 연줄을 이용해 주식을 배당받고 상장거래 후 곧 손을 털고 떠나는 사람들이다. 공짜 밥상은 없다는 말이 있듯이 ‘선물을 받는 측’은 ‘선물을 제공한 측’에게 수수료를 건넨다거나 향후 큰 거래를 약속하는 등의 사례를 한다. 따라서 투자은행이 얻는 수익 역시 적지 않다.

‘잃는 측’은 자연히 이런 식의 속임수로 남을 현혹하는 수법에 대해 전혀 알지 못하는 투자자들이다. 자연히 발생시장에서 주식을 사지 못하고 간신히 2급 시장에라도 들어가 거래를 시작할라치면 과열된 시장의 틈에서 경쟁해야 한다. 이미 그때에는 가격상승폭이 대폭 축소되어 힘들게 매입해도 큰 이익을 거두지 못하게 된다. 1990년대 말 닷컴기업 증시거품의 전형적인 상황이 이와 같았다. 상장을 하려는 회사들 역시 ‘잃는 측’에 속하게 되는데 그 이유는 상장 후 주가가 대폭 상승한다는 사실은 상장을 통해 모집된 자금이 실제 시장수요보다 저평가되었다는 것을 의미하기 때문이다.

발행회사가 직접 IPO 과정을 처리하게 되면 소액투자자들에게는 비교적 공평한 기회게 생기게 된다. 뒷거래를 통해 기업 고위직원과 친척 및 친구관계를 이용해야 인기 있는 공모주를 매입할 수 있었던 기존의 상황이 근절된다. 매입 의도를 가진 사람이 직접 입찰에 참여함으로써 투자은행이 수요예측법을 통해 발견할 수 없었던 가격을 발견(price discovery 혹은 가격공개)할 수 있기 때문이다. 즉 투자자와 발행회사가 서로 ‘공동의 지혜’를 발휘하여 공정하고 합리적인 가격을 정하고 주식을 매매할 수 있게 된다는 말이다.

이렇게 하면 유일한 ‘피해자’는 당연히 투자은행이 된다. 투자은행이 중간에서 상황을 좌지우지함으로써 발생하는 부작용이 대폭 줄며 수억 달러에 달하는 수속비도 절감된다. 암암리에 나쁜 짓을 하며 ‘이익 나눠먹기'를 꾀하다가 결국은 자신의 이익을 놓치게 된 셈이다.

대부분의 상장 사례에서 은행이 수취하는 비용은 모집자금의 7%인데 규모가 큰 사안은 4%가 된다. 이러한 은행은 카르텔을 형성하기도 해 가격 협상폭이 극도로 적다.

경쟁이 적다는 것은 원래 좋은 일은 아니다. 1990년대 말 닷컴기업과 IT기업의 IPO 사안이 폭발적으로 증대되었을 때 은행들의 횡포는 더욱 극심했었다. 투자은행가들은 그들이 일종의 매우 중요한 자원을 통제하는 위치에 있다고 자부했고 갈수록 과감하게 제멋대로 처신했다.

신주 상장에 경매법 도입을 시도한 것은 구글이 처음은 아니었으나 이번 IPO는 금액규모가 최대인 사례로 그 파급 효과가 컸다. 이는 투자은행의 업무방식을 바꾸거나 최소한 IPO기업과 투자자 간에 있어왔던 중개자의 역할을 크게 변화시킬 것이다. 중개자의 역할이 축소된다면 이러한 구글의 혁신을 월스트리트가 반기지 않을 것이다.

구글은 IPO 시장에서 '악해지지 말자'는 신념을 관철시키려 했다. 그래서 기존의 IPO 과정에서 저질러졌던 부패와 악행, 깨끗하지 못한 거래의 판도를 바꿔 소액투자자들의 입지를 투자계의 큰손들과 동일하게 만들어주려 했다. 2003년 월스트리트 은행가는 결국 14억 달러를 받고 '이익 나눠먹기' 혐의로 눈총받던 상황을 일단락지었다.

구글이 경매법을 통해 주식을 발행하여 투자은행의 조종능력을 최저수준으로 축소시키겠다고 선언한 지 얼마 지나지 않은 2004년 5월 3일 뉴욕 모 법정에서는 불법적인 IPO 주식배당 사안에 대한 소송이 진행되었다. 구글의 방식이 옳았음을 증명이라도 하듯 절묘한 타이밍이었다. 본 사안의 주인공은 크레디트 스위스퍼스트보스톤(CSFB;

Credit Suisse First Boston)의 간판 애널리스트였던 프랭크 쿼트론 (Frank Quattrone)이었다. 1956년에 출생하여 아마존닷컴, 넷스케이프, 커뮤니케이션 등 당시 최고의 IT기업들의 공개를 주선했던 그는 투자자 오도, 법집행 방해, 그리고 증거인멸 등의 협의로 기소되었다. 그는 편법으로 우량 주식을 특정인에게 배정한 혐의로 검찰이 조사에 들어가자 동료들에게 이메일을 보내 관련기록을 폐기하라는 주문을 했던 혐의도 받았다. 투자은행가들이 IPO 기간 동안 맡았던 역할은 결국 주관기관의 조사를 통해 혐의가 드러나게 되었다.

은행가들은 고객의 IPO 과정에서 적지 않은 수수료도 받는다. 그런데 어째서 상장 첫날 주가는 종시 폭등하는 것이며 심지어 공모가의 수배에까지 오르는 것일까? 시장에서 인정된 발행주식의 가치가 그렇게 높은데 반해 정작 발행회사의 수익이 시가총액과는 비교가 안될 정도로 낮은 이유는 무엇일까?

이 같은 모순은 소위 월스트리트에 보편화된 '이익 나눠먹기' 판도에서 기인한다. 투자은행은 인기 있는 IPO주식을 남겨두어서 관계가 특별한 우호고객과 그들의 친구, 친척에게 매각하는데 목적은 당연히 두둑한 이중수수료나 후일의 거래연계를 담보받기 위한 것이었다. CSFB는 이와 관련하여 조사대상이 되었던 은행중의 하나였다. 2년 전에도 같은 사례로 조사를 받았지만 1억 달러로 합의해 무마되었다.

검찰 측은 CSFB가 인기있는 IT회사 IPO주식을 기관투자자들에게 배분할 당시 상당한 수수료를 챙긴 것과 향후 거래를 담보하기 위한 이중수수료 수수행위가 있었을 것이라는 점에 집중해 조사를 진행했다. 그러나 검찰은 결국 증거인멸 및 사법집행 방해만을 이유로 쿼트론을 기소했다. 그가 동료들에게 이메일을 보내 CSFB 신주배당 관련

기록을 폐기하라고 요청했기 때문이다.

구글의 독특한 신주상장 방식은 투자은행가들이 신주 상장절차를 독점하고 있는 것에 대한 반감이 반영되었다. 구글의 신주 경매상장 안은 기관투자자들과 IPO 회사가 벌여왔던 '영원히 끝나지 않는 전쟁' 중 가장 최근의 교전으로 기록될 것으로 예상된다. 또한 구글의 이러한 행동이 장기적으로 월스트리트의 영향력을 약화시킬 수 있느냐는 계속 지켜봐야 한다.

최소한 주식 경매방식은 실제적인 시장 수급현황을 주가에 반영할 수 있어 주식가격을 합리적으로 책정할 수 있게 만든다. 또한 소액투자자들에게도 기회가 주어져 구글의 주식을 공평하게 매입할 수 있도록 한다. 투자은행권의 기관투자자 고객은 지나치게 저평가된 발행가격으로 주식을 매입하고서는 상장 첫날 가격이 폭등하자마자 재빠르게 매각하고 폭리를 취한다. 그러나 구글은 네덜란드식 경매법을 채택하여 이를 통한 IPO 가격이 실제 수요가격 수준에 근접할 수 있었다. 실제로 1990년대 말 IT주 버블이 한창이던 당시에 수많은 IPO 회사들이 첫날 시초가에 비해 주가가 한참 올라 많은 차익이 생겼음에도 이를 그림의 떡으로만 바라봐야 하는 처지가 되었었다. 그렇기에 경매법은 구글로 하여금 비교적 공평한 가격에 신주를 매각할 수 있게 한 최상의 수단이 되어 주었다.

여전히 CSFB 등 투자은행과 대형 기관투자자들의 역할을 100% 무시할 수는 없었지만 구글이 주식의 경매업무를 순조롭게 마무리한 것은 우리에게 또 다른 교훈을 준다. 경제체계가 한꺼번에 변화될 수는 없지만 일부는 바꿀 수 있다. 이번 IPO 역시 주식시장의 판도를 송두리째 혁신하지는 못했지만 월스트리트의 잠자는 도덕의식을 일깨우고 많은 업체들에게 주동적인 IPO 처리의 모범을 보여준 훌륭한 선례가 되었다.

구글의 기업공개는 CSFB와 모건스탠리(Morgan Stanly)가 주도하는 28개 대리업체가 맡았다. 주식을 투자자들에게 직접 매각하였기 때문에 주식을 살 사람을 찾는 데 드는 노력을 절감할 수 있어 수속비가 반으로 줄어들었다. IPO 관리는 월스트리트의 가장 큰 수익처 중의 하나로 수익규모가 왕왕 투자급 회사채 판매대리업무의 10배에까지 이르렀다.

줄곧 기관투자자들에게 유리하게만 형성되어 왔던 주식시장에서 구글이 감히 공평한 경기를 시도하려 한 것은 그 의의가 매우 크다. 그가 한 실험에 더욱 많은 회사가 참여한다면 향후 IPO는 막강한 투자은행의 조종을 덜 받게 될 뿐 아니라 은행 업무가들이 형성한 카르텔을 타파할 수도 있게 되어 전체적으로 그들에 의해 통제되는 IPO 시스템이 조금 완화될 수 있을 것으로 여겨진다.

하버드경영대학원의 투자은행학 명예교수인 샘 헤이스(Sam Hayes)는 직접경매를 통한 신주 상장은 월스트리트가 오랜 세월 막대한 이익을 챙겨왔던 수익원을 위협할 것이라고 했다. 동시에 그는 네덜란드식 경매를 통한 IPO가 '전통적인 IPO를 서서히 대체할 수 있을 것'이라고 했다.

옥스퍼드 너필드대학(Nuffield College)의 경제학 교수인 폴 클렘페러(Paul Klemperer)는 〈경매이론 및 실무(Auction Theory and Practice)〉의 저자이자 유럽의 3세대 이동전화 무선 주파수 스펙트럼 허가증 경매의 자문역할을 담당하기도 했다. 그는 이번 경매가 세계최대의 규모라고 하면서 "경매는 가장 공평한 수단이자 가장 투명한 제도로써 발행회사가 최선의 가격을 얻을 수 있도록 도울 것입니다"라고 했다.

투자자는 가해자인가?

  페이지와 브린은 금융시장을 향해 서신을 작성해 이 회사가 주식을 공개 발행하는 기본 원칙을 밝히고 이를 위해 '악해지지 말자'라는 수칙을 견지할 것이라고 서술했다. 그들은 이 개념이 투자자들의 정수리에 일침을 가하게 될 것이라고 여겼다.

  구글의 창립자가 실리콘밸리에서 보냈던 5년의 시간은 그리 길다고 할 수는 없으나 짧지만도 않은 시간이었다. 이 기간은 그들이 멀리서 두 창립자의 억만부호 등극을 도운 일반투자자들을 깊게 이해할 수 있는 시간이 되었다.

  구글의 IPO 공개설명서상에는 특별히 주주에게 보내는 '창업주의 서신'이 첨부되어 있다. 그들은 4천 자에 달하는 분량의 서신에 과감한 용어를 사용하여 공개적으로 월스트리트의 근시안적인 이익추구 문화에 대해 선전포고를 하고 금융시장이라는 신성불가침 영역에 도전장을 내밀었다.

  그들은 구글이 월스트리트가 요구하는 단기적 성과에만 급급해 하지 않을 것이며 주식분석가에게 '실적예고'를 하여 주가를 높게 유지하려는 행위도 하지 않을 것이라고 했다.

  창립자는 또 다음과 같이 썼다.

  "외부적인 압력에 의해 종종 기업은 장기적인 발전기회를 노리기보다 작은 분기실적에 만족하고 있다."

그들은 투자자가 단기적인 주가이익에 더 큰 관심을 가지고 있다는 것을 알고 있었다. 그러나 이것이 한 회사의 장기적인 생존능력과 거리가 있다는 사실은 더욱 분명히 알고 있었다. 사실 투자자는 이 2개의 목표가 자주 충돌하여 결과적으로 기업의 장기적 발전에 손실을 주는 '가해자'가 된다는 사실을 인식하지 못하는 것 같다.

그들은 또한 다음과 같이 말했다.

"어떤 때에는 이러한 압력이 회사의 재무성과를 조작하여 단기목표를 달성한 것처럼 꾸미게 만들기도 합니다."

그들은 투자자들이 근시안적인 탐욕 때문에 외관을 본질보다 더 높게 평가한다는 사실을 알고 있었다. 또한 투자자들은 자신들이 성실하고 진실되며 투명한 역량을 가지고 있다고 자인한다. 그러나 안타깝게도 최근 일련의 사실들은 투자자들이 돈을 벌었다는 거짓말은 듣기 좋아하지만 손실을 입었다는 사실은 듣기 싫어한다는 점을 증명해 준다. 그들은 또한 기업관리층에게 이 점을 알리는 데 장기가 있다.

자유투고가인 마이클 루이스(Micheal Lewis)는 〈뉴욕타임즈〉를 통해 구글 검색엔진을 켜고 '투자자(Inverstors)'와 '기업부패(corporate corruption)'라는 단어를 입력하면 기업이 어떤 방식으로 투자자들을 속여 재물을 빼앗는지 서술한 것만도 평생 다 읽지 못할 정도로 많이 검색된다고 했다. 그러나 '투자자'와 '구글'을 입력하면 그와는 상반된 결과가 검색된다고 했다.

루이스는 페이지와 브린이 주식시장 투자자들에게 보낸 서신은 언뜻 보기에 마냥 천진난만한 아이의 행동 같지만 사실은 그렇지 않다고 했다. 왜냐하면 구글이 투자자들을 가해자라고 비판하는 날카로운 내용이기 때문이다. IT주 번영기의 도덕의 붕괴에 대해 투자자들은 사실 수해자가 아니라 가해자였다는 내용이다.

루이스는 그들의 비판이 새로운 견해이며 사람들에게 신선한 충격이 될 수 있을 것이라고 지적했다. 마냥 귀여운 애완견처럼 카펫을 엉망으로 만들어 놓아도 아무런 책망을 받지 않은 것이 바로 투자자들이었다. 모든 영역에서 면책특권이 부여되었기 때문이다. 그 결과 투자자는 항상 자의적으로 최상의 보상만 돌아오기를 기대하고 자신의 행동이 어떠한 도덕적 결과를 초래할지에 대해서 전혀 우려하지 않는 지경까지 자신들을 몰아갔다.

그들은 투자할 때에 자주 이러한 이심전심의 사고를 갖고 다음과 같이 말한다.

"저희가 돈을 최대한 많이 벌게 해주세요. 비록 소비자를 농락하고 직원을 속이고 환경을 오염시키고 공개시장에서 거짓말을 하더라도 안 그런 듯 교묘하게 잘 피할 수 있도록 해주세요. 내가 속한 투자조합이 해를 입지 않기만 하면 됩니다."

주가가 떨어지는 시기에 공교롭게도 회사 고위관리층의 부정행위가 만천하에 드러나기라도 할라치면 투자자들은 믿을 수 없다는 표정을 짓고 상대할 일고의 가치가 없다며 급히 투자금을 회수해 가기도 한다.

이런 시기(절대로 이르지도 않고 늦지도 않는 시기)가 오면 기업관리층은 전혀 새로운 개념 한 가지를 발견하게 된다. 그것은 타인에게 자금운영을 위탁받으면 최고의 윤리적 도덕기준에 근거해 그 권리를 행사해야 한다는 점이다. 그러나 이것은 당연한 진리이다. 그들은 참혹한 대가를 치르고서야 이러한 교훈을 얻는다. 루이스는 이러한 종류의 가짜행위는 미국기업의 일상생활에 만연해 있다고 했다.

구글은 자신에 대한 요구를 다음과 같이 들고 있다. 주식 상장 후에도 몸값이 200억 달러에 이르는 다른 많은 회사처럼 변질되지 않겠다고 했다. 페이지가 주필한 '창업주 서신'에는 "에릭과 세르게이 그리고 나는 대부분의 방식과는 다른 방식으로 구글을 경영할 것입니다. 구글을 비상장시절에 발전시켰던 가치관을 향후 IPO 이후에도 적용할 것입니다"라고 언급되어 있다. 또한 그는 다음과 같이 밝혔다.

"구글은 주식을 팔 뿐이며 영혼을 팔지는 않겠습니다."

"악해지지 않겠습니다. 우리가 일부 단기이익을 잃게 되더라도 세상을 향해 좋은 일을 할 것이라는 것을 강하게 믿습니다. 장기적으로 봤을 때 이러한 회사는 우리에게 더욱 유익할 것이고 주주 및 기타 모든 영역에 대해서도 이와 같을 것입니다. 이는 구글 문화의 중요한 측면이자 회사 내부에 보편적으로 존재하는 가치가 될 것입니다."

"우리의 눈 앞에 주주의 장기적인 이익을 위해 단기실적을 희생해야 하는 기회가 찾아온다면 우리는 기꺼이 그 기회를 잡고 단호하게 단기실적에 대한 책임을 내려놓겠습니다. 수많은 회사들이 반드시 이익은 분석가들의 예측에 부합되도록 유지해야 한다는 압력을 받고 있습니다. 그래서 그들은 크지만 예측하기 어려운 이익방안을 선택하기보다 규모가 작지만 예측가능한 수치들을 제시합니다. 세르게이와 저는 이는 옳지 않은 행동이라고 여기며 그와 같은 길을 가지 않을 것이라고 다짐했습니다."

"우리가 추진하는 이러한 계획들은 회사의 장기적인 성공과도 연결이 되는 것이기 때문에 우리는 그것들을 계속해서 찾아내었습니다. 예를 들면 10%의 확률밖에 없지만 장기적으로 10억 달러를 벌어들일 수 있는 프로젝트라면 우리는 돈을 지불하고 그것을 실행하였습니다.

만약 우리가 적은 규모로 베팅했다면 투기성 투자로 끝나거나 놀라운 기적을 창조해 내지 못했을 것입니다.”

그들은 투자자들에 대해서도 동일한 기대를 가지고 있다. 우선 주식을 입찰할 때 투자자가 제시한 입찰가가 지나치게 낮을 때에는 주식을 매입할 수가 없지만 또 너무 높은 가격을 제시해도 구글이 위탁한 대리상에 의해 단기 투기성 고객으로 여겨져 입찰서가 거부될 수 있다. 입찰금액에 따라 구글은 어떻게 할지 결정할 수 있는 권한이 있다. 뜻과 목표가 같은 사람이 회사의 투자자가 되도록 하기 위해 주식은 ‘전자입찰’ 방식을 통해 공개성을 원칙으로 배정되었다. 이는 구글이 강조하는 사회책임 모델과도 부합되는 방법이다. 어떤 사람이 다른 사람보다 주식배정에 있어서 우선권을 부여받는 상황은 지양되었다.

브린과 페이지는 IPO를 통해 얻게 될 차익에는 관심이 없고 낙찰받은 투자자들에게 입이 닳도록 충고하느라 여념이 없었다. 구글에게 투자하는 것은 멀리 있는 전망을 보는 것이지 근시안적인 목표를 바라보는 것이 아니라고 말이다. 네덜란드식 입찰법을 계획한 의도는 상장 후 가격이 폭등하고 또 이로 인해 낙찰자들이 보유주식을 재판매함으로써 신속하게 이익을 챙기는 식의 결과를 피하기 위해서였다.

이론적으로 네덜란드식 입찰법은 모든 입찰자들의 지혜를 모아 가격을 확정하기 때문에 공개시장에서의 거래 첫날 가격이 폭등할 가능성은 크게 줄게 된다. 이는 분명 월스트리트의 투자은행이 IPO 공모가격을 지나치게 낮게 설정하는 분위기와는 확연하게 다르다. 그들은 종종 거래 첫날 주가가 1배 혹은 2배 폭등하는 것으로 인한 차익을 기관투자자들이나 대형 고객에게 안겨 줌으로써 폭리를 취한다.

구글은 투자자들에게 IPO 후의 주가가 즉시 폭등할 것이라고 기대하지 말라고 경고했다. 그는 입찰식 상장에는 '승자의 저주(winner's curse)'라는 현상이 발생할 수 있다고 했다. '승자의 저주'란 입찰자가 경매 대상에 대해 지나치게 높은 가격을 제시할 경우 낙찰에는 성공하지만 결과적으로 손해를 볼 수도 있다는 점에서 경매대상에 대한 합리적인 가치판단이 중요하다는 것을 지적하는 말이다.

발행회사와 장기투자자의 입장에서는 주식의 최초 공모가에 실제 수요가 진실하게 반영될 수 있도록 하는 것이 최선이라 할 수 있다. 그 후 주가는 발행회사의 경영목표 달성이라든지 실적에 따라 오를 수 있다. 사실상 두 창립자의 어조에서는 그들이 공개시장을 믿을 수 없다는 식의 느낌이 묻어나왔고 자금 때문에 주식을 상장하는 것이 아니라는 점을 수차례 강조하였다.

페이지와 브린은 다음과 같이 말했다.

"우리는 입찰에 성공하신 분들께 다음과 같은 충고를 하고 싶습니다. 클래스 A주를 확보하신 투자자 분들은 상장 후 오래지 않아 투자가치가 현저하게 떨어질 수 있다는 것에 대한 심리적 준비를 하십시오. 우리의 일반 A주가 거래 후 오래지 않아 큰 이익을 안겨줄 것이라고 기대했던 낙찰자 분들은 크게 실망하실 수도 있습니다."

구글 기금회

근시안적인 투자자는 항상 기업이 사회적 책임을 소홀히 하도록 부추긴다. 구글의 이사회에서 전해진 관점은 더욱 심각하다. 두 창립자는 구글의 투자자들이 기업의 고위층 직원들에게 그들의 영혼을 희생할 것을 요구한다고 했다.

이러한 투자자들을 위해 두 창립자는 심혈을 기울여 준비한 특별 계획안을 제시하였는데 그것은 구글이 이익 중 얼마를 앞으로 설립할 비영리 공익자선조직인 '구글 기금회'에 기부할 것이라는 내용이었다. 구글의 주식을 구입한 투자자들은 비로소 자신들이 돈방석 외에 한 공익자선조직을 끌어안고 가야 한다는 사실을 알게 된다.

창업주 서신상의 '세계를 더욱 아름답게 만들자'라는 문구를 통해 구글은 잠재 투자자들에게 "우리는 이 기금회에 상당히 큰 자원을 기부할 것입니다. 거기에는 직원들의 시간이 포함될 수도 있겠고 모종의 형식, 즉 구글의 운영자금과 이익의 약 1%에 달하는 금액이 포함될 수도 있습니다"라고 선포했다.

페이지와 브린은 또한 다음과 같이 밝혔다.

"우리는 언젠가 이 기구가 구글을 뛰어넘어 대량의 자원을 운용해 세계의 커다란 문제들을 해결할 수 있을 것이라고 믿습니다."

구글은 이미 인터넷을 실용적인 정보의 중심축이 되도록 만들었다. 그러나 구글은 이에 만족하지 않고 자신에게 더욱 숭고한 목표를 설정해 놓았다. 그것은 빈곤 퇴치, 인권보호, 환경보호 등의 '세계적인 큰 문제'들의 해결에 착수하는 일이다. 이러한 이타적인 행동으로 구글은 기업의 공익자산 벨트 내의 가장 선량한 기관 중 하나가 되었고 동시에 기업의 사회적 책임이라는 푯대를 더욱 높였으며 이것들이 탁상공론에 머무르지 않게 했다.

록펠러, 포드, 카네기 등의 대부호들은 산업이 급변하는 호기를 틈타 신제품과 서비스를 출시해 내었고 사업경영에 성공하였을 때 선행을 베풀었다. 구글은 처음부터 다른 기업들과는 성격이 달랐다. 이러한 성격은 궁극적으로 그리고 구체적으로 '악해지지 말자'라는 기업 신조상에 투영되었고 그가 그토록 열망하는 '선행'에 대한 희망으로 표현되었다.

페이지는 창업주 서신상에 다음과 같이 썼다.

"여기의 모든 사람들은 현재 우리가 누구나 미래의 어느 한 시점에 영향을 줄 수 있는 존재라는 사실을 알고 있습니다. 대부분의 경우 우리는 손을 뻗어 물건을 집습니다. 우리가 입는 옷은 모두 여러분과 내가 만든 것이 아닙니다. 우리는 손을 움직이지 않고 음식을 만들거나 먹을 식물을 심습니다. 나의 힘만 가지고 이루어지는 일은 하나도 없다는 말입니다. 모두 타인의 도움을 받고 삽니다. 하지만 우리가 어떠한 일에 대해 보답할 기회는 매우 적습니다. 저는 지금 우리가 누군가에게 보답할 수 있는 기회 앞에 노출되어 있다고 생각합니다."

그들의 생각은 매우 단순했다. 사회로부터 도움을 받았으니 사회에 돌려줄 책임이 있다는 시각이다.

척 콜린스(Chuck Collins)와 마이크 레팜(Mike Lapham) 그리고 스캇 클링거(Scott Klinger)가 작성한 〈 '혼자 된 것은 없다: 개인의 부와 성공에 대한 사회의 기여(I Didn't Do It Alone: Society's Contribution to Indivi-dual Wealth and Success)'〉라는 보고서에서는 사회로부터의 투자가 있었기에 개인의 성장의 밑바탕이 되었던 옥토가 형성될 수 있었고 이는 개인의 부가 축적될 수 있는 거름이 되었다는 내용이 담겨져 있다. 이러한 옥토 없이는 구글의 부도 폭발적으로 성장할 수 없다는 이론이다.

우선 납세자가 납부하는 세금이 각종 연구발전 기구의 설립을 위해 사용되었기 때문에 구글은 지금의 성장을 일궈낸 첫걸음을 뗄 수 있었다. 이 회사는 스탠포드대학교와 실리콘밸리의 과학기술 연구의 풍토, 환경 속에서 탄생했다. 그리고 구글의 존재는 전 사회적인 인터넷 과학기술의 성장에 힘입은 바가 크다. 그 중에서 인터넷은 미국의 국방성 기구인 ARPA(The Advanced Research Projects Agency)가 공공세금을 이용해 개발해 낸 과학기술로 정부기관과 대학기관, 사업기관이 지속적으로 합작 연구하고 배양해 일궈낸 성과물이다.

구글의 초기 투자자들이 장기 주식투자를 통해 큰 이익차를 낼 수 있었던 것은 시장매커니즘의 덕이다. 시장매커니즘이 투자자들에게 확신을 주고 그러한 기제를 신뢰할 수 있도록 했으며 투자할 수 있도록 낙관하게 만들었기 때문이다. 구글이 신주를 발행하고 상장사가 된 후 구글의 신구 투자자들은 전세계 시장의 유동성 때문에 개인의 부가 크게 성장할 수 있었다. IPO 자문의 평가에 따르면 이러한 유동성이 신규 상장회사 가치의 30%~50% 정도를 차지한다고 한다.

미국의 2번째 부호인 워런 버핏(Warren Buffett)은 감사하는 마음을 항상 마음에 품고 다음과 같이 말했다.

"개인적으로 제가 축적한 부에서 사회의 역량이 미친 영향이 큰 부분을 차지하고 있습니다. 만약 당신이 저를 방글라데시나 페루 그 밖의 모 지방 등 생소한 지역에 데려다 놓았다면 저는 뜻을 펼치기가 매우 어려웠을 것입니다. 30년 후에도 살기 위해서 발버둥쳤을 것입니다. 다행히도 저는 시장 매커니즘이 가장 활발하게 역동하는 나라에서 태어났고 이는 저에게 너무나 훌륭한 환경과 기회를 제공해 주었습니다. 이를 통해 저는 비교할 수 없는 큰 상을 받았습니다."

물을 마실 때 수원(水源)을 생각하게 되듯이 이러한 전통은 과학연구 업계에도 존재한다. 아인슈타인은 "매일 100번씩 나는 스스로 나의 속 사람과 외부 생활이 모두 다른 사람의 노동에 의한 혜택을 받는다는 말을 한다. 그들이 현재 살았든 죽었든 관계없이 말이다. 그래서 나는 반드시 더 큰 노력을 하여 이미 얻었으며 또한 보유하고 있는 이익을 다른 사람에게 나눠줄 생각이다"고 했다.

성공한 사람이나 기업이 자신의 성공에 대한 영광과 감사를 사회에 돌리는 것은 매우 힘든 일이다. 그러나 공공의 연구와 규범화된 사회 매커니즘, 재산권 보호 그리고 각종 공공시설이 주는 혜택이 있었기에 구글은 성공 스토리를 쓸 수 있었다.

민주와 집중, 모순의 하모니

구글이 공개경매를 통해 신주를 발행함으로써 누구나 주식을 구입할 수 있게 되는 등 기회가 모두에게 주어지게 되어 웹 민주주의 정신이 충분히 실현되었다. 심지어 구글의 애호가가 아니어도 구글로 인한 성공의 과실을 충분히 누릴 수 있게 되었다.

구글이 믿는 10가지 신조 중에서 4번째 신조는 '웹 민주주의는 효과적이다(Democracy on the web works)'라는 것이다. 구글은 그의 검색엔진이 운영될 수 있는 것은 사이트를 공개한 수천, 수백 명의 인터넷 사용자들의 공로이며 구글은 이를 기반으로 모 사이트가 제공하는 정보가 가장 참고할 만한 가치가 있는지를 결정한다. 구글은 소위 '페이지랭크'라는 혁신적인 기술을 이용하여 웹상의 '투표' 행위를 근거로 각 웹페이지의 배열순위를 결정한다. 이 배열순위의 결정에는 인력에 의한 일련의 편집과정이나 출현한 단어의 빈도율 변수가 개입되지 않는다.

이중 주식구조

그는 이러한 신념을 IPO상에도 반영시켰다. 그러나 민주체제를 수립함과 동시에 역량을 중앙으로 집중시켜야 할 필요가 있었다. 페이지와 브린은 기존의 방식과는 판이하게 다른 2가지 종류로 회사의 주식을 구분하는 제도를 만들었다. 여기에는 클래스 A주와 클래스 B주가 포함된다. B주는 구글의 창립자와 CEO 등 내부인이 보유하는 주식으로 주당 10개의 투표권을 갖는다. 그렇지만 외부인이 보유하는 A주는 주당 1표씩의 투표권을 가져 그 권리가 B주의 1/10에 해당한다.

이렇게 여타의 기업들과는 상이한 방식으로 주식의 종류를 구분시킨 회사의 경영철학과 구조는 브린과 페이지가 회사의 실제적인 경영권을 확보할 수 있도록 보장해 주었다. 이렇게 보장받은 경영권은 두 창립자로 하여금 장기적인 목표에 매진할 수 있게 하여 실적 운운하는 다른 회사들처럼 외부 투자자들의 단기실적 요구 압력에 굴복하지 않을 수 있게 해주었다.

구글은 투자자들에게 다음과 같이 선포했다.

"우리는 여러분의 자금을 가지고 있지만 후에는 여러분께 더 큰 보상으로 환원해드릴 것입니다. 그러나 여러분의 사고와 가치관이 어떠하든지 간에 그것들을 여러분 안에 머무르게 하십시오." 또한 그는 다음과 같이 밝혔다.

"모든 사람들이 투표할 수 있습니다. 하지만 종국에는 제가 말한 대로 될 것입니다."

한마디로 이는 "사장은 저입니다"라는 것을 뜻했다.

여기에서 전달하고자 하는 메시지는 명확했다. 창립자 위주로 운영되던 독특한 풍격과 고객 우선주의로 구글을 계속해서 운영해 가겠다는 뜻이다. 창조적인 직장문화를 유지하고 모든 역량을 검색엔진 기술 개선에 쏟겠다는 의도이다. 그들은 계속해서 직원들에게 무료로 세탁기를 사용하도록 제공할 것이며 아이를 가진 부모에게 특별 보조비를 제공할 방침이다.

경쟁업체인 야후처럼 주주의 압력에 이기지 못하고 광고주에게 비용을 받아 검색결과 페이지의 최상단에 오를 수 있게 하거나 광고 이외의 검색결과에 삽입해서 홍보하는 등 공정하지 못한 행동을 하지 않을 계획이다.

이중 주식구조는 일부 경영자들에게 경영권을 확보할 수 있게 하는 좋은 수단이 되기도 하지만 또 한편으로는 투자자가 '악해져서' 구글이 품은 이상을 훼손시키는 일을 미연에 방지해 주는 역할을 하기도 한다. '창업주 서신'에서 그들은 다음과 같이 밝혔다.

"관리층이 만약 겉으로 드러나는 단기실적 때문에 마음이 분산된다면 이는 다이어트를 하는 사람이 30분마다 체중계에 올라가 몸무게를 체크하는 것처럼 아무 의미가 없는 행동이 될 것입니다. 우리는 장기적이며 가장 적정하고 완벽한 상태를 추구할 뿐 매 분기마다 안정된 실적을 유지하는 데 급급해 하지 않을 것입니다."

솔직히 말해 이중 주식소유권 구조의 목적은 구글이 탄생시부터 지니고 있던 DNA 본질을 보호하고 선하지 못한 인수합병의 시도로부터 구글을 보호하기 위해서였다.

소액투자자들을 위한 구글의 주식 경매계획에 따라 만약 그의 주식이 최종적으로 수많은 투자자들의 수중에 들어간다면 이론적으로 이렇게 IT를 이해하는 주주들은 회사의 장기적인 생존능력에 관심을 집중하여 비교적 충실한 주주 군단을 형성할 것이라고 본다.

이중 주식제의 구상은 출발점이 동일했다. 페이지와 브린은 그들이 장기적인 안목을 가지고 회사를 경영하고자 하는 바램을 실현할 수 있는 유일한 길은 월스트리트를 따르지 않는 것이라고 생각했다. 즉, 중심을 잃고 단기적인 충격에만 춤을 추는 월스트리트와 외부 주주에 의해 끌려가는 분위기를 따르지 않는 방법이다.

"우리는 구글이 중요하고 또한 의미 있는 조직이 되기를 희망합니다. 이를 위해서는 충분한 시간과 안정적인 독립성이 요구됩니다."

외부에서 유통되는 구글의 주식 중 2.71억 주 중 약 2.38억 주가 10표의 투표권을 갖는 B주이며 이는 주로 회사의 내부인이 보유하는데 페이지와 브린이 각각 15%씩 갖는다.

이는 회사 경영시 뜨거운 의제가 되곤 했다. 다년간 일부 투자자들은 투표권 평등 및 단일 주식제를 요구해 오고 있다. 회사의 경영과 대중 주주의 발언권이 매우 제한되어 있기 때문에 그들의 눈에는 이중 주식제가 시대의 조류에 역행하는 구조라고 여겼다. 경영전문가는 이중 주식구조를 채택하는 회사 비율이 10%를 조금 넘는다고 추측한다.

두 창립자는 다음과 같이 변호했다.

"비록 이러한 구조가 IT회사에서는 잘 볼 수 없는 형태이지만 미디어업계에서는 상당히 보편화된 형태입니다. 뉴욕타임즈나 워싱턴포스트사, 〈월스트리트저널〉을 발행하는 다우존스(Dow Jones)가 모두 유사한 이중 주식구조를 채택하고 있습니다. 미디어업계 관계자들은 이중 주식제가 이러한 회사들이 엄격한 신문보도의 핵심영역, 그리고 장기이익에 집중할 수 있도록 해준다고 합니다. 또한 단기실적에 요동할 필요가 없게 해준다고 지적합니다."

이는 또한 상술한 바와 같이 구글이 그토록 보호하려고 애쓰는 검색의 공정성과도 관련이 있다. 구글은 웹상에서 운영이 되기 때문에 핵심 검색능력에는 복잡한 컴퓨터기술이 적용된다. 그래서 시장에서는 그를 IT회사라고 부른다. 그러나 이는 구글의 일부를 보는 관점에 불과하다. '창업주 서신'상에서 구글의 창립자는 이 회사의 업무영역이 '미디어업계와 과학기술업계를 아우른다'고 표현하고 있다. 이는 구글이 자사의 업무범위를 스스로 규정한 것으로 이중 주식구조를 택한 것에 대한 논리적인 배경이 되어준다.

구글의 공개설명서에는 2003년 매출액 중 95%에 해당하는 수입이 광고로부터 확보되었다고 나와 있으며 과거 3년간 해마다 이 수치가 증대되어 왔다고 했다. 이렇게 높은 광고수입 비중은 구글이 미디어 업종에 속해 있다는 것을 증명해 준다. 과학기술 분석가인 빌 톰슨은 구글은 전세계 최대의 광고회사 중의 하나라고 했다.

만약 당신이 구글이 미디어회사에 속한다는 사실을 인정한다면 그것은 이중 주식제 모델이 구글에게 일리 있는 방안이라는 사실을 인정하는 셈이다.

이론적으로 자본구조가 여러 층으로 되어 있다면 고위 책임자에게는 더욱 많은 자유가 부여될 것이고 그들은 자신이 옳다고 믿는 방식으로 기업을 경영할 수 있게 된다. 페이지는 "신규 투자자는 대부분의 IPO 상장회사들에 비해서 구글의 장기적 성장을 충분히 누릴 수 있습니다. 그러나 대부분의 상장회사에 비해 회사의 전략적 정책결정에 미치는 영향력은 비교적 낮은 편입니다"라고 했다.

구글의 IPO 후 창립자의 구상과 확신은 창사 이래 최대의 시련에 직면했다. 이중 주식제도의 계획은 투자자로 하여금 높은 리스크를 부담하도록 했다. 구글이 투자자들에게 하는 모든 약속들은 단지 가설에 근거한 것이고 페이지, 브린, 슈미트는 지속적으로 선박의 키를 비롯한 큰 권리를 손에 쥐게 될 것이며 시종 '악해지지 말자'라는 신념을 준수할 계획이다.

그들은 투자자들에게 '우리를 신임'하라고 했다. 투자자들의 신임이 과연 보상이라는 형태로 돌려질지의 여부는 시간이 흘러야 증명이 될 문제이다.

버핏을 스승으로

구글은 기업공개 계획을 발표할 때 유명한 가치투자자(value investor)인 버핏에게서 영감을 받았다고 공개적으로 밝혔다. 그들은 버크서 헤서웨이(Berkshire Hathaway)의 이사장인 버핏이 주주에게 발표한 연도보고서와 그의 '창업주 매뉴얼' 상에서 서술된 알기 쉽고 평이한 풍격, 그리고 투자자들에게 보낸 '창업주 서신'에서 영감을 얻어 구글의 '악해지지 말자'라는 철학을 서술했다.

그들은 서신상에서 버핏의 지혜로 형성된 영향력을 칭찬하고 그뿐 아니라 이 '오마하(Omaha)의 현인'이 단기실적을 사실대로 공시할 것이라고 약속한 말을 인용해서 다음과 같이 말했다.

"비 상장회사로써 우리는 장기적인 미래가 보장될 수 있도록 전력해 왔습니다. 그러나 기업공개의 필요성이 제기된 이 시점에서 버핏의 말을 인용하면 향후에 단기실적이나 연간실적이 그다지 매끄럽지 않을 수 있다는 점을 미리 말씀드립니다. 본사에 보고된 이익수치가 형편없다 하더라도 우리는 그 수치를 여러분 앞에 여과 없이 솔직하게 보여드릴 것입니다."

페이지와 브린은 비핏의 교훈을 받아들였고 전혀 의외로 여기지 않았다. 인터넷주의 거품이 사라진 후 버핏의 투자 지혜가 다시 한번 사람들에게 주목되었는데 이는 그가 유행따라 인터넷주를 무분별하게 구입하지 않고 심사숙고해서 투자할 가치있는 주식만을 골라 투자했기 때문이다. 따라서 그는 거품빠진 냉랭한 주식시장에서 아무 일 없이 버틸 수 있었다. 이상한 것은 버핏은 IT주에 투자하지 않는 회사로 유명한데 IT업계에서 명성이 자자한 구글이 공개적으로 버핏과 그의 경영철학을 찬양하고 그를 본받아야 할 모델로 삼고 있다는 점이다.

사실 여기에는 구글 나름의 이유가 있다. 이 두 회사는 모두 두 종류의 주식을 보유하고 있으며 주식 유형별로 투표권도 다르다. 두 회사는 모두 향후 이익을 예측하는 데 반대한다.

브린과 페이지는 그들이 실행가능함이 증명된 기존의 회사 경영 방식으로 회사를 지속 경영할 준비가 되어 있다고 매우 분명하게 밝혔다. 시장은 단기실적을 주시하며 이렇게 맞춰진 초점은 무익하면 무익하지 유익하지는 않다. 그래서 그들은 버크서 헤서웨이와 마찬가지로 투자자와 월스트리트에 대해 단기실적 예고를 하지 않거나 이익의 안정적 성장을 추구하지 않고 너무나 많은 단기 전략을 공개하기를 거부하며 그러한 전략이 어떻게 실적에 영향을 주는지 발표하지 않는다고 했다.

바꾸어 말하면 구글은 이익목표를 설정하지 않으며 단기실적의 노예가 되지 않을 것이라는 취지이다. 구글이 사용하는 기업구조는 열심히 월스트리트의 전통을 향해 도전장을 내민다. 또한 주주를 두 부류로 나누어 관리층의 독립성을 보장하며 분석가를 기쁘게 하기 위해 장부를 조작하지 않는다. 구글은 신 투자자와 구글이 장기적인 성장으로 인한 이익을 공동으로 향유하기를 진심으로 바란다.

〈워싱턴포스트〉지는 오랫동안 경영에 상당히 성공해 왔으며 단기 실적을 예측하기를 거부했다. 회장이자 CEO인 돈 그래함(Don Graham)은 〈워싱턴포스트〉지가 사람들의 긍정을 유도해 낼 수 있는 것은 회사가 이중 주식구조를 채택하기 있기 때문이며 투표권이 가족 주주들을 비롯하여 믿음직한 억만 부호 버핏에게 집중되어 있기 때문이라고 했다.

구글은 매우 정확하게 봤다. 버크서 헤서웨이의 기업구조는 현대 기업으로써 최적의 실무여건이 되기 힘들다. 하지만 역사 이래 주가 상승률이 가장 높은 주식 중의 하나이다. 구글은 상장 거래 첫날 주가가 단번에 주당 100달러를 넘어섰지만 버핏의 투자사업단위 버크서 헤서웨이의 주식은 1,000달러 선을 넘어선 지 오래였다. 2004년 8월 말 그의 B주 가격은 주당 약 2,600달러였고 A주는 주당 약 8.6만 달러에 달했다.

버핏의 개인재산은 430억 달러에 달할 것으로 추측되고 있다.

그는 버크서 헤서웨이에서 2004년 5월 초 거행한 연례주주총회에서 다음과 같이 밝혔다.

"구글의 사람들이 버크서 창업주 매뉴얼의 영향을 받았다는 소식이 매우 반갑습니다."

이번 연례주주총회의 참석자 수는 역대 기록을 갱신했는데 1.95만 명의 주주가 그의 고향인 네브래스카주 오마하라는 곳으로 마치 성지 순례라도 하듯 몰려들었다. 근처에 사는 주주들은 여정이 그리 멀지 않지만 멀리 그리스, 인도, 오스트레일리아로부터 온 사람들도 있었다. 6시간 내내 버핏에게 질문만을 던지기 위해서 말이다.

그들이 특히 기뻐하는 이유는 버핏이 CEO로 있는 버크셔 헤서웨이의 주가가 지난번 주주총회 이후 약 1/3 상승했기 때문이다. 2004년 4월 30일 기준 클래스 A주의 종가는 9.339만 달러로 마감을 해 2003년 동기간 대비 6.98만 달러 상승했다.

총회에서 거듭 제기되는 화제는 구글이 버핏이라는 슈퍼투자자에게 칭송을 덧붙인 사건에 관한 것이었다. 그러한 칭찬에 대해 버핏은 다음과 같이 말했다.

"저는 그들이 구사하는 단어를 좋아합니다. 어떤 이들이 간단명료하고 알아듣기 쉬운 방식으로 그들의 주주와 대화를 하는 것은 매우 좋은 일입니다. 이러한 사고는 우리를 매우 기쁘게 합니다. 저는 더욱 많은 회사들이 이렇게 해야 한다고 생각합니다."

그러나 버핏은 예전과 변함없이 자신의 주주들에게 이 검색엔진의 주식을 추천하지 않았다. 이에 반해 IT 전문가는 버핏이 세라믹, 카펫, 페인트 생산회사에 투자하는 것을 비웃었다.

버크셔 헤서웨이의 찰리 멍거(Charlie Munger)는 버핏이 크게 신임하는 오른팔로 구글이 IPO를 준비할 당시 다음과 같이 말했다.

"그들은 미국에서 가장 총명한 젊은이들입니다. 그렇게 총명한 사람들한테 존경해야 할 귀감으로 선택받으니 기분이 매우 좋은데요?

(한참 후) 우리는 지금 그들이 이전보다 더욱 총명해진 것처럼 느껴집니다."

결국은 모든 사람이 버핏은 아니었다. 구글이 원하는 것은 버핏 같은 장기적 관점을 중시하는 투자자들이지 당일 거래에 급급해 하는 근시안적인 투자자들이 아니다. 30세인 브린과 31세인 페이지가 바라는 소원이 있다면 73세의 버핏과 같은 투자자들이 기업공개 후 회사의 지배권을 보유하고 부를 공동으로 향유하는 것이 아닐까?

당연하다. IT주를 피하고 투자하기를 두려워하기만 하는 거물급 투자자를 존경하는 구글의 모습은 버크셔 헤서웨이가 주주를 위해 천문학적인 수익을 올리는 것을 볼 때 당연한 행동이었다.

경이로운 실적

구글의 초기 설립 시절 매출의 출처가 어디인지는 명확히 밝혀지지는 않았다. 그러나 심플한 외관의 이 검색엔진은 경영모델을 매우 정확하고 명쾌하게 그리고 빠르게 정의했다. 그것은 인터넷 광고를 부형성을 위한 열쇠로 삼은 것이다. 구글은 이미 금광을 캐내었으며 이는 제1세대 인터넷주 투자열풍 시기의 동종 주식과는 전혀 다른 현상이었다.

구글의 절대 부분을 차지하는 매출은 검색결과 우측 상단의 눈에 띄지 않으며 '악하지 않고' 작기만 한 문자형 광고에서 오는 수입에 근거한다. 간단하다. 더욱 똑똑한 방법은 구글이 경매방식을 통해 이러한 광고 서비스를 판매한다는 것으로 광고란에서 최고의 수익을 올린다.

막대한 현금을 토해 내는 이러한 타깃형 광고(targeted advertising)는 도대체 구글에게 얼마나 많은 부를 형성해 주었을까? 구글은 IPO 과정에서 최초로 그의 신비로운 장부를 만천하에 공개하였는데 그 감춰진 매출의 진상이 드러나게 되었다.

구글의 성장추세는 사람들로 하여금 혀를 내두르게 했다. 창사 이래 끊임없이 앞을 보고 전진하기만 했던 구글의 2003년도 매출액은 이미 10억 달러, 정확히는 9.619억 달러에 달해 2002년 대비 176% 성장하였다. 이익도 1.56억 달러에 달해 2002년의 9,970만 달러 수준을 뛰어넘었다. 영업이익은 더욱 높아 5.718억 달러에 달했으며 이익률은 62%에 이르렀다.

2004년 상반기 구글의 순익은 1.43억 달러로 성장하였는데 이는 주당 순익이 54센트로 1년 전 순익 5,800만 달러 혹은 주당 순익 23센트에 이르던 수준에서 두 배 이상 증가된 수치이다. 매출액 역시 2배 이상 성장하여 13.5억 달러에 달했다.

2004년 3/4분기 인터넷 광고는 지속적이고 폭발적으로 성장하는 추세 하에서 매출액이 8.59억 달러에 달해 1년 전 동기간 3.93억 달러의 두 배를 넘어섰다. 합작 파트너와 공유했던 광고수입을 제하면 순 매출액은 5.4억 달러로 역시나 1년 전의 2.5억 달러 대비 2배 정도 성장하였다. 전체 연도의 매출액은 30억 달러에 달했다.

3/4분기 순익은 5,200만 달러로 주당 순익은 19센트였다. 1년 전에 2,040만 달러 혹은 주당 순익 9센트였던 수치보다 더 높은 수준이다. 만약 야후와의 합의금조로 지출된 경영성비용 2.1억 달러 등 비현금성 지출을 포함하지 않는다면 영업이익은 200% 급등하여 2.12억 달러에 달한다. 3/4분기는 구글의 IPO 후 최초로 실적데이터를 공개한

시기였다.

구글은 짧은 시간 내에 세계제일의 인터넷 검색 자원이 되었고 매일 6,500만 명의 사용자가 2.5억 회의 검색을 실행하는 상황에 이르렀다. 2000년에는 구글이 처리한 웹 검색량이 1%에 불과했으나 지금은 50%를 점하고 있다.

구글은 2001년 초부터 수익이 발생하기 시작했다. 최소한 2002년 3월부터 구글의 순매출은 분기별로 상승곡선을 타기 시작했다. 그뿐 아니라 단 한번의 경우를 제외하고 2002년 3월부터 구글은 분기마다 이익을 남겼다. 곧 2002년 4/4분기와 2003년 1/4분기는 이전 분기 이익수준을 유지했고 2003년 3/4분기에는 하락세였는데 그것은 주로 주식과 관련된 배당액 증가로 인해 형성된 문제였다.

1990년대 사실과는 관계없이 미래의 성장을 마구 보장했지만 결국 무너지고 말았던 수많은 닷컴기업과 구글이 짧은 시간에 남긴 이익은 다른 차원의 문제였다. 구글은 견실한 매출이 보장되기도 전에 상장부터 서두른 그들과는 달리 매출액 10억 달러를 초과하고 높은 순수익조차 많은 사람들에 의해 증명된 후에야 상장을 했다. 이는 과거 투기성 거래와는 확연히 다른 것이었다.

2003년 광고수입이 구글 총매출의 96%를 차지했고 구글의 현금, 현금등가물, 단기성투자가 3.35억 달러에 달했다.

검색관련 광고는 이익이 풍부한 시장이다. 정치관련 복식 장난감을 판매하는 소형 재택상점들이 이베이나 타게트(Target) 백화점, 샘스 클럽(Sam's Club), 가격평가 소매점 등 대형기업을 통해 제품을 판매하거나 전시하는 경우가 점차 많아졌고 구글 등 검색엔진상에 광고를 게재하는 경우도 늘어났다.

2003년 마지막 분기에 전체 웹 광고 매출액은 22억 달러에 달해 분기별 신기록을 갱신했다. 2003년 전체 연도 매출액은 총 73억 달러에 달해 21% 성장했으나 여전히 2000년에 기록했던 80.8억 달러 기록을 깨트리지 못했다.

모건 체이스(J.P.Morgan Chase &Co.)의 애널리스트인 임란 칸(Imran Khan)은 2004년도 구글의 광고수입이 83% 성장하여 17억 달러가 될 것이며 2005년에는 다시 44% 성장한 25억 달러를 기록할 것이라고 전망했다. 유료 검색광고 영역은 신속하게 성장하는 중이고 구글은 이 시장에서 주도적이고 선두적인 위치를 점해 34%를 차지했다. 칸은 구글이 이러한 선두적인 위치를 지속적으로 유지해 나갈 것이라고 예측했다.

크레딧 스위스 퍼스트 보스턴은행(CSFB)의 애널리스트 해스 테리(Heath Terry)는 인터넷 광고시장이 매년 19.8% 성장할 것으로 관망되며 2008년에는 그 규모가 179억 달러에 달할 것이라고 했다. 인터넷 및 온라인 광고가 급성장하는 추세 속에서 구글은 매우 우수한 시장적 지위를 선점하고 있고 더욱 많은 광고서비스를 판매할 수 있을 것이라 한다.

〈샌프란시스코 크로니클(San Francisco Chronicle)〉은 2004년 10월 말 취득한 구글 내부 문건에 근거하면 구글이 2004년 말 기준 28만 명의 광고 고객을 확보할 것으로 예측하고 있다고 보도했다. 구글은 9월에 이미 그의 '애드워즈(AdWords)' 서비스에 참여한 광고주가 15만 명이 넘는다고 보도한 적이 있었다.

2005년 광고 고객은 35% 급증하여 37.8만 명에 달했다. 그 후 연간 성장률이 25%로 떨어져 2006년에는 47.25만 명 2007년에는 20% 성장하여 56.7만 명이 될 것이며 2008년에는 성장률이 다시 15%로 떨어져 광고고객은 65.2만 명이 될 것으로 예측했다. 다시 말해 4년 내에 광고고객은 1배 이상 성장하여 37.2만 명의 신규 광고고객을 확보할 것이라는 말이다.

스탠다드 앤 푸어스(Standard & Poor's)의 애널리스트인 스캇 케슬러(Scott Kessler)는 〈샌프란시스코 크로니클〉에 다음과 같이 기고했다.

"매년 약 10만 명의 고객이 증가하는 것은 괄목할 만한 성과입니다."

광고고객의 성장 예측치에서 구글이 웹 광고의 선봉의 위치를 점하고 있다는 것을 알 수 있다.

케슬러는 구글의 향후 성장은 주로 광고가격의 상승요인에 기인할 것이라고 했다. 전체적인 검색업무에는 이미 이러한 현상이 출현하기 시작했다. 모건스탠리는 조사를 통해 2003년 4월에서 2004년 3월까지 'APR credit card' 등 2개 단어 혹은 3개 단어의 검색 광고가격이 클릭시마다 약 1배 높아진 1.84달러에 이르렀다는 사실을 발견했다.

이 외에 구글은 반드시 신규 고객을 흡수하여 그의 광고 네트워크를 신제품으로까지 확대할 것이다. 구글의 베타 테스트 단계에 있는 지메일(Gmail), 도서검색, 데스크탑 검색 등 신규 서비스가 정식으로 온라인 운영된 후 광고수입이 증대될 것으로 기대하고 있다.

미국 딜로이트 투쉬(Deloitte & Touche USA LLP)가 편찬한 '2004년 성장이 가장 빠른 500대 IT기업(2004 Deloitte Technology Fast 500)' 리스트상에서 구글은 북미지역에서 성장이 가장 빠른 IT회사로 선정이 되었다. 곧 1999년 회계연도에서 2003년 회계연도에 이르기까지 매출액이 22만 달러에서 961,874,000달러에 이르러 5년 내에 성장률이 437,115%에 달했다.

　구글의 이야기는 우리에게 '악해지지 않는' IT회사 역시 빠르게 성장할 수 있으며 소속 업계의 개혁을 촉진시킴과 동시에 괜찮은 수준의 이익도 남길 수 있다는 사실을 알려준다.

페이지와 브린을 본받아

　구글의 성공은 실리콘밸리 내 수많은 기업의 운영방식에 대해 심원한 영향력을 미쳤다. 산호세의 〈머큐리〉지는 몇몇 소기업의 고위층 직원과 인터뷰를 가졌는데 그들은 구글이 IPO를 통해 신부호가 되었다는 사실과 그러한 신부호들이 비즈니스 위력을 가지고 있다는 사실에 감탄을 금치 못하고 있으며 그를 경영상의 모델로 삼고 있다는 사실을 발견했다.

　10명의 직원을 둔 팔로알토의 벤처회사인 소셜텍스트(Socialtext)의 CEO인 로스 메이필드(Ross Mayfield)는 '선행을 통해 부를 쌓는' 원리를 시도해 보고자 하였다. 그는 업무협력을 돕는 소프트웨어를 학술계와 비영리단체에 기부했다. 이러한 선한 행위에 대한 소문은 과연 입소문을 타고 퍼져 나갔다.

　메이필드는 구글이 주는 또 다른 교훈은 사용자가 무엇을 해야 할지 결정하도록 돕는 것이라고 했다. 그는 이 때문에 고객의 의견을 귀기울여 듣고 테스트 사이트를 개설하여 사용자가 출시예정인 제품을 미리 시험해 볼 수 있게 하고 있다고 말한다. 마지막 교훈은 일은 즐겁게 해야 한다는 점이었다.

마찬가지로 팔로알토에 설립된 스포크 소프트웨어(Spoke Software)의 CEO인 벤 스미스(Ben Smith)는 구글이 1,000여 명에 달하는 백만 부호 직원을 만들어 냈다는 스토리는 자주 회사의 모든 직원들의 마음을 휘감는다고 했다. 한번은 회의 때 엔지니어가 그에게 "잠깐만요. 구글은 그들이 흥미 있어 하는 영역만을 계획하고 그런 다음 무슨 일이 생기게 되는지 관찰한다고 했어요"라고 했다.

스미스는 이에 회사의 경영 분위기가 크게 한번 '정비'되어야 할 필요가 있음을 느꼈다. 그 후 구글을 공부했고 인사관리 실무를 조정하고 엔지니어들에게 더욱 많은 권한을 부여했다. 그는 또한 회사의 목표에 관해서 직원들에게 일일이 명확한 지시를 해야 했으나 그들에게 스스로 구체적으로 개정해 나가도록 자유를 주어야 하겠다고 결정했다. 구상은 아래서부터 끓어올라야지 위에서부터 아래로 흘러내려서는 안 된다는 사실을 깨달았기 때문이다.

그 결과 즉시 효과가 나타났다. 철이 든 직원들이 과연 줄을 이어 주말에도 근무하기 시작했고 몰두하여 방법을 찾고 머리에 쥐나게 했던 문제들을 해결해 나가기 시작했다. 바로 회사의 경영진이 머뭇거리며 결정하지 못해 몇 주가 넘도록 해결하지 못했던 소프트웨어상의 문제들을 말이다.

구글이 산 마테오(San Mateo)의 모비시모(Mobissimo)에게 준 교훈은 윤리원칙을 지키고 광고는 반드시 사이트 내용과 관련성을 지닌 제품을 반영해야 한다는 점이다. 모비시모는 여행 전문 검색엔진으로 10명의 직원을 두고 있다.

CEO인 비트리스 타르카(Beatrice Tarka)는 프랑스에서 미국으로 이민을 왔다. 그녀는 구글이 젊은이(이민자 포함)로 하여금 활력있는 생

활의 모범을 볼 수 있도록 해준다고 지적했다. 인터넷 투기거품이 없
어졌지만 그들은 여전히 스톡옵션을 가지고 백만 부호의 숲을 이루는
힘을 발휘했고 이러한 인식은 그녀가 더욱 많은 우수한 인재들을 흡
수하는데 큰 도움을 주었다.

포스터시티(Foster City)의 벤처회사 인센츄에이트(Encentuate)는
기업의 컴퓨터 통합관리 시스템 구축을 위한 소프트웨어를 판매하는
회사이다. CEO인 왕빙진은 구글을 통해 '고객을 위해 실용제품을 개
발한다'는 가치를 인식하게 되었으며 돈을 벌 수 없어도 괜찮다는 생
각을 갖게 되었다고 한다.

이 회사의 고위층 직원단은 구글로 인해 사고가 크게 전환되어 그
들의 정책을 어떻게 자사에 적용할 수 있을까 고민 중이다.

"구글은 그들이 뛰어난 기술을 보유하고 있다는 것을 알았으나 어
떻게 그것을 이용해 돈을 벌 수 있을지는 명확하게 알고 있지 않았
다……. 그들은 이후에야 그것을 생각해 내었다." 왕빙진은 일부 엔
지니어에게 일주일 중 하루의 시간에 대한 자유를 주는 제도를 실시
했다. 그러나 제한적이며 전면적 실시는 아니라고 했다.

구글은 신이다

고객의 신뢰는 구글로 하여금 무거운 책임감에 대한 압박을 느끼게
했다. 자금과 권력이 날로 증대되어 가면서 브린과 페이지는 갈수록
시가가 수백억 달러에 달하는 회사를 경영하는 것에 대한 책임이 무
거워지는 것을 느꼈다.

페이지는 2004년 8월 출판된 〈플레이보이〉지에서 이 영역에서의 압력을 인정했다.

"사람들이 데이트 상대에 대한 구체적인 정보를 알고자 할 때 서로를 구글링합니다. 저는 이것에 대해 지극히 무거운 책임감을 느낍니다. 정말 놀라운 것은 저희가 사람들의 일상생활의 일부가 되었다는 것이지요. 마치 이를 닦는 행위처럼요."

브린과 페이지가 견지해 오고 있는 것들에 대해 사람들이 '저들은 저들이 믿는 것이 무슨 악이든 선이든 관계없이 신념대로 선택한다'라고 하는 비판을 피하기 힘들다. 그러나 브린은 2003년 한 사설을 발표했는데 다음과 같은 내용이었다.

"사람들은 가끔 구글의 중요성을 과대하게 포장합니다. 어떤 사람은 구글이 신이라고도 하며 또 어떤 사람은 구글이 사탄이라고도 하지요. 만약 구글의 역량이 과도하다고 생각하는 분이 있다면 잊지 말기 바랍니다. 검색엔진은 마우스를 클릭해야만 다음 단계로 넘어갈 수 있는 동작 원리를 갖고 있다는 사실을요. 즉 구글은 자원해서 시작되는 행위이지 절대로 강요한 것이 아니라는 사실입니다."

최소한 브린과 페이지는 영혼을 월스트리트에게 팔지는 않을 것이다.

부의 분배

구글은 2004년 10월 25일에 이르러 또 한번 폭발적 성장세를 보여줄 새로운 이정표적인 사건을 맞이한다. 그것은 주식 시가총액이 500억 달러에 달한 것이었다.

이 날은 투자자들이 구글의 성장을 낙관한 덕에 주당 187.40달러를 종가로 거래가 마무리되었다. 전후 계산을 하면 8월 19일 85달러로 상장한 이래 47일 만에 주가가 2배 남짓 성장하여 성장폭이 무려 120%에 달했다.

수위가 오르면 배도 자연히 뜨듯이 구글의 시가총액은 더불어 514억 달러로 상승했고 일거에 강적 야후의 시가총액 479억 달러를 훌쩍 넘어섰다. 야후는 규모도 큰 편이고 역사도 오래되었으며 수익현황이 양호할 뿐 아니라 수익 출처도 다원화되어 있었다. 또한 2003년 매출액이 구글보다 높았지만 투자자들은 구글을 택했다. 성장세가 빠르고 이익률도 높은 구글을 천하무적 야후라도 따라잡을 수 없을 것이라고 여겼던 탓이다. 구글은 주가조차 상식을 깨는 것을 즐기는 듯했다.

구글의 시가는 아마존닷컴의 약 4배에 달했으며 보잉(Boeing), 앤호이저-부시(Anheuser-Busch), 맥도널드, 타깃(Target Corp.), 화학용품 제조회사인 듀퐁(DuPont Co.)보다 높았다. 과거 12개월의 실적에 근거해 계산해 보면 시장수익률이 225배에 달했는데 이에 비하면 야후의 93배 수준은 명함도 못 내밀 지경이었다.

당시 다우존스 주가지수는 번번이 바닥을 향해 치달아 2004년도 최저치 기록을 갱신하곤 했지만 구글의 시가는 오히려 매일 평균 6억 달러씩 상승했다. 억만 부호가 된 창립자들에게는 당연히 금상첨화의 기쁜 소식이었다. 187.40달러를 기준으로 계산해 보면 브린과 페이지가 보유한 주식가치는 71억 달러를 넘어섰으니 말이다. 2개월 만에 39억 달러가 증대된 셈이다.

신부호

〈포춘(Fortune)〉지는 2004년 9월 40세 이하 미국인을 대상으로 한 40대 부호 리스트를 발표했다. 1999년 이래 이 리스트 상에서 최고 부호는 줄곧 델 컴퓨터(Dell Computer)의 창립자 겸 회장인 39세의 마이클 델(Michael Dell)이 차지했었다. 그의 재산은 179.5억 달러에 달한다고 한다.

페이지와 브린(각각 31세와 30세)은 각각 41.9억 달러와 41.7억 달러로 4위와 5위를 차지했다. 그들의 재산은 이미 2003년 〈포춘〉지의 '40세 이하 40대 부호리스트'에 처음 등재하였을 때보다 3배 이상 늘어나 있는 상태였다. 이는 각각 6위와 7위를 차지한 야후의 공동창립자 겸 '야후의 수장'인 35세 제리양(28.1억 달러)과 또 다른 야후의 창립자인 데이비드 필로(David Filo; 25.7억 달러)보다 높은 금액이었다.

페이지와 브린은 또한 최초로 〈포브스〉지가 2004년 2월 발표한 전 세계 억만장자 리스트에 〈해리포터〉의 작가 로울링(J.K.Rowling)과 함께 나란히 등재되었다. MS의 공동창립자인 빌 게이츠의 순자산은 466억 달러로 연속 10년째 부동의 1위를 지켰으며 전설적인 투자가 워런 버핏의 429억 달러가 그 뒤를 좇았다.

야후의 창립자인 네이비드 필로와 제리양은 잠시 명단에서 이탈한 후 다시금 좋은 성적으로 화려하게 복귀하는데 성공했는데 재산이 각각 22억 달러와 19억 달러였다. 새로이 리스트에 입단한 검색엔진 경쟁대상인 브린과 페이지는 각각 10억 달러씩이었다.

〈포브스〉지가 2004년 9월 말에 발표한 미국 400대 부호 리스트에는 1위에 빌 게이츠가 올랐으며 약 480억 달러의 재산을 가진 것으로 평가되었다. 페이지와 브린은 각각 40억 달러의 재산으로 명단상에서 동일한 43위를 점했다. 이는 테드 터너(Ted Turner), 스티븐 스필버그(Steven Spielberg), 도널드 트럼프(Donald Trump)를 앞서는 수준이었다. 브린은 또한 이 명단에서 가장 젊은 부호로 선정되었다.

페이지와 브린은 각각 3,850만 주의 구글 주식을 보유하여 지분율이 각각 15%를 넘었다. 그들은 IPO 당시 각각 482,415주와 481,113주(보유분의 1.25%)를 매각하였는데 그로 인한 수입이 각각 41,052,750달러와 40,894,605달러에 달했다. 비록 원래 계획했던 것처럼 공모예정가 135달러로 1.3억 달러를 벌 수 있는 기회는 놓쳤지만 후에 주가가 180달러를 넘어서게 된 것을 볼 때 아마도 당시에 매각하지 않은 것이 탁월한 선택이었던 것 같다.

페이지의 보유주 가치는 3,239,416,725달러였고 브린은 3,230,674,475달러로 여전히 구글의 최대 주주이다.

구글과의 검색전쟁을 선포한 야후의 창립자 제리양은 2004년 10월 초의 Web2.0 컨퍼런스 석상에서 브린과 페이지에게 축하의 메시지를 보냈다. "저는 그들에게 '지금처럼만 하라'라고 했습니다. 한 회사를 세워서 지금까지 이끌어 온 것은 그들의 안목과 리더십이 분명 남다르다는 것을 말해 줍니다. 그들이 이룬 모든 성과들을 볼 때 사람들은 놀라움을 금치 못합니다."

'돈'과 '권한'이 커지면서 브린과 페이지는 소위 '기업계 인사'가 되어갔다. 10년 전 스탠포드대학교 기숙사에서 연구에만 몰두를 하고 있던 그들이 지금은 구글이라는 넓고 트인 집을 마련하였다. 그러나 〈플레이보이〉지와의 인터뷰에서 브린과 페이지는 신부호가 되어 누리게 된 즐거움보다 캘리포니아주 차고에서 어려웠던 창립 초기 시절이 그리워진다고 밝히기도 했다.

억만장자의 세계에 발을 디딘 그들이지만 그들은 여전히 호화로운 저택 대신 일반 아파트를 세내어 머물렀다. 또한 T셔츠와 청바지를 입고서 도요타의 하이브리드 자가용인 프리우스(Priuse)를 몰고 출근했다. 사무실에 도착해서는 인라인스케이트를 타고 도처를 누빈다.

마사지 전문가 직원으로부터 마사지도 받고 그레이트풀 데드의 음악을 듣는다. 두 젊은이의 상사(에릭 슈미트)도 그들이 회사에 남아 너무 오래 근무하는 것을 권하지 않는다. 페이지는 일찍이 이사들을 불러모아 놓고 분홍색 가발을 쓰고서 이사회를 개최한 적도 있었다.

〈뉴욕타임즈〉는 '구글의 창립자, 어제(2004년 8월 19일) 부자되다. 당연하고 예견된 결과'라는 기사를 내보냈다. 페이지와 브린이 슈퍼급 거부의 대열에 들어섰으나 그것은 당연한 일이며 충분히 감당할 수 있는 결과라고 했다. 그러나 앞서 '악하지 않아도 돈은 벌 수 있다'에서는 한 사람의 성공이 결코 혼자만의 힘으로 이루어진 것이 아니라는 것을 언급했다. 즉 성공의 길에는 반드시 이를 물심양면으로 도운 후원자들이 있다는 점이다. 본래 어떠한 동기로 구글의 대열에 합류하게 되었는지는 알 수 없지만 어쨌든 그들 모두 구글이 일궈 낸 성공의 열매를 함께 맛볼 수 있게 되었다.

든든한 후원자 스탠포드대학

구글의 성공은 스탠포드대학에게도 구글 창업자 출신대학이라는 표면적인 영광뿐 아니라 적지 않은 부도 안겨주었다. 캘리포니아주의 명문대학으로써 9년 전 구글의 두 창립자를 이곳 컴퓨터공학과 박사반에서 수학하게 했던 스탠포드대학교는 후에 구글에게 큰 투자자가 된다. 두 창립자가 스탠포드에서의 박사반을 끝까지 이수하지는 못했지만 그들에게는 이미 모교로 돌아올 수 있는 기회가 주어졌다.

가치가 2억 달러에 달하는 '소액'주식을 보유하고 있는 것 외에도 스탠포드는 구글의 핵심 검색기술인 '페이지랭크(Page Rank)'의 특허 보유권자이다. 브린과 페이지가 학교측의 정부보조금 지원 프로젝트를 통해 이 기술을 개발했기 때문에 학교가 기술을 보유하는 것이다. 따라서 학교가 기술에 대해 법률적 의무도 지니게 되며 발명자와 수익을 분담한다. 권한위임계약에 따라 2011년까지 스탠포드대학교는 구글로부터 로열티를 받는다.

구글이 미국 증권거래위원회에 제출한 상장신청서에는 스탠포드를 비롯하여 기타 기술권한위임에 관한 세부적인 사항들이 자세하게 드러나 있지 않았지만 스탠포드가 1,842,070주의 주식을 가지고 있으며 여기에는 내부발행 클래스 B주식 1,834,406주가 포함된다는 사실이 언급되었다. 스탠포드는 구글의 기업공개시에 주당 85달러의 공모가로 15,657,595달러의 주식을 매각해 1,657,863달러의 수익을 올렸다. 2004년 8월 27일의 종가를 기준으로 계산해 볼 때 그 가치는 무려 1.745억 달러에 달한다.

스탠포드 기술특허사무소(Office of Technology Licensing)에서 근무하는 루이스 메지아(Luis Mejia)는 구글이 창립되던 현장에 서있던 당시를 회상했다. 당시 그는 구글이라는 회사의 미래에 대해 어떤 특별한 흥분이나 기대라는 것은 느껴지지 않았다며 다음과 같이 말했다.

"저희 사무소는 어떤 한 학생이 제품을 발명했다든가 회사를 설립했다고 해서 크게 반응하지는 않습니다. 오랫동안 실패의 사례들을 수없이 보아왔기 때문입니다. 당연히 래리와 세르게이가 평범하지 않은 총명함과 적극성을 가지고 있다는 것은 알고 있었습니다. 든든한 자금 지원도 있었구요. 환상적인 성공조건을 처음부터 가지고 있었기에 구글의 성공률은 다른 학생보다 높았다고 할 수 있었지요."

연구회사 테크센스(Techcense)는 스탠포드가 구글에게 투자하여 '의외의 부'를 누리게 되었으며 이는 아마도 미국의 대학 캠퍼스에 뿌리를 둔 성공 기업의 수익 중 최고 수준일 것이라고 했다. IPO 당시 주식매각을 통해 얻은 수익만도 1,560만 달러에 달했으니 말이다. 이는 2002년 전체 캠퍼스 벤처회사 주식 매각 수익인 1,530만 달러보다도 높은 수치이다.

스탠포드대학은 구글에 투자하여 얻은 수익을 학비보조와 연구비용으로 사용할 것이라고 한다. 구글이 가장 크게 성공한 사례이지만 스탠포드 캠퍼스에 적을 둔 성공한 기업은 한둘이 아니다. 썬 마이크로시스템즈나 시스코 시스템즈(Cisco Systems), 야후 등이 그 예이다.

미국 내 적지 않은 대학이 스탠포드처럼 과학기술지원처를 두고 있어 학생 및 교직원 교육을 통해 많은 수익을 얻고 있다. 이러한 과학기술지원처는 전국적으로 약 3,000여 곳에 달한다. 스탠포드의 과학기술지원처는 교내 발명가들의 구상을 검토하고 전망이 좋은 제안을 선정하며 필요하다면 특허를 신청한 후 권한위임계약을 체결한다.

기술처의 역할은 학생이나 교직원의 기술을 실험실에서 시장으로 옮기는 것이다. 이를 통해 발명가와 학교측, 심지어 사회 전체가 이익을 얻는다. 33년간 스탠포드에서 창조된 아이템으로 인한 수익은 5억 달러에 달한다. 그러나 실제로 스탠포드의 과학기술지원처가 권한을 위임받고 시장에 보급한 구상은 그 중 1/4뿐으로 수익이 그다지 높은 편이 아니다.

1970년에서 2003년까지 34년간 스탠포드 과학기술지원처를 거친 약 5,300건의 발명안 중 41건만이 각각 100만 달러 이상의 로열티 수입을, 10건만이 각각 500만 달러 이상의 수익을 올렸다. 그러나 2003년 중반을 기준으로 스탠포드 과학기술지원처가 획득한 로열티와 주식매각수익은 총 5.94억 달러에 달했으며 442건의 발명을 통해 얻은 수입이 4,540만 달러에 이르렀다고 한다.

벤처캐피털 회사

페이지와 브린은 일찍이 실리콘밸리의 유명한 벤처캐피털리스트이자 레드포인트 벤처스(Redpoint Ventures)의 파트너인 죠프 양 (Geoff Yang)의 사무실을 방문해서 설립된 지 불과 몇 개월밖에 되지 않은 자신들의 신생회사에 업무확장 용도로 2,500만 달러를 투자해 달라고 제안했다.

애스크지브스, 넷플릭스(NetFlix), 익사이트(Excite) 등에 투자해 큰 수익을 올렸던 죠프 양은 구글의 제안을 단번에 거절했다. 당시 익사 이트의 이사를 맡고 있었기에 검색트래픽 규모가 뒤지지 않았던 익사 이트의 시장을 구글에게 넘겨줄 수 없었던 것도 한 이유였다.

죠프 양은 〈뉴욕타임즈〉와의 인터뷰에서 다음과 같이 밝혔다.

"당시 그들의 제안은 벤처투자 역사에서 가장 좋은 기회, 혹은 그 에 가장 근접한 호기였습니다."

그는 거의 수중에 들어왔던 일확천금의 기회를 날려버린 것에 대해 지금도 후회하고 있을지 모른다. 구글의 조기 투자자들이 보유한 주 식가치가 원래의 천배 이상 오른 상태니 말이다.

레드포인트 벤처스만이 기회를 놓친 것이 아니었다. 먼로파크 샌 드힐로드에 위치한 이름을 밝히기를 거부한 한 벤처캐피털사 파트너 는 다음과 같이 말했다.

"우리의 판단을 흐렸던 것은 바로 '과연 우리가 이 두 녀석들이랑 같이 일을 할 수 있을까?' 하는 생각이었습니다. 그들의 견해는 우리 의 관점과 전혀 달랐습니다."

그와 죠프 양은 다음과 같이 말했다.

"결국 우리가 틀렸지요. 확실히 대단한 투자였습니다. 하지만 투자 대상과의 충돌이 예상되고 이것이 근본적으로 극복될 수 없는 만남이 라고 판단되면 투자는 애초부터 이뤄질 수 없습니다."

　한번의 만남으로 천진난만하게 마냥 평등과 이상을 내세우는 고집불통 20대 창립자들과 어울릴 수 있다고 판단하는 것은 무리였다는 생각이다.

모리스의 통찰력

　백락(伯樂) 같은 사람이 있어야 천리마도 빛을 발하는 법이지만 백락 같은 혜안을 지닌 사람은 그다지 많지 않다. 그렇지만 두 명의 '백락'은 페이지와 브린의 거침없고 자유분방하며 상식을 깨뜨리는 행동 때문에 중간에 투자를 포기하지는 않았다.

　이들이 바로 세쿼이아 캐피털(Sequoia Capital)의 마이클 모리스(Michael Moritz)와 클라이너 퍼킨스(Kleiner Perkins Caufield & Byers)의 존 도어(John Doerr)이다.

　근, 현대 금융역사상 모리스와도 같은 뛰어난 벤처캐피털리스트는 드물다. 향년 49세인 모리스는 캘리포니아주 먼로파크의 벤처캐피털 회사인 세쿼이아 캐피털에서 이미 18년을 근무했다. 그는 세계적으로 가장 유명한 인터넷회사가 된 야후와 구글의 무명시절을 선뜻 지원했고 지금은 이로 인해 굉장한 수익을 올리고 있다.

　1995년 세쿼이아는 야후의 중요한 투자차였으며 1999년에는 구글에 투자해 또 한번 금광을 캐러 나서는 모험을 한다. 세쿼이아가 구글에 투자할 당시 구글은 아직 1년도 채 되지 않은 신생회사로 직원수도 12명에 불과했다. 모리스는 특유의 혜안을 발휘해 구글이 검색계의 숨은 명마임을 직감했다.

〈뉴욕타임즈〉는 또 다른 벤처캐피털리스트이자 뉴엔터프라이즈협회(New Enterprise Associates)의 파트너인 스튜어트 알솝(Stewart Alsop)의 말을 인용해 다음과 같이 보도했다.

"우리는 구글에 투자하지 않을 것입니다. 세쿼이아나 클라이너 퍼킨스처럼 변수를 무시하는 베팅을 할 수 없기 때문입니다."

알솝은 몇 년 전 모리스와 함께 엑스닷컴(X.com)이라는 회사에 대한 투자를 준비했었다고 했다. 투자를 시작한 지 얼마 지나지 않아 창립자 외 직원 전체가 사직서를 제출하였다는 소식이 들려왔다. 알솝은 이 사안을 지속할 수 없었지만 모리스는 예전처럼 투자자금을 회수하지 않고 결국 엄청난 수익을 올리게 되었다. 엑스닷컴은 후에 페이펠(Paypal)에 합병되고 페이펠은 그 후 또다시 이베이에 의해 인수되었기 때문이다.

"저는 수많은 거래에서 모리스와 경쟁을 하지만 항상 그의 투자방식을 이해할 수 없었습니다"라고 알솝은 말했다. 알솝은 어쩌면 콜롬비아방송국이 모리스를 인터뷰한 방송을 봤어야 했을지도 모르겠다. 모리스는 투자대상을 선택하는 데 사실 독특한 방식을 가지고 있었다.

어떻게 하면 구글, 야후, 애플컴퓨터, 시스코와 같은 회사를 알아보고 투자할 수 있을까? 모리스의 답은 간단했다.

"이러한 회사의 창립주들은 대개 자신이 마음속에 품어온 진정으로 하고 싶었던 일을 합니다. 진정으로 원하는 일을 하다가 공교롭게도 결국 성공과 연결되는 것이지요. 그들은 성공의 과정에서 다음과 같은 사실을 알게 될 것입니다. 곧, 그들이 그토록 사용하기를 원하고 만들어 내고 싶었던 제품, 서비스를 실은 다른 사람들도 원했다는 사실입니다."

CBS.MarketWatch.com의 편집장인 밤비 프랜시스코(Bambi Francisco)는 5세가 채 안 된 구글이 IPO를 준비하는 과정을 보면서 모리스의 견해가 더욱 들어맞는 것 같았다고 했다. 2명의 창립자가 회사의 설립목적, 즉 구글을 설립한 것은 실용적인 제품을 만들어 사람들에게 서비스를 하기 위한 것이며 결코 회사의 양심과 장래의 성공을 나라에 파는 도둑이 되기 위한 것이 아니라고 밝혔기 때문이다. 애플컴퓨터의 창립자의 말도 모리스의 혜안을 빛나게 했는데, 바로 그가 컴퓨터 연구에 이처럼 몰두하게 된 이유를 컴퓨터를 가지고 노는 것을 좋아해서였다고 한 점이다.

모리스는 이에 대해 "저는 확신합니다. 10년 혹은 15년 후 그들이 흥미와 재미로 시작해 자신들을 위해 만들어 낸 것들이 어느덧 거대한 컴퓨터사업으로 변화되어 있다는 사실에 놀랄 것이라고 말입니다. 야후와 구글의 창립자의 경우도 그러했습니다"라고 했다. 그는 또 "단순하기도 하고 조금은 비약적이지만 어쨌든 여러분이 발전시킨 서비스나 제품이 고객에게 유용한 일이 되어주고 그것을 이용하는 고객이 부지기수로 많아진다면 모든 것이 잘된 것 아니겠습니까?"라고 했다.

마지막으로 그는 다음과 같이 말했다.

"우리는 줄곧 고객별로 그들에게 내재된 특징적인 현상을 찾는 것을 시도해 왔습니다. 즉 일반소비자든 기업고객이든 그들이 어떠한 수요를 갖고 있는지를 연구한 것이지요. 연구를 마친 후 우리는 혼돈 가운데 있는 문제를 해결할 능력이 있는 회사를 선택합니다. 그리고 투자합니다. 하지만 그 문제라는 것은 현재 혼돈 속에 노출되어 있으며 갈수록 어려움이 가중되고 있을 뿐 아니라 모든 사람이 매우 절실하다고 공인하는 부분이어야 할 것입니다."

모리스는 조리 정연하고 침착하게 자신의 말을 이어가 창업가나 기업의 고위책임자의 자질에 대해서도 다음과 같이 말했다.

"저는 하루 아침에 부를 쌓고 싶어하는 사람을 좋아하지 않습니다. 기업가는 반드시 겸손과 근검절약이 무엇인지 아는 사람이어야 할 것입니다."

2000년 인터넷기업이 번영하던 시기에 그는 일찍이 이러한 말을 남겼다.

"만약 시작이 교만했다면 종국에 그러한 습관은 바이러스처럼 회사의 신념이나 운영 매커니즘에까지 침투하여 결국 좋지 않은 결과를 초래합니다. 하지만 절약이나 도덕, 겸손, 최상의 제품 및 서비스 제공과 같은 기업가치를 관철시키겠다는 갈망이 초기부터 강조된다면 이러한 요소들은 기업정신 가운데 녹아 들어가게 되겠지요. 또한 처음부터 재능이 제한적인 엔지니어들로만 가득 차 있는 회사라면 그들이 고용할 수 있는 인재 역시 제한적인 재능의 소유자뿐일 것입니다."

모리스는 자신이 벤처캐피털리스트가 아니었다면 예술가가 되었을 것이라고 말했다. 예술가와 벤처캐피털리스트는 각종 가능성으로부터 모종의 세계를 창조하기를 원한다는 점에서 비슷하다고 생각했다. 그들이 그리고 묘사하고 써낸 작품들은 우선 그들에게 일련의 의미를 갖게 되며 작품들이 상업화된다면 또 다른 보상이 되어 또 다른 만족을 안겨주게 된다. 물질은 단지 작품의 완성도에 따라 자연적으로 부가되는 산물일 뿐이다. 이 점은 페이지와 브린의 견해와도 부합된다.

도어의 고집, 성공을 부르다

클라이너 퍼킨스의 존 도어는 실리콘밸리 내 벤처캐피털업계에서 잘 알려진 투자의 고수이다. 그는 모리스와 더불어 구글의 가치를 알아본 또 한 명의 백락이 되었다.

도어는 인터넷이 장기적으로 발전할 것이라고 낙관했다. 이 낙관은 지나치다 못해 믿음으로 발전했다. 그는 1990년대 말 인터넷 열풍이 대단했던 당시에도 그것을 거품이라고 칭하지 않고 '미국에게 발전의 전환점이 된 일종의 현상'이었다고 칭했다. 〈뉴욕타임즈〉와의 인터뷰에서 모리스는 "인터넷의 발전은 미국에게는 기회였습니다. 경제구조를 크게 바꿔놓았고 사람들의 소득을 높여주었으며 미국이 세계 각 영역에서 갖는 선두적 지위를 더욱 견고하게 해주었기 때문입니다"라고 했다.

주식시장이 닷컴기업과 기타 IT주의 몰락으로 침체된 지 4년이 채 안 되었을 때에도 도어는 인터넷 벤처회사가 지닌 잠재력에 대해 전과 다름없이 시종일관 낙관하여 다음과 같이 말했다.

"우리는 인터넷의 장기적인 발전 잠재력을 너무나 낮게 평가하고 있습니다."

그러나 이와 같이 끈질기고 견고한 신념은 결국 구글의 IPO를 통해 크게 보상받는다.

1999년 클라이너 퍼킨스가 처음 구글에 투자할 때만 해도 무료보급형 검색엔진이 수익을 올릴 수 있으리라고 믿는 사람은 극소수였다. 구글의 전설적인 성공은 다시 한번 도어의 혜안과 영웅적인 면모,

투자가치를 알아보는 탁월함을 증명해 보였다. 닷컴기업의 거품이 사라지게 된 직후 비평가들은 줄곧 인터넷주에 대한 도어의 지지노선이 과연 유효한지를 의심해 왔다. 그러나 결국 1990년대 말 닷컴기업 열풍이 한창이었을 때에도 도리어 '열기가 부족하다'라고 한 도어의 말은 사람들 사이에서 전설적인 명언이 되었다.

미국의 기업가라면 누구나 동경하는 기업의 전형인 아마존닷컴, 넷스케이프, 컴팩(Compaq), 썬 마이크로시스템즈와 같은 회사들은 설립 초기에 모두 클라이너 퍼킨스로부터 자금지원을 받은 대상들이었다.

클라이너 퍼킨스의 성공적 투자는 수많은 실패를 딛고 맺어진 결실이었다. 도어는 800만 달러를 아마존닷컴에 투자하였고 넷스케이프에는 500만 달러를 투입해 회사에 총 4억 달러의 수익을 안겨주었다.

클라이너 퍼킨스의 자금지원을 받은 창업가들은 도어의 인기가 회사의 인지도 향상에 도움을 주었으며 또한 도어의 폭넓은 인간관계와 뛰어난 전략적 혜안이 투자회사의 장기전략 개선을 크게 도왔다고 입을 모았다. 많은 창업가들이 클라이너 퍼킨스와 도어로부터 자금 지원을 받기를 원하고 이에 시급해 하는 것은 바로 이와 같은 그의 능력 때문이었다.

클라이너 퍼킨스는 1990년에 500만 달러를 인튜트(Intuit)에 투자하기도 했다. 이 회사의 회장인 빌 캠벨(Bill Cambell)은 "존 도어는 핵심적인 성과를 요구하고 명확한 목표를 설정하는 것으로 유명합니다"라고 했다.

부(富)는 건더야 쌓인다

구글이 기업공개를 하기 몇 개월 전까지만 해도 모리스와 도어는 구글에 투자한 것을 후회하고 있었을지도 모른다.

회사의 창업주와 자금주인 벤처캐피털리스트와의 관계에는 항상 이름 모를 불만과 긴장감이 존재한다. 마치 잘 들어맞지 않는 위아래 치아나 부부 사이처럼 말이다. 고집 센 두 명의 창립자와 벤처캐피털리스트 간의 분쟁은 샌드힐가의 티타임에 빠지지 않고 등장하는 가십거리가 되곤 했다.

일반적으로 벤처캐피털사는 투자회사의 주식이 상장되거나 매각되기를 바란다. 이를 통해 보유주식을 팔아 투자자금을 회수하고 일부를 벤처기금 투자자들에게 반환하기 위해서이다.

반면 창업주로서 굳은살 박히도록 혼신의 힘과 정력을 쏟아 일궈낸 회사에 대해 애착을 갖는 것은 당연하다. 구글 내부에는 상장에 반대하는 쪽과 오히려 주식 매각방안과 상장 후 주식통제권의 귀속 여부를 논하는 부류로 나뉘어졌다.

세쿼이아와 클라이너 퍼킨스가 구글에 투자를 시작한 지 얼마 후 이사회(도어와 모리스가 모두 이사였음)는 회사규모가 커진 것을 고려하여 전문경영인을 고용해야 할 필요성을 강조하며 브린과 페이지를 압박했다. 그러나 두 창립자는 서두르지 않고 도리어 거부하는 마음으로 1년 넘도록 이를 실행하지 않고 있었다.

모리스는 더 이상 기다릴 수 없었다. 결국 그들의 자문위원인 데이비드 체리튼(David Cheriton)을 통해 만약 전문경영인 고용에 성의를 보이지 않는다면 투자자금을 회수하겠다고 둘을 협박했다. 당시를 회상하며 모리스는 이처럼 말했다.

"당시 거세게 압력을 넣었던 것 같습니다. 시퍼렇게 되서 이빨을 드러내면서 말이지요."

다행히 더 나은 미래를 찾기 위한 양측의 노력으로 긴장관계는 와해되고 일이 잘 풀렸다.

1996년 6월 도어와 모리스는 회사를 대표하여 각각 1,250만 달러로 구글 지분의 10%, 각각 2,100만 주와 2,390만 주를 매입했다. 이는 현재 그 가치가 최소한 각각 20억 달러에 달한다. 5년 동안 원시투자금의 160배 이상 상승한 셈으로 벤처캐피털사의 투자 역사상 전례 없이 대단한 수익이었다.

몇몇 벤처캐피털리스트와 업계 관찰자의 말에 따르면 투자수익이 최고로 기록되었던 회사는 이베이였다고 한다. 벤치마크캐피털(Benchmark Capital)은 1997년 여름 670만 달러를 이베이에 투자했다. 약 1년 후인 1998년 9월 이베이는 기업공개를 했고 랜덜 스트로스(Randall Stross)가 2000년 출판한 〈이보이스(Eboys)〉에 따르면 IPO 당시에만 이베이에 대한 벤치마크의 투자가치가 4억 달러에 달했다고 한다.

1999년 봄, 벤치마크의 투자가치는 이베이 주가가 계속적으로 상승함에 따라 자그마치 42억 달러에 이르렀으며 투자수익은 600배 이상 뛰어올랐다. 벤치마크의 모든 캐피털리스트들은 2억 달러 이상의 수익을 얻게 되었다.

자금을 클라이너 퍼킨스와 세쿼이아에 투자한 모든 퇴직기금, 대학 기부기금 그리고 돈이 있는 사람들에게 160배에 달하는 투자수익 소식은 반갑지 않을 수 없었다. 이는 회사의 파트너들에게도 마찬가지였다. 투자가 수익을 발생시키면 이익을 분배받을 수 있기 때문이다. 구글 상장시 가치를 기준으로 계산해 보면 각 회사의 파트너들은 각각 9억 달러에 달하는 수익을 얻게 되는데 도어와 모리스에게 배정되는 수익은 최소한 각각 1억 달러에 달했을 것으로 보인다.

모리스는 영국의 웨일즈에서 태어나 카디프에 사는 한 유태인 난민 부부에 의해 양육되었다. 카디프에서 중학교를 졸업하고 옥스포드에서 역사학을 전공한 후 필라델피아대학교에서 장학금을 받았다. 졸업 후 한동안 기자 생활을 하다가 후에 증권계에서 빛을 발휘하기 시작했다.

모리스가 구글에 투자한 것은 영국인이 인터넷기업에 투자해 수익을 거둔 사례 중 가장 놀라운 경우라고 한다. 영국인이 닷컴기업으로부터 그렇게 많은 돈을 번 사례가 없기 때문이다. 모리스는 영국에서도 부호순위 20위 내에 낙점될 정도이다. 적어도 장부가치상으로는 그렇다. 모리스는 샌프란시스코에서 미국의 소설가인 부인 해리어트(Harriet)와 10세 된 아들과 함께 살고 있다.

2004년 8월 18일 클라이너 퍼킨스와 세쿼이아는 구글이 기업공개 당일 당초의 계획을 바꿔서 주당 85달러로 각각 210만 주와 240만 주를 총 450만 달러를 매각하려던 계획을 철회하였다. 아마도 그들은 후에 더 높은 가격에 주식을 매각할 수 있으리라고 생각했던 모양이다.

구글을 '부양'한 이 두 벤처캐피털 회사는 다른 어떠한 회사보다도 큰 규모로 투자를 했지만 결국 한 장의 주식도 매각하지 않았다. 현재 이 두 회사와 기타 주주들은 같은 배를 타고서 구글의 주가에 촉각을 세우며 이익이 더 높아지지는 않았나 요의 주시하고 있다.

적과의 동침

최대 경쟁업체인 야후를 비롯하여 버지니아주 둘레스에 소재한 아메리카온라인(AOL)은 일찍이 구글의 거래 파트너이기도 하였으며 현재는 구글의 주주가 되어 있다.

구글의 명성이 이처럼 높아지고 많은 인기를 얻게 된 데에는 야후라는 인터넷거인이 기여한 바 크다. 전후 3년간 야후는 그의 인기높은 사이트에 구글의 검색기술을 빌어 검색서비스를 제공했고 이를 통해 구글은 막대한 수익을 올릴 수 있었다.

야후는 당시의 결정을 후회했다. 구글의 IPO가 성공하면서 야후의 후회는 더욱 깊어졌다. 4년 전 야후는 1,000만 달러를 구글에 투자하였는데 구글의 IPO 당시 161만 주를 매각하여 136,914,430달러를 벌어들였고 그 후에도 659만 주를 보유하고 있다. IPO 가격을 기준으로 계산해 보면 보유주식 가치가 559,990,710달러에 달한다.

또한 구글은 IPO 일주일 전에 약 400만 주의 주식을 야후에게 제공함으로써 야후와의 계약분쟁과 야후 산하 오버추어(Overture Services Inc.)의 특허권 침해소송을 무마시켰다.

야후의 구글주 매각은 그의 2004년도 3/4분기 실적을 크게 높여 주었다. 이 기간 순익이 1년 전 동기간의 6,500만 달러에 비해 3배 향상된 2.53억 달러를 기록했기 때문이다. 비록 광고수입이 대폭 성장하여 실적향상에 도움이 되기는 했지만 구글주 보유분의 약 20%를 매각한 것과 관련된 이익이 순이익의 50% 이상을 차지했다.

자체 검색기술을 개발하기로 한 야후와는 다르게 AOL은 구글로부터 검색기술을 계속 제공받기로 했다. 그러나 AOL은 야후처럼 구글 IPO 당시 주식매각을 통해 63,218,325달러의 수익을 올렸다. 그 후에도 AOL에게는 여전히 시가 568,965,095달러에 달하는 구글주가 남아 있었다.

엔젤투자자

엔젤투자자(angel investors)는 가히 벤처기업의 귀인(貴人)이라고 칭할 수 있다. 벤처회사의 성장에 중요한 단계적 역할을 할 뿐 아니라 든든한 자금주가 되어 주었기 때문이다. 이들에게는 벤처기업에 투자하는 것이 리스크가 높은 반면 투자수익이 높다는 점에서 큰 장점을 지닌다. 상술했던 바와 같이 벤처캐피털사 역시 엔젤투자자라고 할 수 있다. 이들을 칭하는 벤처캐피털 엔젤투자자들 외에도 구글은 성장의 과정에서 수많은 자금지원자들을 만나게 된다. 그들은 저렴한 투자액으로 주식을 구입해서 결국 풍성한 구글의 성장과실을 만끽하게 된다.

은공과 은사

앤디 벡톨샤임(Andy Bechtolsheim)과 데이비드 체리턴(David

Cheriton)은 1996년 약 2.5억 달러로 실리콘밸리의 한 벤처회사를 시스코 시스템스(Cisco Systems)에게 매각해서 큰 수익을 올린 것 외에도 수많은 투자 전설을 남겼던 귀재들이다. 이번에는 페이지와 브린이 막 들고 나선 구글에 20만 달러를 투자하는 모험을 했다.

벡톨샤임은 썬 마이크로시스템즈의 창립자였다. 구글의 IPO를 통해 30,719,680달러를 벌어들였고 체리턴 역시 340,436주를 매각해 28,937,060달러를 벌었다. 그들은 이 주식을 매각하고도 수중에 주식을 더 보유하고 있었다. 벡톨샤임이 매각 후에도 보유하고 있던 나머지 구글 주식은 그 가치가 276,477,120달러였으며 체리턴 교수도 260,433,540달러에 달했다.

벡톨샤임은 구글의 탄생을 촉진시킨 인물이었다고 할 수 있다. 1998년 여름 브린과 페이지가 창업을 결심했을 당시 체리턴은 그의 친구였던 벡톨샤임을 소개시켜 주었고 이로써 구글은 회사 설립자금을 지원받을 수 있었다.

벡톨샤임은 당시 시스코 시스템즈의 부회장이었고 체리턴은 스탠포드대학교 컴퓨터공학과의 교수이자 그레나이트 시스템즈(Granite Systems)의 공동설립자였다.

마찬가지로 스탠포드를 졸업한 벡톨샤임 역시 멀리 내다볼 줄 아는 혜안을 지닌 인물이었다. 그는 두 창립자가 건네 준 창업자료를 불과 몇 번 훑어보고서 바로 그들의 기본적인 사업계획을 신뢰하게 되었다. 그는 구글의 사업구상과 기술제안에 관심이 컸지만 바쁜 일정으로 이동해야 하는 일이 많아 설명을 길게 들을 수 없었다. 하지만 이야기를 나눈 지 30분도 안 되어 벡톨샤임은 자세한 내용을 상의하는 대신 '구글 귀하'라고 쓴 10만 달러짜리 수표를 건넴으로써 그들에 대한 신뢰를 표현했다. 당시 구글이 정식 회사로 등록되지 않은 상태였음에도 그는 과감한 결정을 한 셈이다. 수표를 현금화하기 위해 페이지와 브린은 회사의 등록을 서둘렀고 이렇게 하여 구글이 탄생하게 되었다.

〈포브스〉지의 2004년 미국 400대 부호 리스트상에는 소위 종자돈을 대주어 구글의 설립을 도왔던 벡톨샤임이 10억 달러의 재산으로 278위에 등재되었다. 그러나 여전히 페이지와 브린의 40억 달러에는 미치지 못했다.

구글의 기업공개 설명서에는 투자규모가 비교적 작은 개별투자자들에 대한 설명이 있는데 이 중에는 시카고의 영화평론가인 로저 에버트(Roger Ebert)도 포함되어 있었다. 그는 IPO 당시 171,615달러 상당의 주식을 매각했고 180만 달러 상당의 주식을 더 보유하고 있다.

이러한 조기투자자들은 주당 10달러를 넘지 않는 가격으로 주식을 매입했지만 지금은 당시의 10배가 넘는 수익을 올리고 있다. 주주들이 구글 IPO 당시에 매각한 주식의 대부분은 당초 전환가능 우선주이거나 스톡옵션의 형식으로 구입한 것으로 주당 1달러가 채 안 되었으니 이를 통해 얻은 수익이 100배 상승한 셈이다.

베조스의 혜안

아마존닷컴의 CEO인 제프 베조스(Jeff Bezos), 인터넷 회사 정리(Junglee)의 전 회장인 램 슈리람(K.Ram Shriram) 등은 초기 외부투자자 5명 가운데 포함되었던 인사들로 1998년 말 주당 6센트라는 지극

히 낮은 가격에 구글의 주식을 매입했다. 슈리람은 530만 주를 보유
하여 이사로 활동하고 있으며 IPO 당시 12.5만 주를 매각(아마존이 정
리를 인수한 후 슈리람은 고위직을 맡았으나 1999년 부회장직을 사임함)하
였다.

향년 40세인 베조스는 시애틀의 아마존닷컴을 세계 최대의 인터넷
서점으로 성장시킨 장본인이다. 〈포브스〉지는 그가 51억 달러의 개
인자산을 보유하고 있다며 2004년 2월 발표한 리스트상에서 그를 세
계 82위의 부호로 지명했다. 베조스는 구글의 IPO로 인해 더 큰 부자
가 되어 부호 리스트에서도 1, 2계단 뛰어올랐다고 했다.

베조스의 안목은 뛰어났다. 1998년 당시 그 누가 인터넷 검색업체
가 이토록 폭발적인 수익을 안겨 줄 수 있을 것이라고 상상했겠는가?

구글은 증권거래위원회에 제출한 기업공개 설명서에 1998년 9월
회사등록 후 오래지 않아 1,536만 주에 달하는 클래스 A주식을 매각
하여 총 96만 달러를 확보했다고 밝혔다. 베조스는 클래스 A계열 우
선주를 가진 5명의 투자자 가운데 하나였다. 이러한 투자자들은 우선
주를 같은 수량의 보통주로 전환할 수 있었다. 문건에는 베조스의 주
식보유 수량이 어느 정도인지 밝히고 있지는 않다.

구글은 클래스 A주식을 통해 확보한 자금 중 76만 달러가 스탠포드
대학과 체리턴 교수, 그리고 베조스로부터 모집한 것이라고 밝혔다.
구글 주식의 공모가격 85달러를 기준으로 계산해 보면 클래스 A주식
을 가진 투자자들의 투자수익은 1,400배까지 상승해 있었다. 여기다
2004년 10월 25일의 종가인 187.40달러를 기준으로 계산해 보면 그
투자 수익은 자그마치 3,000배로 불어났다.

구글과 같은 실리콘밸리 내 벤처회사는 자주 베조스와 벡톨샤임 등

IT투자자들로부터 회사 초기자금을 지원받는다. 이러한 엔젤투자자들은 자금지원 외에도 벤처회사에게 가끔 조언을 하기도 하고 벤처회사에 추가자금이 필요할 때에 대변인의 신분이 되어 회사의 입장을 대외적으로 밝히기도 한다. 벤처회사 입장에서는 든든하고 유명한 지원자가 있으니 자금 모집이나 IPO 처리가 더욱 용이해지는 셈이다.

베조스와 슈리람 역시 구글의 클래스 B 우선주를 매입했다. 이러한 주식은 같은 수량의 보통주로 전환할 수가 있었다. 구글은 1999년 주당 49.5센트의 가격으로 4,980만 주에 달하는 B계열 우선주를 19명의 투자자들에게 매각하여 2,470만 달러를 모집했다. 이 19명의 투자자에는 클라이너 퍼킨스와 후에 다룰 엔젤투자자 기금이 포함되어 있었다.

구글의 내부인이 미국 증권거래위원회에 제출한 자료에 따르면 구글은 파격적인 할인가로 그들에게 스톡옵션을 양도했다고 한다. 그러나 역대로 스톡옵션의 행사가격은 점차 상향 조정되어 왔다. 2년 전 구글은 CEO인 슈미트 등에게 30센트의 행사가격을 부여하였다. 2003년 여름 행사가격은 5달러가 되었다.

2004년 4월부터 이사가 된 스탠포드대학교 학장 존 헤네시(John Hennessy)는 3월 18일 6.5만 주의 스톡옵션을 획득하였는데 행사가격은 20달러였다. 비즈니스 영역 운영을 책임진 부회장 쇼나 브라운(Shona Brown)은 4월 1일 3.5만 주의 스톡옵션을 획득했고 그 행사가격은 26달러였다.

최근 구글의 이사가 된 인텔의 회장 폴 오틸리니(Paul Otellini)는 4월 28일 6.5만 주의 스톡옵션을 획득하였는데 행사가격이 주당 35달러였다. 구글의 주식 공모가 85달러를 기준으로 볼 때 구글은 오틸리

니에게 약 60%의 할인가로 매각한 셈이다.

오틸리니의 스톡옵션 행사가격이 기존에 비해 높아진 수치였음에도 10월 25일 종가 187.40달러를 기준으로 계산해 볼 때 6개월이 채 안 되어 그 이익은 1,000만 달러에 달하게 되었다. 지넨테크(Genentech)의 CEO인 아더 레빈슨(Arthur Levinson) 역시 이사를 맡고 있는 사람으로서 그 스톡옵션 수량과 조건이 오틸리니와 동일했다.

엔젤투자자 기금

많은 사람에게 엔젤투자자 기금(Angel Investors)이라는 개념은 많이 생소하지만 이는 구글의 IPO 당시 구글에게 큰 힘을 실어주었다. 골프 명장인 타이거 우즈(Tiger Woods), 로스앤젤러스 레이커스 팀의 샤킬 오닐(Shaquille O'Neal), 캘리포니아주 주지사인 아놀드 슈왈츠네거(Arnold Schwarzeneger), 전 미국 국무장관 헨리 키신저(Henry A. Kissinger) 등 유명인들은 로날드 콘웨이(Ronald Conway)에게 투자해서 그로 하여금 경영, 관리하는 엔젤투자자 기금을 조성하였다.

이러한 개인투자기금은 1999년 구글 설립 초창기에 주식 일부를 구입하였는데 그 수가 총 830,736주에 달했다. 공모가격 85달러를 기준으로 계산해 봤을 때 그 가치는 약 7,100만 달러에 달한다. 구글 기업공개시에 10%를 매각하여 7,061,205달러의 수익을 냈으며 아직도 63,551,355달러에 달하는 주식이 남아 있다. 엔젤투자자 기금의 개별투자자 각각의 투자규모나 금액은 밝혀지지 않고 있다.

엔젤투자자조합(Angel Investors L.P.)은 파트너인 콘웨이가 설립했으며 회사 종자돈 및 설립자금이 필요한 단계의 인터넷 전자상거래 및 IT 벤처회사에 전문적으로 투자한다. 콘웨이는 인기 있는 벤처기업을 찾아내서 자금으로 후원하고 경영에 협조하는데 그 능력이 탁월해서 사람들이 이를 엔젤투자 업계의 '대부'라고 부른다.

두 번째 정기선

구글의 성공레일을 달리는 첫차를 놓친 사람들은 두 번째 정기선에 올랐는데 그로 인한 수익도 만만치 않았다.

피델리티의 거액 투자

미국 보스턴에 소재한 세계최대의 연금기금인 피델리티 인베스트먼트(Fidelity Investments)의 모회사인 FMR은 구글의 주식을 계속 주시해 왔다.

2004년 8월 31일을 기준으로 구글 IPO 후 시장에서 구입한 수량을 포함해서 피델리티는 클래스 A 보통주 521만 주를 보유하게 되었다. 이는 3,360만 주에 달하는 클래스 A주의 15.5%, IPO로 공모한 1,960만 주의 26.6%, 외부 유통주식 총 2.71억 주의 1.9%에 달하는 수치였다.

피델리티가 구글에 크게 투자함으로써 구글 IPO 후 누가 이 검색엔진의 새로운 주주가 될 것인가 하는 것에 대한 오래된 문제의 답이 보이는 듯했다. 피델리티는 구글주에 돈을 들이부음으로써 구글 및 그가 채택한 비전통적 IPO 방법에 대한 찬성표를 던진 셈이었다. 이는 기관투자자들이 온라인 유료광고 검색 시장의 성장잠재력에 대해 확신하게 되는 계기가 되었을 뿐 아니라 기타 투자자들이 연이어 구입하도록 하는 선례를 만들었다.

피델리티의 기금관리자는 매우 총명하지만 투자주식 선택시에는 비교적 보수적인 편이었다. 그는 최고의 연구부문 및 강력한 과학기술 분야 애널리스트 군단을 두고 있었다. 피델리티가 보유한 구글주 수량이 적지 않은 점을 감안할 때 상당히 오랜 시간 보유세가 지속될 것으로 보인다. 그것은 그토록 많은 수량을 보유하고 있는 경우 신속하게 손을 떼는 것이 사실상 어려운 일이기 때문이다.

업계 관찰자는 521만 주의 주식 중 많은 부분이 피델리티의 고위직원, 즉 73세의 회장 네드 존슨(Ned Johnson)과 그의 딸, 그리고 회장을 맡고 있는 아비게일(Abigail)에 의해 보유되고 있을 것으로 추측하고 있다.

이 연금기금 업계의 거물은 그들이 언제 주식을 구입했고 혹은 이를 구입하기 위해 얼마를 지불했는지 밝히지 않고 있다. 만약 그가 발행가격인 85달러로 이를 매입했다면 원금만 약 4.4억 달러가 될 것이고 10월 25일의 종가인 187.40달러를 기준으로 계산해 본다면 현재 보유주식의 시가총액은 9.76억 달러가 된다. 2개월 만에 존슨과 그의 투자자들은 원금에서 2배 성장한 5억 달러가 넘는 수익을 본 셈이다. 그러나 그럼에도 피델리티가 보유한 투표권은 높지 않다.

피델리티가 한달 만에 2억 달러를 벌어들인 것 외에도 세계적인 인재 발굴 및 리더십 컨설팅 회사인 하이드릭 앤 스트러글스(Heidrick &

Struggles International Inc.) 역시 구글의 주식을 통해 1.3억 달러의 수익을 올렸다. 이 주식은 그가 2001년 이 인터넷 회사를 대신해서 새로운 CEO를 찾아 준 것에 대한 사례로 구글로부터 받은 것이다.

2004년 8월 19일 구글의 주식이 드디어 상장되었고 하이드릭과 그의 일부 고위층 직원 역시 이미 3년간 방목했던 스톡옵션을 행사하기 시작해 주당 30센트의 가격으로 클래스 B주를 약 120만 주 매입했다. 30센트는 구글의 나스닥 주식시장 거래 첫날 시초가인 100.01달러와 비교해 볼 때 그 차이가 비상식적으로 크다.

9월 중순 하이드릭은 평균 주가 108.22달러의 가격에(이미 인식된 각종 비용을 제외하고) 보유주식을 매각하여 1개월 만에 1.228억 달러의 순이익을 거뒀다. 시카고에 위치한 이 회사는 그의 일관된 급여 정책에 근거해 55%의 수익(약 7,080만 달러)을 구글이 CEO 슈미트의 컨설턴트 팀을 고용할 수 있도록 하는데 지불하였다.

컨설턴트 지원 비용의 1/4 즉 1,800만 달러가 하이드릭의 CEO 토마스 프리엘(Thomas J.Friel)에게 지불되었다. 프리엘은 당시 구글 관련 채용을 맡았던 팀의 일원으로서 2003년 6월 CEO로 승진했다.

하이드릭과 구글의 주식거래는 닷컴기업 열풍이 한창이던 시기의 풍경을 떠올리게 한다. 당시에는 벤처 인터넷 회사가 직원을 위한 스톡옵션을 무더기로 발행했었다. 이러한 스톡옵션은 대부분 투자자에게는 빛을 내는 황금과도 같은 매력을 발휘했다.

벤처 회사가 모집한 종자돈으로는 직원들의 급여 수요를 충족시킬 수 없었다. 그래서 그들은 유명한 고위직원을 실리콘밸리로 모셔오기 위해서 스톡옵션을 무더기로 발행했다. 그렇게 모셔진 인재들은 회사 주식이 공개시장에 거래되어 큰 수익을 올리기만을 기다리곤 했다.

실로 그들은 무지개 끝이 닿은 지평선 너머 신천지로 인도될 것이라는 믿음으로 실리콘밸리를 향했다. 이렇듯 스톡옵션의 매입, 매각권은 가끔 기업인수나 모종의 서비스성 거래로 인해 전환되기도 하였다.

규모가 작은 수많은 회사들에게는 아무것도 없었다. 오직 주식만이 있을 뿐이었다. 이는 사람들에게 지불할 수 있는 일종의 사례의 형식이 되었다. 닷컴기업 시대에는 벤처기업이 인재를 고용할 때 자주 이 스톡옵션이 급여지불방식의 하나로 이용되었지만 닷컴기업 시장이 붕괴된 후 이러한 급여지불방식은 거의 찾아볼 수 없게 되었다.

하이드릭은 보통 고위층 직원의 첫해 급여의 1/3을 중개료로 받는다. 만약 연결시켜 준 고위층 직원이 스톡옵션을 획득했다면 하이드릭은 그 중 33%를 갖게 된다. 다시 말해 하이드릭이 확보한 스톡옵션은 별도의 보수이며 이를 정상적인 현금비용 대신 수수할 수 있게 되는 셈이다. 구글이 증권거래위원회에 제출한 서류에 따르면 후일 하이드릭에게 큰 수익을 안겨 주게 된 구글의 스톡옵션은 발행 당시 그 가치가 110만 달러에 불과했다고 한다.

하이드릭은 1999년 설립된 이래 스톡옵션의 방법으로 막대한 수익을 올렸고 지금까지 이 방법으로 창출된 수익이 1.7억 달러에 달한다고 한다. 구글 주식을 매각한 수익은 회사의 2004년 3/4분기 순익을 대폭 향상시킨 주역이었다. 구글 주식 매각으로 컨설턴트 비용과 기타 비용을 제하고 총 5,680만 달러의 이익을 실현했는데 이로 인해 전체 분기 순이익은 1년 전의 110만 달러에서 6,210만 달러로 급등했다. 이 수입이 없었다면 순이익은 650만 달러에 머물렀다.

매입희망 순위 1위 구글주

구글의 주가가 주당 180달러를 넘어선 후 필라델피아와 베네수엘라에서 근무했던 신디 맥켈(Cyndi Mackell)은 흥분된 어조로 다음과 같이 말했다.

"우리는 평생에 걸쳐 가장 뛰어난 투자결정을 했습니다. 당초에는 모든 사람이 리스크가 너무 크거나 전망이 밝지 않다고들 했는데 저는 도리어 구글주식이 대단한 우량주임을 알았고 지금 이 순간 그것이 옳은 선택이었다는 것이 증명되었습니다."

멕켈은 120주를 낙찰받았는데 주당 85달러씩 구입하여 총 10,200달러를 지불하였다. 10월 25일 주가가 187.40달러로 마무리되면서 보유주 시가는 총 22,488달러가 되었고 이에 따라 12,288달러의 수익을 얻게 되었다. 비록 이는 거물급 투자자들의 수익규모에는 미치지 못하는 수준이지만 본인의 인생에서 2개월 만에 두 배가 넘는 수익을 거둬본 적이 없었던 맥켈에게는 가히 놀랄 만한 사건이었다.

맥켈과 비슷한 경우의 투자자들이 적지 않다. 구글 주식이 공개 거래된 후 주가상승폭이 그처럼 날로 치솟은 것은 닷컴기업 열풍 이후 보기드문 일이었다. 닷컴기업 열풍 시기와 다른 점이 있다면 단기적이고 즉흥적인 매수, 매입세가 크게 줄어들었다는 점이다.

인터넷 경매업체인 쉐어빌더닷컴(Sharebuilder.com)의 CEO인 제프 실리(Jeff Seely)는 다음과 같이 말했다.

"구글 주식을 매입해서 보유하는 사람의 수가 얼마나 많은지 혀를 내둘렀습니다. 신주인데도 당사의 고객이 구입하고 싶은 주식 순위

10위 리스트 안에 줄곧 랭킹되어 있습니다."

일찍이 구글 주식을 구입한 쉐어빌더닷컴의 고객은 이미 5,000명을 넘어섰고 그 중 13%만이 보유하고 있던 구글주를 매각했다.

리스크는 있다

구글은 이미 우리의 언어와 생각, 그리고 생활 속에 들어와 있다. 인터넷을 자주 이용하는 수많은 사람들이 구글을 웹브라우저의 첫화면으로 설정해 놓는다. 구글은 우리 이 시대를 이끄는 사조중의 하나가 되었다. 지금은 그의 주식이 수많은 사람들의 수중에 놓여 있으며 이로써 그의 운명은 더욱 많은 사람들과 밀접한 관련을 맺게 되었다.

그의 성공은 유난하고 또 대단했다. 어쩌면 구글은 완벽하지 않을 수 있으나 그의 행동은 실로 투명했다. 그의 경영철학과 윤리는 이익만을 추구하고 부정부패를 일삼는 기업들의 이미지와는 대조를 이루었다.

일부 업계 관찰자들은 IPO 성공 후 구글이 두 번째 닷컴기업의 번영시대를 열게 될 것이라고 기대를 걸고 있다. 그러나 거대한 기업규모와 주식상장 이후에는 반드시 이행되어야 하는 책임이 있었다. 경영활동의 영향범위가 날로 증대됨에 따라 잠재력도 커지고 리스크 역시 동일하게 커졌다.

브린과 페이지는 버핏을 비롯하여 버핏의 은사이자 전설적인 투자대가 벤자민 그레함(Benjamin Graham)이 남긴 명언 중 하나인 '투자자들이여 미래의 잠재이익에 너무 많은 돈을 투자하지 말라'는 말을 신뢰했다. 그레함은 1934년에 다음과 같이 말했다.

"수익체감의 법칙에 치열한 경쟁상황까지 겹치면 어떤 성장세라도 꺾이지 않을 수 없다."

지금까지 구글은 실패없는 성공가도를 달렸다. 그러나 후일 그에게 어려움이 생기지 않으리라는 보장은 없다. 어쩌면 구글에게는 신주발행이 최대의 실수였을지도 모른다. 투자자와 월스트리트 애널리스트들의 감독 하에 거침없고 자유분방하며 반 상업적이라고 해도 될 만한 회사문화를 강제로 그들이 원하지 않는 방향으로 바꿔야 했으니까 말이다. 고위직 직원과의 관계가 악화될 수도 있다. 이익상황이 좋지 않게 전환될 수도 있다. 부득불 고통을 감내해 가면서 자원을 절약해야 할 시기가 올 수도 있고 대폭 감원을 해야 하는 상황에 부딪칠 수도 있다. 창립자는 이리저리 바쁘게 뛰어다니고 순간순간 긴장해야 하는 생활에 추호의 의미도 발견하지 못한 채 싫증을 느끼고 다른 엔지니어나 창업주들처럼 수십억 달러에 달하는 주식을 매각하고 실험실로 돌아가 버릴 수도 있다. 구글보다 젊은 신생 IT업체가 보다 새로운 '검색엔진'을 개발해 내어 구글을 도태시킬 수도 있다. 마치 구글이 선배들을 대신하여 신시대를 이끌어 왔던 것처럼 말이다. 검색결과가 자의에 의해서든 타의에 의해서든 조작됨으로 인해 구글의 이익을 찬탈해 갈 수도 있다. 주식은 배당액을 지급하지 않을지도 모른다.

구글은 IPO 후 괄목할 만한 서비스를 출시하지 않고 있다. 그는 치솟는 주가에 발맞춰 더욱 빠르게 성장해야만 한다. 만약 성장하지 못한다면 구글의 주주들은 근 5년간 거의 오르지 않은 AOL이나 MS의 주가에 실망하는 투자자과 같은 신세가 될 가능성이 크다.

어쩌면 종종 수천, 수백만 투자자들과 사용자들이 가장 두려워하는 상황이 발생할 가능성도 있다. 페이지가 구글의 '창업주 서신'에서 명시한 것처럼 투자자라는 것은 모름지기 우리의 관리직원 특히 세르게이와 본인에 대해 잠재리스크가 높은 장기 베팅을 하는 것과 같다는 사실을 잊지 말기 바란다고 밝힌 것처럼 말이다.

몇 년이 또 지나 구글을 구글하게 되었을 때 상황이 어떻게 진전되었는지 살피는 것도 꽤 흥미 있는 일이 될 것 같다.

'악해지지 말자'

번역하다 한 문구 앞에서 멈칫했다.

'악해지지 말자.'

한 기업에게 '악하지 않을 수 없는 상황'이 얼마나 많이 발생하는지, '악해지지 않기 위해서 치러야 할 손실'이 얼마나 큰지, 주주들 앞에서 '악해지지 않겠다고 선포하는 것'이 얼마나 큰 도전인지, 알 만한 나이가 되었기 때문이다.

구글……

어떻게 감당하려고 그러니…….

때 아닌 남의 회사 앞날 걱정에 번역하는 내내 애착까지 생긴 것 같다.

IPO 후 3년…….

이만큼 흐르니 알 것 같다. 굳이 CSR*1)이니 프로슈머니*2) 하는 용어를 들먹이지 않더라도 구글이 사회를 향해 마음속에 품었던 선한 부담감은 지금 사무실 곳곳, 학교 중심에, 삶 속에 구체적인 도움으로 현실화되었음을…….

'선한 양심'은 부의 축적과 모순의 관계에 있다는 나의 지론은 철저하게 무너졌다.

꿈을 현실화하는 것을 두려워하지 않는 기업 구글.

그리고 괴짜 창립주 브린과 페이지…….

객관적이고 다양한 자료로 풍성하게 서술된 본서를 통해 이들을 만나고 그 삶을 번역할 수 있었던 것은 내 삶의 큰 행운이었다.

마지막으로 부족한 나에게 중국어와 한국어, 양국의 언어를 넘나드는 펜을 쥐어주신, 하나님께 감사와 영광을 돌린다.

---

*1) CSR(Corporate social responsibility) : 기업의 사회적 책임
*2) 프로슈머(Prosumer) : 생산자(Producer)와 소비자(Consumer)의 합성어. 디지털혁명 등의 이유로 수동적 소비자가 능동적인 생산형 소비자로 변화되고 이 능동적 소비자가 다시 프로슈머로 진화됨. 리눅스를 비롯한 오픈소스 공동체가 그 예.

옮긴이에 대해서

오수현
숙명여대 중문과 졸업.
중국산동과기직업대학 한국어과 강사.
현 (주)효성 근무.

구글 성공의 7가지 법칙

초판 1쇄 인쇄일 | 2007년 12월 15일
초판 3쇄 발행일 | 2010년 2월 10일

지은이 | 뤄야오종
옮긴이 | 오수현
발행인 | 유창언
발행처 | 이코노믹북스
출판등록 | 1994년 6월 9일
등록번호 | 제10-991호

주소 | 서울시 마포구 서교동 377-13 성은빌딩 301호
전화 | 335-7353~4
팩스 | 325-4305
e-mail | pub95@hanmail.net / pub95@naver.com

ISBN 978-89-5775-116-9 03320

값 13,000원